21世纪经济管理新形态教材·创新创业教育系列

科技创业实战
打造你的初创企业

郭旭升　杨爱民 ◎ 编著

清华大学出版社

北京

内 容 简 介

科技创业是一门实践的学问,既要有一定的章法,又要靠实践去感悟。

《科技创业实战:打造你的初创企业》从创业者的角度讨论创业与融资,结合作者自身参与的实践案例,系统阐述如何做好科技创业,如何吸引天使投资。书中融入作者在创业与投资实践中所做的观察与思考,并采用"创业树"形象地阐明科技创业企业的主要构成,以便读者整体把握科技创业的内涵和外延,用CARF-E模型帮助读者进行自我创业评价。

本书侧重初次创业实战,为有兴趣了解科技创业或者有实际创业想法的读者提供有益的参考,也对想了解创业投资的读者提供有益的帮助。

本书封面贴有清华大学出版社防伪标签,无标签者不得销售。
版权所有,侵权必究。举报:010-62782989,beiqinquan@tup.tsinghua.edu.cn。

图书在版编目(CIP)数据

科技创业实战:打造你的初创企业 / 郭旭升,杨爱民编著. —北京:清华大学出版社,2023.10
21世纪经济管理新形态教材. 创新创业教育系列
ISBN 978-7-302-64689-1

Ⅰ.①科… Ⅱ.①郭…②杨… Ⅲ.①创业—高等学校—教材 Ⅳ.①F241.4

中国国家版本馆CIP数据核字(2023)第183479号

责任编辑:徐永杰
封面设计:汉风唐韵
责任校对:宋玉莲
责任印制:刘海龙

出版发行:清华大学出版社
　　网　　址:https://www.tup.com.cn, https://www.wqxuetang.com
　　地　　址:北京清华大学学研大厦A座　邮　编:100084
　　社 总 机:010-83470000　邮　购:010-62786544
　　投稿与读者服务:010-84370000, c-service@tup.tsinghua.edu.cn
　　质量反馈:010-62772015, zhiliang@tup.tsinghua.edu.cn
印 装 者:三河市君旺印务有限公司
经　　销:全国新华书店
开　　本:185mm×260mm　印　张:15.25　字　数:254千字
版　　次:2023年12月第1版　印　次:2023年12月第1次印刷
定　　价:59.80元

产品编号:090363-01

序

科技创业是推动社会进步的勇敢者的实践!

在科技高度发达、新技术不断涌现的新时代,将所学付诸创新创业实践,无论是打造"从 0 到 1"的创新产品,还是打造"从 1 到 N"的创新产品,都会让社会享受科技带来的改变和便捷,这些都是值得我们尊敬和鼓励的。

在我主管科技创新和中国技术创业协会工作期间,旭升就经常与我交流科技创业投资方面的情况,因此也了解了一些他所投资的、很有意义的"硬"科技创新项目,这些或成功或失败的项目背后都有故事,都蕴含着创业者和投资人的喜悦和辛酸。我知道,旭升早年自己做过互联网创业,现在将这些亲身的实践经历和体会总结出来,对于首次进行科技创业或者希望了解科技创业的人来说都是宝贵的财富。我十分欣喜地看到他把科技创业和投资两方面的实践与思考系统地梳理出来,而且还创造性地用"创业树"体系突出科技创业的核心要素,使人看后马上对科技创业有了整体认知,不会偏执于某一方面。

创业者,尤其是理工科出身的创业者,在首次创业的过程中会遇到无数想象不到的困难和障碍,要想在市场调研、团队组建、技术创新、产品开发、生产制造、营销推广、经营管理、融资上市等方面都做好实非易事。科技部通过火炬中心来推动高新技术产业化和技术创新创业,同时希望越来越多的理工科院校的领导能重视在校生的科技创业教育。科技强国,重要的是要落实在行动上,这关系到国计民生。

科技创业是一门实践的学问,需要创业者从别人的经验教训中学习,在自己的创业实践中感悟。因此,做好创业前的精神和物质准备,做好必要的创业知识和经验储备,努力使自己成为一名合格的创业者,这对首次创业的人来说是至关重要的。

书中的个别观点难免具有个人色彩，但瑕不掩瑜，不影响本书对科技创业论述的客观性。本书对系统了解科技创业和创业投资具有相当的参考价值。

马颂德
科技部原副部长
2023年春于北京

前　　言

创新和创业是这个时代的主旋律！

时代的发展需要那些无畏的创业者不断地把他们的创新付诸实践。编著者这些年在做天使投资的过程中接触了无数国内外的创业团队，浏览了无数商业计划书，也被年轻人创新创业的热情所感染！

无论是技术、产品还是商业模式的创新都能更好地支撑创业，都能让创业企业拥有更强的竞争力。没有创新的创业在当下已然成为一件很困难的事，除非你只打算开一家餐厅。即使这样，没有菜品的创新和特色、经营模式的创新，你都难以面对同一条街上其他餐厅的竞争。经过几十年的改革开放与发展，中国的创业从联想时代的贸工技起步，到广东、福建、浙江的"三来一补"委托加工，到百度、阿里、腾讯的互联网模仿创新，再到华为、大疆等的科技引领创新，不断续写着成功创业的光辉篇章。当今中国，创业难度不断加大，失败的周期在逐渐缩短，三年内做不出实质的创新，创业就面临生死考验，那些单纯靠模仿和模式创新就能迅速取得成功的神话在今天已然不再适用，唯有靠科技创新才有望使创业者赢得竞争、真正走向成功，这也是中国发展的大势所趋。因此，本书将重点放在对科技创业的探讨上。

对首次创业的科技创业者来说，有很多的知识和技能需要他们事先学习和掌握，就像在正式演奏钢琴之前，演奏者需要先学习琴谱并反复练习，掌握基本技法之后才能开始演奏，最终能否把乐曲演绎得行云流水，取决于演奏者是否熟悉琴谱、指法是否熟练、是否理解曲子的精髓、能否自主发挥。本书要表述的是一个科技创业的"琴谱"，是一个初学"弹琴"的人需要掌握的基本技能，之后演绎得好坏需要演奏者不断修炼和领悟，在实践中成为一名科技创业乐章的合格演奏者。

天使投资是科技创业的重要推手，是用股权投资的方式支持早期科技创业，并最终从创业企业中退出变现的风险投资模式。风险投资人总希望投中有实质创新且符合未来发展趋势、有愿景并有能力把企业做大做强的创业团队，除了有帮助年轻人实现创业梦想的使命外，他们也希望其投资在将来某一天能够获取相应的回报。可是很多创业者对融风险投资存在认知误区——不是所有的创业项目都适合融风险投资，更多的创业项目只能靠自己解决发展资金的问题。很多创业者对创业项目的核心优势和未来走向认知不清或期望值过高，费尽心思到处寻找风险投资，结果他们的项目根本不在投资人的兴趣范围内，努力许久却只是浪费创业团队和投资人双方的时间和精力。当然，也不是所有接受了风险投资的项目最终都能走向成功。因此，编著者为了提高创业者和投资人双方的效率特撰写本书，希望能让创业者对科技创业有较为清晰的认知，把精力用在该用的地方，以提高创业的成功率。

统计表明，中国创业企业的平均寿命为3年多，美国创业企业的平均寿命约为8年，日本创业企业的平均寿命约为12年。因此，能够让一个创业企业良性地存续下去并持续盈利对创业者来说就是成功，而能够让创业企业的创新对行业、社会产生重大影响则更是社会公认的成功。那么，如何理解创新？如何理解创业？什么样的人适合创业？什么样的时机适合创业？什么样的项目适合融天使投资？如何让创新落地？如何让创业成功？对第一次尝试科技创业、挑战自我的人来说，无论是有多年经验的职场人士，还是刚走出校门的学生，只要决定迈出这人生重要的一步，就需要系统思考上述问题、认真准备答卷。创业意味着开启了自己"演奏"的历程，在此，编著者预祝每位演奏者都能演绎出自己的华彩乐章！

本书将从实战的角度为试图创业的科技创业者系统地梳理创业脉络，聚焦于创业初期企业的运作和融资，包括做好创业前的准备、区别科技创业与一般创业、寻找创业方向及适合自己的创业切入点、组建创业团队、做好创新产品、设计商业模式、经营企业、撰写商业计划书、融天使投资等，以大量真实的案例让初次创业者从别人的经验教训中得到启示，以期少走弯路、顺利走出创业第一步，早日成为一名合格的科技创业者。

本书编著者之一郭旭升早年创业，现在从事科技天使投资工作，既管理过企业，又评估过创业项目、接触过创业团队，在对科技项目的实际投资和投后管理过程中做了大量的深入观察。编著者期望借助本书将自身的经验教训传递给那些准备创业的年轻人，希望对他们开启创业历程有所帮助。同时希望本书对那些想了解科技创业的在校学生和职场人士也能产生价值，帮助他们更好地理解科技企业的运作方式，更好地适应职场的要求。本书另外一名编著者是北京大学的杨爱民教授，她具有丰富的指导大学生进行创新创业的实际工作经验。

衷心感谢为本书写作提供案例的高校，包括北京理工大学、北京邮电大学、西南大学等；衷心感谢中国"互联网+"大学生创新创业大赛的部分获奖团队，包括NOLO VR凌宇科技团队、枭龙科技团队、达必克团队等；衷心感谢更多的、不愿透露姓名的创业者们，是他们无私的分享和全力的配合才使本书能提供更多成功和失败的案例。同时，还要感谢庄子太为本书绘制了精美的"创业树"插图；感谢家人对本书写作给予的坚定支持；感谢研究助理高子涵搜集资料并提供一定的支持。

书中有些观点是编著者在实践中的总结提炼，由于写作时间有限，不足在所难免，恳请各位读者批评指正。

郭旭升　杨爱民
2023年春于北京

目　录

"创业树"体系概要 ·· 001

第 1 章　合格创业者的品质 ·· 003
学习目标 ·· 003
思维导图 ·· 003
1.1　不是所有人都适合创业 ··· 004
1.2　合格的创业者 ·· 007
1.3　企业家精神 ·· 011
本章要点 ·· 014
主要概念 ·· 014
思考题 ·· 014

第 2 章　自我创业评价与确立创业愿景 ·· 015
学习目标 ·· 015
思维导图 ·· 015
2.1　创业自我评价的必要性 ·· 016
2.2　创业自我评价指标和模型 ··· 016
2.3　确立创业愿景 ·· 020
本章要点 ·· 023
主要概念 ·· 024
思考题 ·· 024

第 3 章 大学生创业能力的培养 025

学习目标 025
思维导图 025
3.1 大学生创业 026
3.2 大学生创业能力 029
3.3 高校创业教育与大学生创业能力的培养 032
本章要点 048
主要概念 048
思考题 048

第 4 章 科技创新与创业 049

学习目标 049
思维导图 049
4.1 创业中的创新 050
4.2 科技创业 057
本章要点 062
主要概念 063
思考题 063

第 5 章 做好创业前的各项准备 064

学习目标 064
思维导图 064
5.1 找创业方向 065
5.2 研究选择创业赛道 069
5.3 明确创业切入点 082
5.4 提炼企业使命 091
5.5 把握创业时机 092
5.6 创业者其他相关准备 095

本章要点 ··· 100

主要概念 ··· 100

思考题 ·· 101

第 6 章 组建团队，开启创业历程 ·· 102

学习目标 ··· 102

思维导图 ··· 102

6.1　创业者的角色定位 ··· 103

6.2　组建创业团队 ·· 107

6.3　物色合伙人 ·· 114

6.4　设计股权与激励机制 ·· 117

本章要点 ··· 120

主要概念 ··· 121

思考题 ·· 121

第 7 章 设计开发创新产品 ··· 122

学习目标 ··· 122

思维导图 ··· 122

7.1　探索创新产品 ·· 123

7.2　新产品开发流程 ··· 132

7.3　选择产品的创新思路和创新点 ································· 133

7.4　开发与验证创新产品 ·· 137

本章要点 ··· 142

主要概念 ··· 142

思考题 ·· 143

第 8 章 设计商业模式，运营初创企业 ·································· 144

学习目标 ··· 144

思维导图 ··· 144

8.1　设计商业模式 ·· 145

8.2 制订商业计划，设定阶段目标 ……………………………… 153

8.3 将产品投放市场，验证商业模式 …………………………… 154

8.4 营销，开拓目标市场 ………………………………………… 157

8.5 企业核心竞争力的培养 ……………………………………… 165

8.6 成长，创业者的角色转换 …………………………………… 166

本章要点 ……………………………………………………………… 167

主要概念 ……………………………………………………………… 168

思考题 ………………………………………………………………… 168

第 9 章 撰写商业计划书 …………………………………………… 170

学习目标 ……………………………………………………………… 170

思维导图 ……………………………………………………………… 170

9.1 商业计划书的作用 …………………………………………… 171

9.2 撰写商业计划书 ……………………………………………… 173

本章要点 ……………………………………………………………… 184

主要概念 ……………………………………………………………… 184

思考题 ………………………………………………………………… 184

第 10 章 借力外部资源 ……………………………………………… 185

学习目标 ……………………………………………………………… 185

思维导图 ……………………………………………………………… 185

10.1 借力孵化器与高新技术园区 ……………………………… 186

10.2 借力创业大赛 ……………………………………………… 188

本章要点 ……………………………………………………………… 189

主要概念 ……………………………………………………………… 190

思考题 ………………………………………………………………… 190

第 11 章 融资，为创业插上天使的翅膀 ………………………… 191

学习目标 ……………………………………………………………… 191

思维导图 ……………………………………………………………… 191

11.1 现金流是初创企业生存发展的重中之重 …………………… 192
11.2 股权投资及其类型 …………………………………………… 194
11.3 初创科技企业可以利用的股权投资 ………………………… 197
11.4 风险投资如何评估投资项目 ………………………………… 199
11.5 初创科技企业估值 …………………………………………… 206
11.6 签订投资协议 ………………………………………………… 212
11.7 如何找到投资人 ……………………………………………… 219
本章要点 …………………………………………………………… 220
主要概念 …………………………………………………………… 221
思考题 ……………………………………………………………… 221

附录 规避初创科技企业易出现的问题 ……………………………… 222
参考文献 ……………………………………………………………… 227

"创业树"体系概要

可以这样理解，创业就是整合必要的资源去创建一份可以为自己、为社会带来持续效益的事业，这种效益既包括经济效益，也包括社会效益。在现代，事业的载体可以表现为成立一家企业。创业是一个实现愿景的过程，是一个勇敢者自我驱动的行为，其意味着责任、意味着打破传统、意味着进步。创业是一个自我绽放的过程，成功的企业千千万，但没有两家企业的成功因素会是相同的，简单模仿无法保证成功。创业虽然不能循规蹈矩，但成功的创业却有共性的环节需要把握、有共性的问题需要解决。为了让读者一目了然地完整认知创业、理顺创业各要素之间的关系、把握好创业重点环节，本书引用"创业树"（图0-1）形象地描述创业体系及其主要构成，以便读者整体把握科技创业。

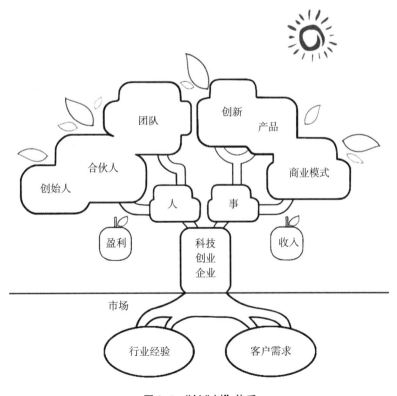

图 0-1 "创业树"体系

"创业树"代表了整个科技创业企业系统。如图 0-1 所示,"创业树"有两个主干,一个是"人",一个是"事",这是科技创业企业的两个基本构件。在"人"的枝干上又派生出"创始人""合伙人""团队"等枝杈,这是创业团队的主要构件;在"事"的枝干上又派生出"创新""产品""商业模式"等枝杈,这是创业企业商业运转的核心内容。"创业树"的树干根部是紧紧扎在土壤里的两个根系,一个是"行业经验"根系,另一个是"客户需求"根系,这是创业企业成长所依赖的基础。栽种树苗的树坑及其周边就是"市场",阳光、空气、水分就是各种"外部资源",寻找在哪里栽树、挖树坑就是寻找"创业切入点"。"创业树"的树苗成长为大树后所结的果实就是"收入"和"盈利"。本书将围绕这棵"创业树"从种子开始的成长历程展开,阐述一名创业者做好自己的第一次科技创业的过程。

第1章 合格创业者的品质

学习目标

1. 了解人的职业形态，不是所有人都适合创业。
2. 理解创业者与就业者的主要特征及其差别。
3. 掌握创业者应具备的成功品质。

思维导图

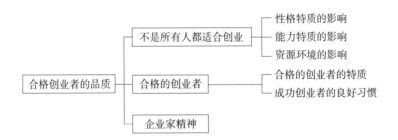

本章导学

1.1　不是所有人都适合创业

适不适合创业是一个相对主观的问题，但人的性格确实存在两种截然相反的类型：一类往往偏向于自我驱动、自我安排，想到的事情就去做，行动力很强，喜欢用自己的思想影响别人，而另一类则往往倾向于被动地接受安排、随大流、推一推动一动。这是两个极端，大部分人还是处于中间状态。那些偏向自我驱动类型的人在性格特征上更适合创业，其他人则更适合就业。除了性格方面，创业还与个人的能力、资源、家庭等因素高度相关。

1.1.1　性格特质的影响

一个简单的自我问答就可以大致确认你是适合创业还是适合就业：你的潜意识里是追求安全和稳定的，还是喜好自主和挑战的？你是安于平凡的，还是追求卓越的？你对满意而稳定的薪水更感兴趣，还是对自己想法的自主实现更感兴趣？你是习惯被安排，还是喜欢主动作为？你是贪图安逸，还是喜欢在做事中寻找乐趣？可能你自己的心中已有答案。拥有前者特点的人不适合创业，这是从人的性格特征来判断的。人的性格特征和价值观的不同反映在行为上也就会有明显的差异。应该说，那些具有自我驱动和自主性格特征、有不甘平庸的性格和明确兴趣偏好的人更适合创业。

1.1.2　能力特质的影响

创业对人的能力要求是全面的、严苛的，仅在某个单一方面能力突出是不够的。例如，仅沉醉于科技研发、在其他能力方面有欠缺的人，如果没有一点商业敏感性、没有赚钱意识，或者做事瞻前顾后，或者没有持久力，或者仅会自己闷头做事、没有领导他人的能力等，有这些特质的人都不适合牵头创业。敏锐地洞见商机并果断地采取行动是创业者必备的基本素质和能力。

创业者在一些思维模式上与其他人往往有着明显的差别，其中最突出的两个思维模式是"创业思维"和"胜者思维"。所谓创业思维，首先是依靠自身力量独立解决问题的自主思维，是把客户需求有机转化为解决方案的产品思维，是把产品及服务想方设法卖给客户的商业思维，以及敢于承担风险获取超额回报的投资思维，归纳起来，这些都叫创业思维。另一个思维模式是胜者思维，就是在战略指导下想尽办法赢得最终胜利的思维，这种思维具有整体性、前瞻性和进取性，对战略方向的把握是第一位的，方向对了细节才重要，方向错了细节越对越被动。对未来的预见和对胜利的渴望能使人在把握机会、面对不确定性方面更主动、更胜一筹。

思维指导行动，行动能力是成功的保障。创业者除了需要具备和强化自身的"创业思维""胜者思维"，还要具备"创业能力"，也就是将商业构想付诸实践并取得成果的执行能力。创业是一个群体活动，创业者首先是这个群体的领袖，是"带头大哥／大姐"，因此他／她必须具备领导力，同时要照顾好团队的利益。做事没有主见、喜欢被别人安排的人和自私自利的人是做不好创业领袖的。创业者要有能力说服团队朝一个认真制定的目标努力，同时还能令行禁止、快速行动，因此还应该具备亲和力、说服力、判断力、控制力和行动力。困难和挫折是创业必然的经历，创业者要想法克服困难，及时做出调整，甚至接受暂时的失败，这都需要应变能力和抗打击能力。欠缺这些能力，创业成功的概率就不会高。当然，能力可以后天培养，甚至某些性格也可以在强大的外界压力和自我驱动下改变，但先天的因素还是对创业有很大的影响，仅凭热情和一时的冲动去创业是非常不理智的。

1.1.3 资源环境的影响

个人掌握的资源多少同样也会影响创业还是就业的选择。创业需要有相对丰富的社会关系网络、行业人脉基础，物质上也需要有超过生存必需的"余粮"。家庭的支持和理解是创业成功非常重要的因素。如果性格比较孤僻、不擅交际，则很可能缺少人脉关系和朋友，这将影响其在创业过程中解决问题的能力和效率。例如，市场开拓需要强人脉、融资需要强人脉、找合伙人需要强人脉，还有初始创业需要启动资金等，缺少这些资源的创业就会比较困难。当然，外在的资源是可以在创业后再刻意弥补的，只是这样虽然会有一定的效果，但还是不如那些性格善结交朋友的人那样有先天优势，如此比较，两者创业的难易程度也就显而易见了。家庭是否支持对一个人能否顺利创业也有很大的影响，试想，如果父母或者夫／妻有一方不支持、不理解，作为创业者就会很苦恼，长期在这种痛苦的家庭环境中生活一定会影响创业者的个人情绪和行为，使创业者在创业过程中决策的能力下降，哪怕创业者不顾家庭的反对甚至不怕损坏家庭关系而义无反顾去创业，最终还是会使家庭各方都受到伤害，毕竟创业的目的不是让家庭产生矛盾。

这里需要强调一下，以上论述不是想阻止大家创业，而是要提醒大家不要盲目地创业。因为发现了商机但没有果断地采取行动抓住商机可能会令人终生遗憾，所以，对那些有一定商业头脑又能敏锐发现商机的人而言，大胆地创业是值得鼓励的，很多时候走出第一步才是最关键的，通过做事深入了解事情的本质、了解真实的自我，在实践中补足自身的短板，在摸索中前进，即使失败了还可以再来，行动终将成就自我。创业是一门实践的学问，是勇敢者的游戏，前面提到的自我评价是要让创业者提前做好创业准备，做一个合格创业者。对那些处于创业和就业中间状态的人，或者为了不想朝九晚五上班而去创业的人而言，事先做一个系统的自我审视也有助于避免盲目创业，避免浪费个人和社会的宝贵资源。

无论是否适合创业，通过本书了解创业都是有益的。适合创业的人可以从中了解创业，了解如何做个合格的创业者；适合就业的人则可以从中了解老板（创业者）考虑问题的重点和作为员工在哪些方面可以做得更好，从而让职业发展得更好。

创业是一项极其复杂的系统工程，成功并不易，如图1-1所示，愿意接受创业的挑战并享受其中乐趣的人都是勇敢者，都值得被尊敬。

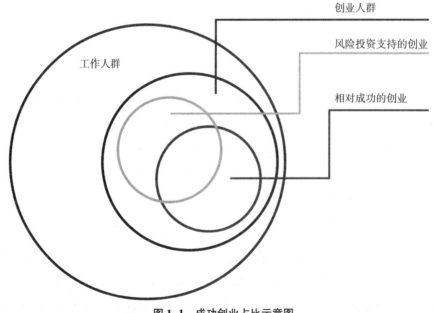

图1-1 成功创业占比示意图

1.2 合格的创业者

合格的创业者应该在精神、意识、特质、能力、习惯、资源等方面拥有区别于常人的优势，而作为其中佼佼者的成功创业者更要特色鲜明，成功创业者的画像如图 1-2 所示。

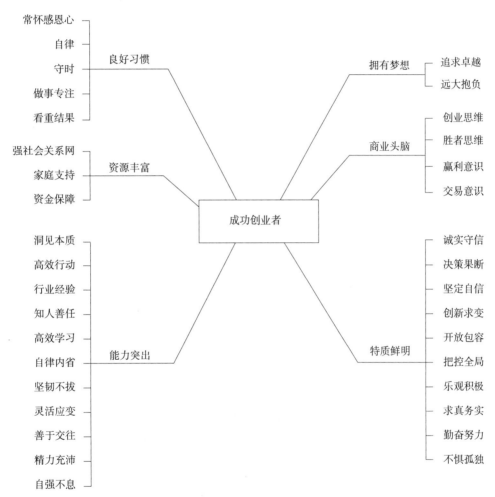

图 1-2　成功创业者的画像

1.2.1 合格的创业者的特质

创业是实现自我价值的行动，既可能得到成功带来的巨大喜悦，也可能得到失败带来的巨大失落。创业本质上是去做一门赚钱的生意，为创业而做的事情再有高技术、再有利于民众，最终的落脚点也是盈利。一个合格创业者除了要有强大的自我驱动和商业意识外，还要在特质、能力和资源上基本具备创业要求，同时还应事先了解产品开发、制造、推广、销售、客服、运维、融资等创业过程的每个环节，提前做好充分准备。合格的创业者不代表创业就一定会成功，但会一直在锲而不舍地追求成功的路上。企业一旦做大就有能力反哺社会，此时义利并举即可做成对社会有价值的长期事业，甚至成为推动社会进步的创新引领者，这样的合格创业者是值得被尊敬的成功创业者。

抛开一切高大上的说法，创业的本质就是持续的"生意"。合格创业者首先是个"生意人"。生意指通过交换产品或服务获取利润的行为，交换的产品可以是创业者自己打造的，也可以是别人打造的。创业者必须是个会赚钱的人，生意头脑应该是他与生俱来的素质。有些人认为"生意人"不好听，那么这里也可以用更好的词表达——具有商业意识或商业头脑的人，这一点本书会反复强调。商业头脑与学历无关，不是学校教育出来的，也不是学历越高就越有商业头脑。我们接触了很多创业者，特别是科研出身的创业者，发现许多创业者习惯性地以技术水平衡量一切，认为技术先进就可以做好企业，可他们却很可能不知道如何让企业赚钱，导致创业过程磕磕绊绊。如果不从经营企业的本质出发，一味烧钱扩张或吸引流量，那么创业长久不了。人们所熟知的 OFO 小黄车就是缺少可行的盈利模式，仅靠炒作所谓的"共享商业模式"创新、靠贴钱无节制地扩张，最终维持不下去而倒下的。

一名合格的创业者，应具有以下特质。

1. 有梦想

创业的种子萌发于创业者的心中。梦想大小虽然因人而异，但每个创业者心中都应燃烧一个令他/她不顾一切去追逐的"火炬"，一个令他/她魂牵梦绕、想方设法去实现的目标。这是创业者面对各种挑战时赖以支撑的强大动力。只有在这种力量的驱使下，创业者才能坦然地面对各种挑战和风险，才能心无旁骛地坚持下去，也因此才能获得成功时的巨大喜悦和满足感。众所周知，马云创业时的梦想是"让天下没有难做的生意"，结果阿里巴巴成了市值万亿元的企业。

2. 追求创新

他/她必须通过创新打造自身的核心竞争力，通过创新赢得客户和业务伙伴的认可，通过创新把企业做大做强，实现创业梦想。埃隆·马斯克是技术创新的典范，他畅想人类未来应该"活成"的样子，并按照他的理想一步一步地实现着，推出特斯拉电动车、成立太空探索企业、通过猎鹰可回收火箭把"龙"飞船送上天，还推动发展了庞大但备受争议的星链计划、胶囊高铁、脑机接口，现在又在打造特斯拉手机，用星链把众多智能设备全部链接起来。

3. 实干、务实且有远虑

为了实现理想，很多情况下创业者需要自己带头去做别人不想做的事情，尤其是在创业的初期，不怕"脏累"，只有在亲力亲为的实干中才能找到感觉、掌握客户的第一手信息、把握各种机会。任正非是一个务实且有远虑的企业家，做事雷厉风行，定下的目标一定会努力去实现，同时他又能正视现实，不管面临多大的困难都能迎难而上，即使面对美国以举国之力封堵华为都无所畏惧，而且能够未雨绸缪，统揽大局。

4. 意志坚定

很多时候创业者需要面对业务计划受挫时的种种挑战，遭受企业内部、外部各种质疑或压力，这时创业者需要对自己认定的大目标有清醒的认识和坚定的信心，只要自己是按照客观规律和原则做事的就一定要坚持到底，忍受暂时的挫折或失败，要有永不认输的精神，多数浅尝辄止或遇事绕着走的人终将一事无成。埃隆·马斯克就是个意志坚定的企业家，在别人都认为他搞可回收火箭是疯狂之举时他依然坚持试验，不断地在失败中总结经验，终于利用猎鹰可回收运载火箭成功地将人类送入太空。

5. 勤奋

曹德旺是勤奋的，强烈的使命感和责任心促使他日复一日地履行着低调做人、高调做事的作风，每天像苦行僧一样早晨四点起床就开始工作和学习，读书看报是他多年养成的生活习惯。也因为有这样勤奋的习惯，他带领福耀玻璃成为全球市场占有率第一的汽车玻璃制造集团。

6. 孤独而坚韧

创业路上的一切艰难困苦只有创业者自己最清楚，只有他/她能独自面对，再好的朋友和家人也只能在外围给予支持，有时创业者不仅得不到支持还会招来一堆误解，没有人能够体会在企业缺钱发不出工资的时候创业者的那种焦虑和苦闷。他/她需要东拼西凑去借钱、去贷款，有时只要借来一笔钱企业就可以挺过暂时的困难而迎来曙光，这种情况下他/她必须想办法扛下去，甚至变卖自己的房产也要这么去做，因为他/她有强烈的信心，这种信心会支撑他/她这么做。作为创业者，遇到这些情况都是家常便饭。任正非在一次接受媒体采访时说过这样的话："我的私人生活很痛苦，非常寂寞，找不到人一起玩，需要和基层员工离得远一些。为了企业能够平衡，我得忍受这种寂寞，忍受这种孤独。"想必女儿孟晚舟被加拿大非法长期扣押的时候，他的内心也是孤独而坚韧的。

看到这些合格创业者的特征，读者是否想成为他们中的一员？如果答案是肯定的，那么就放手去做吧！那些靠自己的诚信、智慧、努力、勤奋、毅力而获得成功的创业者都是值得敬佩的英雄，是人们学习的榜样。这个社会需要鼓励千千万万这样的创业者去实现自己的梦想，推动社会不断进步！

1.2.2 成功创业者的良好习惯

无论在哪个国家哪个时代，那些成功的创业者在做人做事方面都能找到一些良好习惯，这些习惯将促使他们最终获得想要的结果。诚实做人、高效做事是其中最基本的共性习惯。

1. 常怀感恩心

创业路上一定会有这样那样的人与创业者一同打拼，共经风雨和磨难，在创业者需要帮助时伸出援手，或投资或给创业者提供机会。成功的创业者一定是常怀感恩心的，无论是谁，只要有恩于己都应铭记在心，一旦有机会即知恩图报。这种为人处世的态度和做事习惯会令创业者"贵人"众多，创业路途更加顺遂。

2. 自律

成功的人在做人做事方面从来不会放任自己、不会任由自己的性子去做事，而是有所节制，知道什么该做什么不该做，即使在独处的时候也会与其他时候表现得里外一致，不会忘乎所以、得意忘形。

3. 守时

守时是一种美德，是人际交往的良好习惯，是对他人的尊重。有这样的习惯就会让人产生可信赖的感觉，就会使自己的朋友和伙伴越来越多。

4. 专注做事，只做有用的事

成功本来就不易，三心二意或不聚焦于一件事情往往更难成功，因此，专注做事是一切成功的前提。真正高效的人是不会把时间精力浪费在对实现大目标无用的琐碎事情上的，只会集中精力做有价值的事。

5. 做完事情胜于追求完美过程

这也是贴在脸书公司办公室墙壁上的箴言。做事追求高效和结果，绝不应半途而废，也绝不应为追求完美的过程而浪费时间精力。

1.3 企业家精神

创业意味着自己不可避免地要面对不确定性和风险，完整地获得成功的喜悦和失败的悲伤。因此，合格的创业者需要有内生的强大驱动力驱使自己领导一个团队努力奋斗、防控风险、接受挑战，坚定不移地实现愿景。创业不一定是做伟大的事，一个小本生意也可以做得有声有色，也可以让创业者从中享受成功的乐趣。但也有相当数量的创业者志存高远，梦想着做"从0到1"的创新，做一个对自己、对社会都带来持久利益的伟大事业，这些人中有些人成功了，有些人失败了，有些人还在努力奋斗中。

在那些做大事的成功创业者身上可以看到一种普遍存在的精神特质，他们对自己、对家庭、对团队、对社会都有高度的使命感和责任感，自始至终保持创业的激情与感染力，拥有创新的意识与开放的心态、深邃的洞见力、追求卓越的志向、坚定的信念、宽广的格局、把控全局的意识、务实求真的态度、处变不惊的心理、心无旁骛的行动。他们身上绽放着的这种精神特质往往被称为企业家精神。

企业家精神是企业家在创立和经营企业过程中表现出的特殊精神、气质、态度的统称，它是一种区别于常人的无形生产要素，是企业家带领企业走向成功的重要因素。华为的任正非就是彰显这种企业家精神的典范。习近平总书记于2020年7月21日主持召开企业家座谈会并谈到弘扬企业家精神时指出，企业家要带领企业战胜当前的困难，走向更辉煌的未来，就要在爱国、创新、诚信、社会责任和国际视野等方面不断提升自己，努力成为新时代构建新发展格局、建设现代化经济体系、推动高质量发展的生力军。

天使投资人往往会认为，合格的创业者是"极致的创新者"和"未来企业家"，他们在创业中成长，不断锤炼自己，带领企业走向光明的未来。当今时代需要一批充满创新精神的创业者为梦想打拼，用科技改变世界，用实业造福社会，在企业家精神的引领下不断超越前人，推动人类社会前进。

案例 1-1：创新极客、大疆创始人汪滔

创业缘起：

1980 年汪滔出生在浙江杭州，因为家境不错，从小喜欢航模的他曾从父亲那里得到过一架遥控直升机。那时在汪滔的想象中，直升机像一个可以随意操控的精灵，能悬停在空中不动，也可以想飞到哪里就飞到哪里。但事与愿违，这架操控难度很高的直升机起飞不久就掉了下来，飞速旋转的螺旋桨还在他手上留下了一个疤痕。汪滔回忆："那时我想做一个能够自动控制直升机飞行的东西。"

创业历程：

高中毕业后汪滔考入了华东师范大学电子系。大三时，不甘平庸的汪滔还是从华东师范大学退了学，并向世界一流大学递交了申请，他的目标是斯坦福大学和麻省理工学院，但都被拒绝，最终只有香港科技大学发来了录取通知书。2005年，25 岁的汪滔着手准备毕业课题，决定把遥控直升机的飞行控制系统作为自己的毕业设计题目，还找了两位同学作为伙伴，一同说服老师同意他们的研究方向，而他要解决的核心问题仍然源自童年的梦想——让航模能够自由地悬停。拿着学校给的 1.8 万元港币，汪滔他们忙活了大半年，然而在最终的演示阶段，本应悬停在空中的飞机却掉了下来，失败的毕业设计得了一个 C，这个成绩甚至让他失去了去欧洲名校继续深造的机会。幸运的是，汪滔的专注得到了一位教授的认可，得以在香港科技大学继续攻读研究生。

2006 年，在老师的帮助下，汪滔拉上一起做研发的同学在深圳创立了大疆创新科技公司（以下简称大疆），他们在一套三居室的公寓中办公。汪滔将他在大学获得的奖学金的剩余部分全部拿出来搞研究，经过一次次的失败，终于，第一台无人机样品刚刚挂在航模爱好者论坛上就备受好评，也因此让大疆收获了第一笔订单。这些产品的销售让汪滔可以养活一个小团队，而他和香港科技大学的几个同学则依靠他们剩余的奖学金生活。汪滔回忆说："我当时也不知道市场规模究竟会有多大，我们的想法也很简单，开发一款产品，能养活一个 10~20 人的团队就行了。"

汪滔是个自我驱动力很强的人，从创业那天起，他每周工作 80 多个小时，至今都保持这个工作强度。他的办公室永远放着一张单人床，门上还写着两行字："只带脑子、不带情绪。"汪滔坦言，他可能是一个"不招人待见的完美主义者"。

由于汪滔个性很强，他创业初期的员工大量流失，2006年底，眼看第一次创业就要失败了，他的导师加入团队中，带来很多学生，帮助他解决了人员问题。汪滔家族的世交陆迪慷慨解囊，投了9万美元（汪滔说，这是大疆历史上唯一需要外部资金的时刻）帮汪滔渡过了难关。

2008年，大疆第一款成熟的直升机飞行控制系统XP3.1面市，公司逐渐走上正轨，自此，汪滔的商业天赋才真正发挥出来。2010年，汪滔的中学同学谢嘉加盟大疆，负责市场营销工作，同时也担任汪滔的重要助手，对大疆的发展起了重要作用。2011年，当时经营一家航拍业务公司的美国人奎恩帮助大疆在得克萨斯州成立大疆北美分公司，旨在将无人机引入大众消费市场。他为公司提出了新的口号："未来无所不能（the future of possible）。"2012年，大疆已经拥有了一款完整无人机所需要的一切元素——软件、螺旋桨、支架、平衡环及遥控器。2013年1月，公司正式发布"大疆精灵"，这是一款随时可以起飞的预装四旋翼飞行器，开箱一小时内就能飞行，而且第一次坠落不会造成解体。得益于简洁易用的特性，"大疆精灵"撬动了消费级无人机市场。汪滔用了7年把大疆做成了全球无人机第一，截至2014年，大疆已经售出约40万架无人机，到2015年，大疆的净利润已经增长至2.5亿美元。

汪滔身兼大疆首席执行官（chief executive officer, CEO）和首席技术官（chief technology officer, CTO）两职。作为CEO，他鲜少直面媒体，原因是害怕公众过于关注他个人从而分散了关注产品的精力。但作为CTO，他对产品和技术近乎偏执地追求完美，无论大事小事都要亲力亲为。"以前，无人航空器在操作体验方面存在很多不便，把大量的普通消费者挡在了门外。我们认为，凭借技术积累，大疆能够推出一款高度集成化的产品一举解决这个痛点，并且创造价值。Phantom系列的成功证明我们的决定是正确的。"汪滔说："我是做产品的人，我只想把产品做好，让更多的人使用。"在企业里，他强调最多的是"品味"二字。"在我们父辈所处的时代，中国一直缺乏能打动世界的产品，中国制造也始终摆脱不了靠价格优势获得市场的局面，这个时期，公司的成功应该有不一样的思想和价值观。大疆愿意专注地做出真正好的产品，扭转这种让人不太自豪的现状。""企业做得越大，越要警惕赚容易的钱。"

也正是因为"极客"般的严苛追求，在消费级无人机领域，汪滔所创立的大疆被称为全世界都在追赶的企业。

案例启示：

（1）很多优秀创业者的创业梦想都源于年轻时对某些事情的向往。优越的家庭条件可以为科技创业提供坚实的支撑。

（2）汪滔的身上蕴含着很多成功创业者的典型品质，如追求极致创新、追求卓越、有梦想、内驱力极强、产品意识、做事专注、极其勤奋、务实、坚韧、不怕失败……

本章要点

➢ 创业与就业是人生的两大选择，但并不是每个人都适合创业。

➢ 个人的性格、能力、资源、家庭等因素都会影响其对创业与就业的选择。

➢ 创业者首先要具备创业思维、胜者思维，有强大的自我驱动力。

➢ 对科技创业来说，合格的创业者首先要成为具有商业意识的"生意人"。

➢ 合格创业者在精神、性格、愿景、能力、资源等方面都有着区别于常人的特点和优势。

➢ 成功创业者在行为习惯上有着共同点：常怀感恩心、自律、守时、专注、追求结果。

➢ 企业家精神是高度的责任感、使命感、创新精神、务实求真、坚定自信、吃苦耐劳、永不服输、追求卓越等一系列精神的集合。

主要概念

合格创业者，创业思维，胜者思维，企业家精神，愿景

思考题

1. 读者认为合格创业者应该具备什么样的性格特质和精神内涵？为什么？
2. 审视一下熟知的成功企业家，能否从其身上发现一些典型的企业家精神？
3. 读者认为人的哪些习惯会对事业发展产生不好的影响？为什么？

第 2 章 自我创业评价与确立创业愿景

学习目标

1. 了解创业者在创业前需要加强自我认知，取长补短。
2. 理解创业者愿景对创业的影响。
3. 掌握创业自我评价模型 CARF-E 和创业指数 IOE 的使用。

思维导图

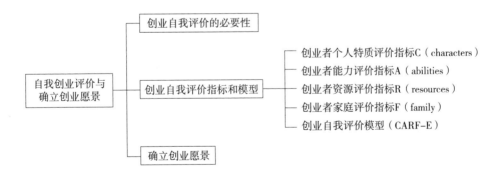

本章导学

2.1 创业自我评价的必要性

很多人自认为了解自己：了解自己的性格，了解自己的长板、短板，了解自己想要什么，所以在决定创业时凭着直觉和自信毫不犹豫就去做了，这样行不行呢？当然可以。那些有商业头脑和一定经济基础的人完全可以这么做，他们是可以在实践中更加了解自我、完善自我、成就自我的。失败了大不了从头再来，或者去就业。但这里要表达的是，如果在做之前稍微花些时间思考一下，客观、系统地评估一下自我条件，有可能会让人少走弯路，还可以使人在做事的过程中更明确地发挥长处、规避或弥补短处，提高创业成功率，甚至有可能让人打消一时的创业冲动、避免产生自己或家庭承受不了的重大损失。因此，对那些近乎白手起家、虽有创业冲动但对创业了解不多的"小白"创业者来说，这样系统地评价自己，并有针对性地做好创业前的精神和物质准备还是很有必要的，从这个意义上说，这是顺利开启创业征程的第一步。

2.2 创业自我评价指标和模型

编著者在投资实践过程中广泛接触过各种各样的创业者，从中总结提炼出了一些创业者共有的特征，并根据其中的重要程度设定了权重，构建了一个评估个人创业合适度的创业指数（index of entrepreneurship，IOE）计算模型，以此帮助创业者在创业前系统地对自己做一个理性审视，更清晰地了解自己在创业方面的优势、劣势，使创业者在今后的工作中扬长避短，有意识地补足短板，不断进步。IOE 指数中虽然主观因素比较多，但用于个人内省、了解自我创业素质和优势还是有一定参考意义的。如果 IOE 指数过低（如低于 50 分），那么评估者还是要谨慎地做创业决策。与此同时，这个创业评估模型及其指标也可以作为投资人在投资前评价创业者素质时的参考，从第三方视角对创业者做全面的了解，如果欠缺核心素质则应谨慎投资。下面将对 CARF-E 模型和 IOE 指数做逐项说明。

2.2.1 创业者个人特质评价指标 C（characters）

（1）追逐梦想。梦想是创业的根本动力，它将一直驱使创业者朝着希望的方向不畏艰险、坚定执着地前进。

（2）商业头脑。创业本质上是一种商业行为，创业者必须有"商业头脑"才能在取舍时做出符合商业逻辑的判断，才能在做事中发现价值、实现价值。

（3）诚实守信。诚实守信是创业的道德基础。企业是人的集合，也是与人打交道最终追求利润的事业平台，诚实守信是人与人交往最重要的基础，只有坚守了这条底线，团队才能被团结在创业者的身边，客户与合作伙伴才能认同企业的产品与服务，投资人才愿意投资。

（4）决策果断。决策果断是创业者抓住商机、赢取竞争必备的性格特征。创业路上遇到的问题五花八门，机会也是稍纵即逝，容不得创业者有丝毫的犹豫，需要创业者在目标牵引下果断取舍，最终得到想要的结果。

（5）务实勤奋。务实勤奋是创业者实现目标的阶梯。好高骛远、懒散的人做不了创业，创业者只有勤奋、脚踏实地、求真务实地做事，一步一个脚印地解决问题，才能取得坚实的成果并赢得竞争，靠投机取巧是持久不了的。

（6）坚定自信。自信是创业者实现预设目标的必备素质。遇到困难的时候不应怀疑和退缩，创业、做事经常只要再坚持半步就可以成功，这时，没有坚定自信的人往往就会半途而废、功亏一篑。

（7）创新求变。创业者可以在貌似常规的事物中发现创新的机会，在遇到常人难以逾越的阻碍面前寻求破局之道。

（8）包容开放。兼听则明，创业者应广泛接纳来自各方的信息并加以筛选，容忍不同类型的人并与其合作，以此可以吸引有能力的人一同打拼。

（9）把控全局。创业者始终应关注整体和重要的目标结果，而不是舍本逐末地纠结于细枝末节和过程的完美。

（10）乐观积极。创业路上荆棘密布、坎坷不断，如果遇到困难就悲观消沉，那么创业者终将一事无成。积极看待一切可以令创业者更容易找到解决办法。

2.2.2　创业者能力评价指标 A（abilities）

（1）洞见力。洞见力是创业者看问题抓本质的能力，创业过程中经常出现各种干扰假象，会令创业者专注着手解决表面问题，甚至忘掉初衷而舍本逐末，或者使机会隐含在现象之中不容易显露，而此时创业者如果具有洞见力则可以清晰辨别机遇与风险，解决根本问题，不错过机会，也不盲目浪费精力和资源。

（2）行动力。行动力是创业者赢得创业成功的基本能力要求，创业者在深思熟虑后应马上采取行动，想到即做到，绝不拖拉和犹豫，直到获得想要的结果。

（3）行业经验。创业者必须具备行业经验，没有任何行业经验的"小白创业"是一种盲目的赌博，往往很难成功。

（4）领导力。创业者应利用使命、愿景、同理心、共情感及有效的目标导引与奖惩手段激发团队创造力、释放团队潜能，使团队朝共同的目标前行。

（5）学习力。创业是一个复杂的系统工程，任何人都不是全能的，创业者尤其需要善于学习，从别人的经验教训中学习，找到合适的对策，与时俱进地学习行业最新的知识和技能。只有跟上行业发展趋势，创业才能长久。

（6）自控力。只有具备自控力才能把提前享乐、懈怠、放逸、愤怒的心约束住，使自己在纷繁的干扰刺激下保持冷静，延迟享受才能使自己的注意力聚焦于长远目标的实现上。

（7）意志力。创业者应吃苦耐劳地专注做事，遇到阻力不轻言放弃，最终达成目标。创业是场"马拉松"，没有强大意志力的人是跑不完整场比赛的。

（8）应变力。创业者在预想的事情发生变化时应能够从容应对，能做出必要的妥协以达成根本目标。

（9）亲和力。亲和力是创业者情商与同理心的体现，是团结团队、合作伙伴、客户使其具有认同感的人际交往能力，可令问题更容易得到解决。

（10）体力。体力也是创业者成功创业的必备条件。创业意味着需要在别人休息的时候思考和工作，在别人工作的时候加倍努力地工作，没有良好的体力是顶不住这种超负荷运转的，有体力才有精力解决问题。没有任何创业是能在一杯咖啡、一张沙发的轻松环境下做成的。

2.2.3 创业者资源评价指标 R（resources）

（1）社会关系网。创业者需要具备联系各行各业人员的人脉关系，关系有近有远，而且，人脉差异越大越有价值，人脉关系越多越有助于创业。

（2）启动资金。对初始创业者来说资金是非常重要的，有原始积累可使创业者在创业时的心态更趋平和，更容易放得开。

（3）合伙人。合伙人是创业者的重要资源，任何一项科技创业都不可能靠创业者一己之力完成，如今高度社会分工的现实令与创业者能力互补的合伙人在创业企业中的重要性越来越得以凸显，即使创业初期没有合适的合伙人加盟，随着企业的成长和业务对团队能力更加苛刻的要求，吸引合适的合伙人加盟也已变成创业者的重要任务之一。

2.2.4 创业者家庭评价指标 F（family）

家庭在创业过程中对创业者的影响是持续的，家庭成员（包括父母、夫妻等直系亲属）的全面支持对创业者而言是非常重要的正向激励。相反，任何家庭成员对创业者的不支持或不理解都会令创业者形成持续不断的心理阴影和压力，会影响创业者的日常行为和正常发挥。

2.2.5 创业自我评价模型（CARF-E）

综上所述，以特质 C、能力 A、资源 R、家庭 F 四类指标为基础，结合其对创业影响的重要性，编著者设计了 CARF-E 评价模型，评估者可按照 CAEF-E 创业评价量表（表 2-1）中的打分范围逐项给自己求出适当的分数，由每部分分项汇总得出该部分的总分，C、A、R、F 每个类别的满分均为 100 分，其中 C 和 A 是内在因素，R 和 F 是外在因素，内在因素更为重要，在指标体系中占 70% 因子，外在因素占 30% 因子。由于 R 和 F 是外在因素，故其在客观上可能存在缺失现象，例如，在给 F 打分时，评估者可能尚没有另一半（夫/妻），或者父母早逝等，此时可以将缺失部分的总分数加到另一部分，以满分 100 分的形式给出该项 F 的综合分数。关于 R，比较特殊的是合伙人，已有合伙人且相对满意，或者有正在落实中的目标人选的则可以在高分区打分，自认为比较容易找到，或者对合伙人不甚满意的可以在中分区打分，没有合伙人线索的只能在低分区打分。创业指数（index of entrepreneurship，IOE）的计算公式为

$$IOE=[(C+A)\times 70\% +(R+F)\times 30\%]\div 2$$

IOE 值的范围在 0~100，IOE 值得分越高的评估者越适合创业。

表 2-1　CARF-E 创业评价量表

自我审视项	内容	单项-高	单项-中	单项-低	适合度-高	适合度-中	适合度-低
特质 C（character）	1. 追逐梦想（0~15） 2. 商业头脑（0~15） 3. 诚实守信（0~15） 4. 决策果断（0~10） 5. 务实勤奋（0~10） 6. 坚定自信（0~10） 7. 创新求变（0~10） 8. 包容开放（0~5） 9. 把控全局（0~5） 10. 乐观积极（0~5）	12~15 12~15 12~15 8~10 8~10 8~10 8~10 4~5 4~5 4~5	8~11 8~11 8~11 5~7 5~7 5~7 5~7 2~3 2~3 2~3	0~7 0~7 0~7 0~4 0~4 0~4 0~4 0~1 0~1 0~1	$C \geq 80$	$80 > C \geq 50$	$C < 50$
能力 A（ability）	1. 洞见力（0~15） 2. 行动力（0~15） 3. 行业经验（0~15） 4. 领导力（0~10） 5. 学习力（0~10） 6. 自控力（0~10） 7. 意志力（0~10） 8. 应变力（0~5） 9. 亲和力（0~5） 10. 体力（0~5）	12~15 12~15 12~15 8~10 8~10 8~10 8~10 4~5 4~5 4~5	8~11 8~11 8~11 5~7 5~7 5~7 5~7 2~3 2~3 2~3	0~7 0~7 0~7 0~4 0~4 0~4 0~4 0~1 0~1 0~1	$A \geq 80$	$80 > A \geq 50$	$A < 50$
资源 R（resource）	1. 社会关系网（0~40） 2. 启动资金（0~30） 3. 合伙人（0~30）	30~40 25~30 25~30	20~29 15~24 15~24	0~19 0~14 0~14	$R \geq 80$	$80 > R \geq 50$	$R < 50$
家庭 F（family）	1. 父母支持（0~50） 2. 夫妻支持（0~50）	40~50 40~50	25~39 25~39	0~24 0~24	$F \geq 80$	$80 > F \geq 50$	$F < 50$

根据表 2-1 给出的各项分值区间为自己打分，并分别计算 C、A、R、F 四个大项的总分值，将其代入 CARF-E 模型中即可计算 IOE 值。如果 IOE 值在 50 分以下，则个人创业适合度较低，需谨慎创业。当然这只是一个相对值，主观因素较大，其意义在于为创业者提供了一个自我量化评价的模型。与此同时，这个模型也可以作为天使投资人对创业者及其合伙人的评判参考。

2.3　确立创业愿景

无论创业者是否具备比较完备的创业特质，在这个鼓励绽放自我的年代都有无数的人因为各式各样的目的选择创业，其中不乏有因为不想给他人打工或失业不想再就业而选择的薪水替代型的创业，也有追求自主生活方式的生活导向型创业，更有追求更高价值目标的价值引领型创业。无论怎样，创业者在决定创业前一定要思考自己创业的愿景。

愿景就是一个人心目中所勾画的、希望在相对长远的将来能够实现的图景样貌，它比理想更具象、比目标更抽象。创业愿景一般情况下是创业者对未来十年或更长远的想象，以及心目中希望可以通过创业实现的图景。愿景可以驱使创业者奋力拼搏，努力将其变成现实。愿景的形成与每个人的成长过程、生活环境、工作环境等高度相关，可能是儿时遇到的深深触动自己的人与事在心中形成了某种追求，也可能是在工作生活中感悟和追求的未来。愿景的形成还与人的世界观、视野、欲望、想象力、环境、能力等因素高度相关。创业愿景不是一成不变的，而是可以随创业者对事物的认知和创业进程而逐步深化和改变的。很多创业者只是对创业的大方向比较坚定，而最初的创业愿景并不十分高远，大多是在大方向上能看得见摸得着的务实考虑。随着创业的发展和认识的深入，创业愿景可能逐渐变得高远。愿景的不同决定了创业者行为的不同、目标的不同，也决定了未来评估创业是否成功的标准不同。

例如，想开一家花店，让自己既挣钱又能在花海中愉快地度过每一天，这是一个创业的愿景。如果愿景再大些，还可以开成连锁花店或者线上线下结合的店铺，可以引入新的产品搞成有特色的礼品经营平台，甚至还可以把花的科学种植和全球化销售结合起来做成鲜花产业集团……愿景和目标的差异决定了创业者的行为模式和需要做的准备，所面临的创业挑战和需要的能力不同，其实现目标所需要的时间也不同。愿景和目标越宏伟，对创业者的考验越大，越需要长时间地努力奋斗，这就需要创业者有清醒的自我认知、行业认知和对应的行动，做到知行合一。那些有先见的创业者会对未来十年社会发展的走势有敏锐的观察和洞见，精准判断并且付诸实践。只要大胆创新，坚持下来就可能是未来的"王者"。例如，1975年的比尔·盖茨看到了十年甚至更长远的未来，才有了1985年的Windows操作系统和后来的微软帝国。当今中国特别需要有理想、有抱负、有能力的人勇敢地站出来创立一番事业，通过科技创新使社会不断进步。

现在还有一些非常有社会责任心的创业者通过创办企业获取利润，同时又肩负一定的社会责任，为社会做出贡献，他们可以被称为"社会创业者"。社会创业者创办企业的目的不仅是盈利，更重要的是解决一些社会问题，进而实现他们服务社会的理想。他们用商业的眼光观察社会问题，用商业的规则解决社会问题。

社会应该鼓励更多这样有社会责任、有能力、有行动的创业者站出来，用可持续的方式解决痛点问题，让这个世界更平等、更美好。

案例 2-1：张道宁的创业

北京凌宇智控科技有限公司（以下简称凌宇智控）NOLO VR 项目主导者张道宁是第五届中国"互联网+"大学生创新创业大赛"金奖"及"最具商业价值奖"获得者。

一、创业前的准备

1. 学生时代的创业体验

张道宁出身于科研家庭，父母均是科学家，从小家教很严，常因打游戏被父母管教。17 岁考上北京邮电大学后，由于去不了网吧，他只能在宿舍里写游戏外挂程序，后来把它卖给很多游戏玩家，赚到了自己的第一个 100 万元。经济独立给了 17 岁的张道宁很大的正向反馈，使他自信满满，大学还没毕业就了解了完整的商业流程，这为他后面创办凌宇智控提供了铺垫。"当时我自己既要做产品定义和研发，又要做销售把产品卖出去，还要做好运维和客服，一个人做了七八个角色，完成了一个最小的创业循环。因为我有过完整的商业实践，所以毕业后比别人敢创业。"张道宁回忆道。

2. 准备创业

在被问到为什么创业时张道宁回答："'创业驱动 + 做过创业的事情 + 机会'三个方面造就了我。你得想着赚钱，让自己独立起来。创业和就业都是工作，但对我来说最好的发挥自我能量的工作方式是创业做 CEO。"

创业前他对自己做了一个理性分析，问自己创业能收获什么？会失去什么？他回忆道："北京邮电大学硕士一毕业就拿了 27 万元年薪的录取通知，如果我去创业，拿到天使投资，自己给自己发工资 3000 元/月，相当于年薪 4 万元，用这个代价创业，相当于用 23 万元买了一年的时间做创业尝试，如果再有可能进入下一轮融资，则可以给自己搏一个更大的机会，进入更高的发展阶段。万一创业失败了，也不至于没房住、没饭吃。大不了干个个体户，自己写点程序什么的。因为没有生活压力，又有志向，还能充实经验，所以创业是稳赢！""母亲听了我理性的分析，很是认可，问需要给予什么支持，我说'借我 15 万元，外加一套房子'。"

他的母亲说："你把创业的利弊分析得这么透彻，15 万元我送你了，但就这些钱，花完了别再找我要。"张道宁回忆说:"实际上母亲是用这种近乎冷酷的方式给予了我最大的支持,逼着我养成用商业思维去思考的习惯。"

3. 案例启示

(1)张道宁虽然出身于知识分子家庭,但父母既严格又理性的教育令他很小就有了自立自强的意识和商业思维,早期的商业实践更是增强了其创业的信心。从他身上可以看到很多合格的创业者必备的特质,自驱、自信、理性、有商业经验和知识技能储备、正视风险……

(2)家庭的大力支持也是张道宁义无反顾创业的重要因素。

二、关于合格创业者和创业愿景的感悟

关于合格创业者:我在创业之初曾经看过《创新者的窘境》等创新创业书。中国有3000家上市企业,但有3000万家的中小微企业,99.99%都是分母。要想成为那万分之一,创业前先得问问自己是不是合格创业者。创业切忌盲目,必须事先通过各种方式了解创业企业的基本运作方式。你懂得"从0到1"吗,懂得企业怎么发展吗,懂得创新者的窘境吗,懂得怎么融资吗,懂得上市是为了什么吗? 只有对它的理解达到60分以上才有资格去创业。创业者应该是"恒星",不需要别人照亮,自发光的同时还照亮别人。就业的人是"行星",需要绕着"恒星"转。例如,马云和蔡崇信就是恒星与行星的关系。蔡崇信是优秀的行星,被马云的超级恒星点着了。很多一流大学培养的实际上是好的"行星",但真正的创业者往往希望别人都在他的逻辑下,让自己感染别人。那些无法"自燃"的人如果"点燃"不了他人也不适合创业。年轻人要让自己独立成长,不能躺平,我不鼓励为了不工作而创业,因为创业不是为了逃避什么。

关于创业愿景:愿景对团队的胃口、对企业价值所能达到天花板的期待是随着企业的成长而变大的。创业之初只想从身边做起,没想太多,想明白了价值,就去做了,结果一步一步有了更大的追求。

🔍 本章要点

➢ CARF-E模型,从精神性格、能力、资源、家庭四个维度对个人创业进行评价打分,为创业前的自我认知提供了一个系统分析的工具。

➢ 创业愿景是创业者希望实现的长远图景,与目标及理想均不同,愿景驱动创业者前行。

➢ 愿景决定了创业者的行为和目标，会随着创业的深化而改变。

主要概念

创业指数 IOE，CARF-E 模型，创业愿景

思考题

1. 说出读者对创业的理解，并总结几个创业区别于就业的特点。
2. 自己适合创业吗？试着用 CARF-E 模型评价一下自己的创业指数 IOE。
3. 请从创业评估模型中找出最重要的三个创业要素，并解释为什么？
4. 创业愿景与什么相关？它是一成不变的吗？
5. 创业愿景与目标有什么区别和联系？

第 3 章 大学生创业能力的培养

学习目标

1. 初步了解大学生创业的定义、现实基础和理论依托。
2. 掌握大学生创业能力的定义、构成要素和主要影响因素。
3. 精准把握高校现有教育资源对大学生创业能力的支持。

思维导图

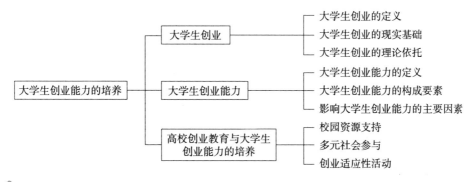

本章导学

大学生创业强调以大学生为主体，在社会领域开展创新创业实践工作。从理论角度讲，创新创业精神既是马克思主义劳动观的时代体现，又有人力资源管理理论作为指导与支撑；从现实角度看，目前我国正处在发展创新型经济、建设创新型国家的重大历史时期，提高大学生创业水平是社会发展所需，增强大学生创业能力也能帮助社会改善就业情况。因此，鼓励大学生创业势在必行。

要想让大学生创业计划得以落实，首先要培养大学生的创业能力。目前，对大学生创业能力的研究有广义与狭义之分，广义的研究强调创业能力的综合性，重视在整个创业过程中创业者的知识、技能、天赋、个性等各方面素质能力；狭义的研究强调创业能力是主体在某方面的突出特质，其关注点是资源处理、成果转化、发展精神文化。总的来说，大学生创业能力的构成要素包括精神属性和实用属性，具体包括人际交往技能、管理或技术才能及个人素质等方面。同时，专业水平、品德修养、创业方法、机会意识、家庭背景等个人因素及创业教育、政策环境、社会舆论、市场趋势等社会因素也会对创业产生重要影响。

创业教育对培养大学生创业能力具有重要作用。高校创新创业教育普遍以培养学生自主创业、自主就业能力为目标，通过开设课程、举行讲座等方式为学生提供理论知识支持，同时还会协调资源，提供相关创业机会，鼓励大学生更加深入地了解社会现实，在实践中提高技能水平，对创业中可能遇到的困难做好心理准备。其培养方式包括以勤工助学、高校学生资助金、创业贷款为主的校园资源支持，以社会实践、公益志愿、社团参与为主的多元社会参与，以创新创业课程、创新创业比赛、创新创业训练计划为主的创业适应性活动三大部分，涉及个人、家庭、学校、企业、社会等多方主体，各组成部分、各方主体之间相互影响，共同作用于大学生创业者，具有可持续、多维度、全方位的特点。

3.1 大学生创业

3.1.1 大学生创业的定义

要深入推进大学生创业工作，首先需要明确创业的概念与意义。

创业的概念并非一成不变，社会的变动发展与差异情景都在不断赋予其新的内涵。《辞海》中"创业"意为"开创基业"[1]，在现代社会语境下，"创业"则常常

---

[1] 夏征农.辞海[M].上海：上海辞书出版社，2002.

被理解为一种创新型的开拓行动。同时，作为一种复杂的社会现象，创业往往具有跨学科的特点，故可以依据不同学科自身特点对其进行解读。概言之，创业是一个开发和实现参与主体内在价值的动态过程，主体的知识应用能力与水平在其中占据重要地位，特定创业目标的完成需要参与主体持续地、系统地付出时间与精力。在社会多主体的长期创业实践中，创新精神始终是创业的核心动力，在它的推动下，创业主体以现有的一切可能资源为基础，承担风险、迎接挑战，以变革手段探寻更广阔的发展空间。因此，培养高水平的创新创业人才已成为落实国家重大发展战略、激发社会创造活力的必要之举。

大学生创业强调以大学生为主体，在社会各领域开展创新创业实践工作。大学生思维活跃、想法先进、敢于拼搏，是国家发展的重要保障，他们成为创新创业的主要群体与社会的进步紧密相关。在如今的社会环境下，鼓励大学生积极投身创新创业实践有利于充分挖掘青年人力富矿，激发青年人推动社会未来发展的无限潜力。

3.1.2 大学生创业的现实基础

1. 提高大学生创业水平是社会发展所需

我国正处在发展创新型经济、建设创新型国家的重大历史时期。"大众创业、万众创新"的口号以"知识创新"为主要抓手，号召政、产、学、研等各界创新主体紧密协同合作。创新型国家的一个重要特征是创新投入高、产出高，通常要求科技进步贡献率达到70%以上，对外技术依存度保持在30%以下[①]。当今，社会发展进入知识经济时代，要实现传统产业经济向创新型经济的转型需要提高社会整体的知识文化水平与创业能力，使创新观念转变为实际的生产力。逐步完善高校创新创业人才培养体系是创新型国家整合优势资源、加快推动创新成果落地的必由之路。

2. 增强大学生创业能力能改善就业情况

大学生创业工作的合理开展能够有效丰富就业市场，创造更多的就业岗位，使更多的人才参与到社会劳动中。面对劳动力市场存在的就业难问题，持续推进并不断完善高校创新创业人才培养体系是个体扶持和社会维稳的重要抓手。一方

---

① 王志刚. 人民日报：加快建设创新型国家：认真学习宣传贯彻党的十九大精神 [EB/OL]. (2007-12-07) [2021-06-19]. http://opinion.people.com.cn/n1/2017/1207/c1003-29690535.html.

面，在对现有具体模式分析的基础上，该体系能为就业个体提供切实可靠的指导，帮助其成长与发展，使之更好地适应社会不断变化的新形势；另一方面，它可以通过夯实人才基础、提高行业自主创新能力等方式增强创业主体对风险的抵抗力与承受力，提高创业投资的成功率，营造更加可持续的就业环境。这些都将极大地促进社会稳定发展、民生工作有序开展、多领域进步平稳进行。

3.1.3 大学生创业的理论依托

1. 创新创业精神是马克思主义劳动观的时代体现

劳动是马克思分析人类历史发展的重要内容之一。创业是一种综合性的劳动，它集一般劳动和管理劳动于一体，同时融汇了科学劳动的内涵——不是依靠劳动者延长劳动时间、提高劳动强度以创造更多财富，而是依靠降低劳动成本创造更多财富，从而满足人民的物质文化需要[①]。对创业工作的重视强调了将个人劳动转化为社会劳动的实践价值，对于激发人民群众创新创业的积极性具有重要意义。

创新创业教育是高校劳动教育的重要组成部分，积极发展劳动教育是新时代党对高等教育的新要求，是中国特色社会主义教育制度的重要内容。高校劳动教育要从能力塑造、实践锻炼等多方面培养全面发展的社会主义建设者和接班人，帮助学生树立正确的劳动观念、积极的劳动精神、多元的劳动能力、良好的劳动习惯，不断提升学生适应社会、融入社会、服务社会的劳动能力。其中，创新创业教育将占据重要位置、起到重要作用。

2. 创新创业实践离不开人力资源管理理论

创新创业的核心在于人才培养与队伍建设。人力资源管理关注的是组织中人力资源的整合、分配与管理等要素，注重环境与技术等因素对整体效率、未来发展等多方面的影响，在追求物质价值的同时也注重正确价值观的塑造。人力资源管理原本是企业管理范畴的概念，现广泛应用于高校人才培养等跨学科领域。在人力资源管理理论的指导下，高校将能够在创新创业教育等方面提供更加切实有效的管理机制，以合理合适的手段激发大学生创业者的更大潜能，从而帮助他们更好地开展创业实践。同时，在创新创业精神的指导下，人力资源管理理论能帮助求职者树立更加多元的求职观与更加适应社会多样性需要的自我评价体系，辅助实现就业市场的人才分流，使人才优势得到更充分的发挥。

---

① 刘志阳，赵陈芳，杨俊. 中国创业学：学科、学术和话语体系[J]. 外国经济与管理，2021，43（12）：51-67.

从高等教育学的视角看，创新创业方向的学科建设将有助于以社会需求为基础构建更加多元化的高等教育体系。传统的学科建设大多围绕封闭组织与固定制度进行，而创业教育与社会现实的紧密关联会使其具有更强的开放性与灵活性，加之根据劳动力市场的人力流动、资源流动、环境变化等方面适时地做出调整变化，有利于培养学生与时俱进的职业观与多向发展的劳动能力，帮助他们更好地适应从学校到社会的转变。

3.2 大学生创业能力

3.2.1 大学生创业能力的定义

学界对创业能力的研究有广义与狭义之分。

对广义概念的研究强调创业能力的综合性，重视的是在整个创业过程中创业者的知识、技能、天赋、个性等各方面的素质能力。托马斯等人认为特质、知识和能力是影响创业者承担创业责任能力的关键因素[1]。曼等人将智力资本视为创业能力最重要的方面，在强调承担责任的同时又指出开创事业的能力应得到同等的重视，还细化补充了个性、隐性知识和关键技能等因素[2]。针对大学生群体，相关研究往往强调协同教育的影响，认为家庭、学校和社会的教育有助于提高大学生整合资源、识别机会及在创业实施、创业管理、风险控制等方面的能力，这种多方协同的方式为大学生提供了较为完备的综合素质培养环境[3][4]。

对狭义概念的研究强调创业能力是主体在某方面的突出特质，其关注点是处理资源、转化成果、发展精神文化等各方面的素质能力。处理资源能力强调创业成功的关键是创业者能否在不断变换的形势下发现和把握商机，合理整合可触及的资源，从而获得更大的价值[5]；成果转化能力强调创业者需要能通过商业运作、创新运营、风险管理等方式有效地将科研成果和创意产物转化为现实产品，构建

---

[1] THOMAS W Y M, THERESA L, CHAN K F.The competitiveness of small and medium enterprises: a conceptualization with focus on entrepreneurial competencies [J]. Journal of Business Venturing, 2002, 17 (2): 123-142.
[2] MAN, T.W.Y., THERESA LAU, CHAN, K.F.The competitiveness of small and medium enterPrises: A conceptualization with focus on entrepreneurial competencies [J]. Journal of Business Venturing, 2002, 17 (2): 123-142.
[3] 李良成，高畅.战略性新兴产业知识产权政策分析框架研究 [J].科技进步与对策，2014（12）：114-118.
[4] 孔洁珺，王颖.中国高校就业创业教育溯源与释义 [J].思想教育研究，2015（3）：76-80.
[5] 罗博特·D.希斯瑞克.创业学 [M].郁义鸿，李志能，译.上海：复旦大学出版社，2000.

良好的生产线与资金流①，发展精神文化能力侧重建构企业的精神，其内涵是创业者能够发现创业活动的文化价值，这就要求创业者具备善于自省、敢于决策、重视执行的企业家精神。狭义创业能力研究的主要关注点及内涵，见表3-1。

表3-1 狭义创业能力研究的主要关注点及内涵

突出特质	具体内涵
处理资源	在不断变换的形式下发现和把握商机，合理整合可触及的资源以获得更大价值的能力
转化成果	通过商业运作、创新运营、风险管理等方式有效地将科研成果和创意产物转化为现实生产力，构建良好的生产线与资金流
发展精神文化	发现创业活动文化价值的能力，具备善于自省、敢于决策、重视执行的企业家精神

3.2.2 大学生创业能力的构成要素

创业能力内涵丰富，关于其构成的研究主要从精神属性与实用属性两方面着手。

在精神属性方面，有的研究以"企业家精神"为切入点，认为创业能力是个人素质的综合体现，包括理解能力、专业技能、态度、价值观等方面。该观点将创业能力置于个体与团体的互动关系中，强调在创业过程中个人素质与集体发展之间的相互影响，认为创业能力具有强烈的主观能动色彩②。

在实用属性方面，一些学者提出"胜任力"一说，从创业结果和创业目的角度分析构成创业能力的具体因素，认为创业能力主要包括能力胜任力③、心理胜任力④和社会胜任力⑤等维度。冯华和杜红借鉴管理胜任力的概念对创业胜任力模型及其特征的不同维度进行分析，揭示了创业胜任力的多层次结构⑥。

一些学者从社交和专业两方面总结了创业能力的具体指标，包括人际交往技能、管理和技术才能两方面。其中，前者主要包括领导技能、矛盾管理技能、人

---

① 龙勇，常青华. 高技术创业企业创新类型、融资方式与市场策略关系研究[J]. 科学学与科学技术管理，2008（1）：70-74.
② 杨道建，赵喜仓，陈文娟，等. 大学生创业培养环境、创业品质和创业能力关系的实证研究[J]. 科技管理研究，2014（20）：129-136.
③ SCHWARTZ M.Incubating an illusion long-term incubator firm performance after graduation[J]. Growth and change, 2011, 42（4）：491-516.
④ MITCHELMORE S, ROWLEY J.Entrepreneurial competencies of women entrepreneurs pursuing business growth[J]. Journal of Small Business and Enterprise Development, 2013, 20（1）：125-142.
⑤ MUZYCHENKO O.Cross-cultural entrepreneurial competence in identifying International business opportunities[J]. European Management Journal, 2008, 26（6）：366-377.
⑥ 冯华，杜红. 创业胜任力特征与创业绩效的关系分析[J]. 技术经济与管理研究，2005（6）：18-19.

员管理技能和团队工作技能，后者则包括行政管理、法律和税收、市场营销、生产运作、财务和技术管理等专业性更强的技能。除社交才能与专业技能外，个人素质同样也得到一定程度的重视，这里所说的个人素质包括在创业过程中识别并抓住机会的能力、勇于创新的魄力、适时变革的勇气、踏实肯干的耐力等。

3.2.3 影响大学生创业能力的主要因素

人呈现在社会网络中的综合能力是创业能力的重要影响因素。人是社会化的个体，创业活动具有极强的社会现实性，大学生创业能力的落实离不开社会网络中各要素的交互作用。

从个体角度来看，专业水平、品德修养、创业方法、机会意识、家庭背景等要素对创业结果发挥着重要的作用；从社会角度来看，创业教育、政策环境、社会舆论、市场趋势等也会对创业结果产生重要影响。

创业是一项长期的社会活动，对创业过程的分析是落实创业能力的具体考量，学界相关研究以模型建构为主，而模型建构又主要分为线性与非线性模型两类。

1. 在线性视角下

创业过程可分为两个阶段：①组织建立前的风险事业形成期，其创业活动主要表现为企业家的个体行为。②组织建立后的风险事业作业期，其创业活动主要表现为创业企业的组织行为[1]。根据新企业的成长过程也可以将创业过程细分为五个阶段：①原理的验证阶段，该阶段的主要任务是验证创新技术的可行性。②雏形阶段，其主要任务是生产一定量的产品，并形成组织结构雏形。③模型销售阶段，其主要任务是改进产品实用性，同时对财务、营销等经营活动进行必要的细化分工。④启动阶段，产品的盈利性进一步提高、组织架构进一步膨胀，更多的产品问题和管理问题开始涌现。⑤自然增长阶段，组织进入自然扩张期，创业者通常需要考虑调整新的战略或进入新的创业周期[2]。

创业的发展并非总是一帆风顺的，相当一部分企业在半途中就会因为各种原因夭折。因此，要从创意想法、市场商机成功建立成企业，需要创业者拥有足够

---

[1] CARTON R B, HOFER C W.Measuring organizational performance: metrics for entrepreneurship and strategic management research[M]. Edward Elgar, 2006.
[2] LEWIN A Y, CARROOL T N.The coevolution of new organization forms[J]. Organization Science, 2003, 10（5）: 535-550.

的资金支持，建立较为完整的收入体系，而后才能顺利进入市场并在市场竞争中获得优势地位，在保证生存的基础上扩大企业规模、拓展商业发展道路，最终获得可观、稳定的收益。同时，创业者需要制定灵活的调整战略以使企业拥有应对外界变化、承担社会风险的能力，防止企业倒退。部分企业也会进入接管阶段，投资者寻找将企业脱手的机会，管理层也会发生自愿或不自愿的变动，这时，企业的运行资源通常较为丰富，能够有效实现规模经济[1]。

2. 在非线性视角下

创业过程往往呈现为一个多种要素相互作用、不同步骤反复调整的实践过程。相比线性的发展，非线性视角下的研究更强调影响创业过程及创业能力等要素的重要性，如将商机、资源及团队视为核心驱动要素，同时指出机会识别、生产线建设、组织创建、市场交易、顾客反馈等环节是影响创业最终能否成功的关键节点。因此，创业者也应该有针对性地增强相关方面的知识技能储备[2]。

结合前人研究，大学生创业过程可以分为三个关键阶段：①创业准备阶段，包括基于职业生涯规划的创业选择、激发创意或机会识别过程。②创业企业设立阶段，包括获取并整合资源、编写商业计划书和登记注册等环节。③新创企业成长管理阶段，大学生创业者必须通过吸纳人才、完善制度等措施维持新企业的运行，并将其逐步发展为一个成熟的、盈利的企业。

3.3 高校创业教育与大学生创业能力的培养

3.3.1 校园资源支持

1. 高校勤工助学

《高等学校勤工助学管理办法（2018年修订）》明确提出："勤工助学活动是指学生在学校的组织下利用课余时间，通过劳动取得合法报酬，用于改善学习和生活条件的实践活动。"[3] 勤工助学的概念与勤工俭学密不可分，其含义和范围随社

---

[1] CHONG A Y, OOI K B, SOHAL A. The relationship between supply chain factors and adoption of e-collaboration tools: An empirical examination[J]. International Journal of Production Economics. 2009, 115（2）: 7-11.
[2] JACK S L, ANDERSON A R. The effects of embeddedness on the entrepreneurial process[J]. Journal of Business Venturing, 2002, 17（5）: 467-487.
[3] 中华人民共和国教育部, 中华人民共和国财政部. 教育部 财政部关于印发《高等学校勤工助学管理办法（2018年修订）》的通知[EB/OL]. （2018-08-24）[2018-09-03]. http://www.moe.gov.cn/srcsite/A05/s7505/201809/t20180903_347076.html.

会、时代发展而有所变化。在《现代汉语大词典》中，"勤工俭学"指"利用课余时间打工，把劳动所得作为学习、生活费用（同勤工助学）"。

回顾历史，我国早期的"勤工俭学"由近代的留法勤工俭学运动发展而来。1908年，李石曾（河北保定高阳县人，同盟会会员）招股集资在巴黎创办了"中国豆腐公司"，将中国的豆制品引入法国。为提高工人的文化水平和工艺技能，李石曾组织了豆腐公司工人夜校，实行"以工兼学"，即实验"勤工俭学"。工人们白天做工，晚上学习国文和法文，以及浅显的数理化和修身等课程。经过几年实践，1912年，李石曾、吴玉章等人在北京发起"留法俭学会"，成立留法预备学校并先后帮助80余人赴法俭学。1915年6月，李石曾、蔡元培发起成立了以"勤于工作，俭以求学，以进劳动之智识"为宗旨的"勤工俭学会"，在他们的推动下，全国各地纷纷成立了华法教育会和各种留法勤工俭学预备班，留法勤工俭学运动兴起一时。"勤工俭学"既包含了"工"又体现了"学"，结合留法勤工俭学运动的历史，早期的勤工俭学并未区分"以工为主"兼学或"以学为主"兼工，而是笼统地包括了"以学促工"和"以工促学"两方面的意思[①]。

回到当下，根据《中国教育词典》的解释，"勤工助学"指由学校领导、组织，以协助学生顺利完成学业为目的，引导学有余力的学生在课余时间参与的具有一定报酬的工作。一般情况下，学校会设置校内勤工助学岗位，同时也会为学生提供校外勤工助学的机会，这些岗位通常优先考虑存在家庭经济困难的学生。参加勤工助学原则上每周时长不得超过8小时，每月时长不得超过40小时，劳动报酬不低于当地政府或有关部门制定的最低工资标准或居民最低生活保障标准。通过在课余时间从事诸如助教、助研等工作，或从事健康、规范的社会工作，在校生能够获得一定报酬来帮助自己顺利完成学业。

如今各高校实行的"勤工助学"是高等教育机构为有经济困难的大学生提供的一种资助，同时其也能为学生的全面发展提供物质支持，是创新创业工作的重要组成部分。勤工助学工作不仅能够帮助学生获得创业的第一桶金，使其具有融资能力、发展融资意识，还能够磨炼学生的意志，培养他们自力更生、奋发图强的精神，为其投入创业实践工作打下坚实基础。同时，各大高校普遍将安全教育

---

① 王安岩. 高校勤工助学对大学生发展影响研究[D]. 北京：北京科技大学，2020.

融入勤工助学教育。在学校参与构建保障体系的前提下，学生能够近距离接触并尝试解决未来工作生活中可能出现的种种问题，提前锻炼适应社会的能力。

案例 3-1

某大学将勤工助学融入创新创业体系，构建了"党建引领、勤工助学、创新创业、专业实习、劳动教育、公益服务"的发展型资助育人体系。基于当地企业发展状况，该校联合企业打造极具特色的品牌系列勤工助学基地，开展健身房、书店、特色农产品副产品加工等多个勤工助学项目，每年为在校学生提供1200余个勤工助学岗位。

以课程为基础，该大学在引进项目的同时开设专业训练营，面向学校勤工助学管理层和参与项目的学生骨干开展创业技能培训。多年来，校方为许多优秀学生干部搭建了良好的学习历练平台，通过开展专题讲座、优秀校友分享交流（包括系列校友创业讲座）、参观企业、观摩实践、培训技能等形式为学生提供个性化、多样化、专业化的创业实践培训。

在暑假、寒假等长假期间，校方也积极推进与当地企业的联合培养人才工作。校领导根据学生的日常表现情况与创业偏好组建不同的分队，由专门的老师或学生骨干带队参与当地企事业单位的日常工作，进行实地的走访、参观、学习，为学生在相关领域的创业实践提供借鉴经验。

该校的勤工助学系统为家庭条件困难的学子提供了勤工助学的重要平台，让学生可以通过自身努力缓解家庭经济困难，为自身学业发展提供经济保障。同时，通过提供极其丰富而真实的企业资源，这些勤工助学活动也能帮助所有参与其中的学生提升自我，开阔视野、提高占位，为学生打造学习综合知识的平台，让他们能够了解创业不仅是建立一家企业，更是建立家业、国业。在明晰创业的社会责任、了解企业的实际情况后，学生将能以更积极的姿态、更扎实的基础投身于创业事业中。学生通过勤工助学与企业界人士初步接触，也为未来创业奠定一定的基础。

案例 3-2

某大学在组织开展勤工助学工作时，构建了人才网、保障网、安全网等多方复合网络，培养学生自我使用、自我服务、自我管理的能力。

该校以"勤工"为载体，搭建了校内外双元共建平台，以开展学生、学校、用人单位三方联动的学生思政教育、实践教育和资助教育，将勤工助学工作变成一种职场的模拟。学校要求每个基地实体都配备培训、上岗、工资、人事、活动制度，尽可能地模拟职场实际情况，帮助学生为走向社会、适应社会做好准备，编织成"人才网"为其成长成才提供坚实保障。

该校编织的"保障网"一方面由专业的勤工助学管理部门直接服务学生，减少院系、班级等多重环节，从而极大地提高了效率；另一方面每两三年就会进行一次市场工资调研，确保学生的劳动付出与其实际价值相匹配。

同时，该校加强构建"安全网"。对于校外企业和机构，校方强调家教岗位须"四有"，即有稳定家庭地址、有稳定工作单位、有固定家庭电话和单位电话、有详细的家教对象资料；兼职岗位须"四备"，即拥有完备的营业执照副本、介绍信、组织机构代码、详细的用人需求等信息。并且学校还要求机构签署协议书，进一步为学生提供法律保障。对于校内学生，学校为学生购买保险"托底"，并要求参加勤工助学的学生均须在上岗前参加由学生资助管理中心组织的岗前培训与安全考核，考核通过后方可获得"勤工助学上岗证"。该校以完善的风险管控构筑牢固的勤工助学"安全网"提高学生的安全意识、保障学生的合法权益。

2.高校学生资助金

高校学生资助金包括给予学业优秀、有经济需要或有创新研究需要学生的资金支持或学生申请的助学贷款。有经济需要的学生通常具有自尊心强、个性独立，面临就业压力大、勤工助学项目与学习生活存在矛盾等诸多问题，高校提供的物质资助能够帮助他们改善学习条件与生活条件，缓解繁重的学业与勤工助学工作之间的矛盾，从而为其提供用知识探索人生发展的多元可能。

奖学金、助学金、创新研究项目资金、助学贷款的申请和发放也可以被视为让学生积极参与创业实践的一种尝试。这些资金支持能够帮助学生解决学业开销问题，如果利用得当，也能够成为其创业的第一桶金。同时，在申请过程中，收集信息、填写表格、准备资料等过程也能够帮助学生锻炼实际创业活动中的融资能力，为他们的第一份商业计划书提供经验支持，另外，答辩和个人陈述也能为其未来可能的商业路演做好演习。

要实现学生资助金与创新创业教育的有机结合、高效发展，高校必须从长远的角度考量,将这笔资金的使用与个人成长成才、职业生涯发展、心理教育结合起来,帮助学生思考在合法合规的前提下使这笔资金能够发挥最大效益的方法,由此培养其获得长期稳定经济来源的能力。

案例3-3

小李是某高校学生,虽然家庭经济条件不好,但在校期间她始终认真学习,并积极担任班干部,学习成绩、综合测评成绩连续几年年级排名第一,还获得过省级竞赛一等奖荣誉及国家奖学金,是一名品学兼优的学生。在学校资助中心老师的指导下,她在大一时就认真规划了资金的使用,将奖学金的用途与自身的未来职业规划相结合,明确了创业的想法,将获得的奖学金合理划分为投资、储蓄等多个部分,并积极参与相关的勤工助学实践以锻炼自身的能力。

大一下学期,她就在老师的帮助下找到了合作伙伴,开始利用手中的有限资金尝试小规模的报刊销售创业活动,参与创业全过程并解决了报刊摊点选址、资格申请、进货定价等一系列问题。虽然也曾遇到挫折和打击,但在学校提供的试炼场里,小李充分利用自己的资金完成了小规模创业实践,亲身体验了孵化创业项目的过程,为之后走入社会参与更大规模的创业积累了宝贵经验。

案例3-4

助学金可以为所有家庭经济存在困难的学生提供经济支持。张同学大一、大二、大三都申请了助学金。按照助学金申请要求,学生需要每年提供经济情况调查表,在调查表中陈述自己的家庭经济情况;还需要到家庭所在地的村委会加盖公章,与村干部进行有效沟通;另外,张同学每年还要与助学金捐赠者沟通,介绍自己的成长情况。在几年的交流中,张同学了解到社会助学金的设立者是一位企业家,他就主动与企业家取得联系,将自己的创业想法告诉了这位企业家,同时注意在校内选修相关课程,并申请了大学生科研项目。从大三开始,他就与一个同学合伙创业。通过助学金申请流程,他学会了如何主动向他人申请资助资金项目,并得到了与设立助学金的企业家接触的渠道,从而可以了解企业运行模式,积累了创业资源。

资料小卡片：国家部分资助项目[①]

- 本专科生国家奖学金

奖励纳入全国招生计划内的特别优秀的全日制本专科（含高职、第二学士学位）在校生，每年奖励6万名，每生每年8000元，颁发国家统一印制的荣誉证书。

- 本专科生国家励志奖学金

奖励纳入全国招生计划内的品学兼优的家庭经济困难全日制本专科（含高职、第二学士学位）在校生，每生每年5000元。

- 本专科生国家助学金

资助纳入全国招生计划内的家庭经济困难全日制本专科在校生（含预科、高职、第二学士学位学生，不含退役士兵学生），平均资助标准为每生每年3300元，具体标准由高校在每生每年2000~4500元范围内自主确定，可以分为2~3档。全日制在校退役士兵学生全部享受本专科生国家助学金，资助标准为每生每年3300元。

- 新生入学资助项目

中西部生源家庭经济特别困难的新生可申请入学资助项目，解决入学报到的交通费和入学后短期生活费。学生可向当地县级教育部门咨询办理。

- "三助"岗位津贴

设置研究生"三助"（助研、助教、助管）岗位，并提供岗位津贴。

- 绿色通道

家庭经济特别困难的新生如暂时筹集不齐学费和住宿费，可在开学报到时，通过高校开设的"绿色通道"先办理入学手续。入学后，高校资助部门根据学生具体情况开展困难认定，采取不同措施给予资助。

- 校内资助

学校利用事业收入提取资金及社会捐助资金设立奖学金、助学金、困难补助、伙食补贴、校内无息借款、学费减免等校内资助项目。

- 服兵役高等学校学生国家教育资助

对应征入伍服义务兵役、招收为军士（原士官）、退役后复学或入学的高等学校学生实行学费补偿、国家助学贷款代偿、学费减免。学费补偿或国家助学贷款

[①] 中华人民共和国财政部，中华人民共和国教育部.确保每一个学生顺利入学完成学业：高校国家学生资助政策简介[EB/OL].（2022-06-29）[2022-06-29]. http: //paper.people.com.cn/rmrb/html/2022-06/29/nw. D110000renmrb_20220629_1-16.htm.

代偿金额，按学生实际缴纳的学费或用于学费的国家助学贷款（包括本金及其全部偿还之前产生的利息）两者金额较高者执行；复学或新生入学后学费减免金额按高等学校实际收取学费金额执行。学费补偿、国家助学贷款代偿及学费减免的标准：本专科生每生每年最高不超过12000元，超出标准部分不予补偿、代偿或减免。

- 师范生公费教育

中西部欠发达地区优秀教师定向培养计划

北京师范大学、华东师范大学、东北师范大学、华中师范大学、陕西师范大学和西南大学六所教育部直属师范大学的公费师范生，以及中西部欠发达地区优秀教师定向培养计划（简称"优师计划"）师范生在校期间不用缴纳学费、住宿费，还可获得生活费补助。有志从教并符合条件的非师范专业优秀学生在入学两年内可按规定转入公费师范专业，高校返还学费、住宿费，补发生活费补助。有意报考地方公费师范生，以及中西部省份地方师范院校招收的"优师计划"师范生的学生可向相关院校具体咨询。

- 国家助学贷款

国家助学贷款是由政府主导、金融机构向高校家庭经济困难学生提供的信用贷款，优先用于支付在校期间学费和住宿费，超出部分可用于弥补日常生活费，每生每年最高不超过12000元，在校期间利息由国家承担。助学贷款期限为学制加15年，最长不超过22年。助学贷款利率按照同期同档次贷款市场报价利率（LPR）减30个基点执行。国家助学贷款分为生源地信用助学贷款和校园地国家助学贷款，有贷款需求的学生可向户籍所在县（市、区）的学生资助管理部门咨询办理生源地信用助学贷款，或向就读高校学生资助管理部门咨询办理校园地国家助学贷款。借款学生同一学年内不能同时申请生源地信用助学贷款和校园地国家助学贷款。

3. 大学生创业贷款

创业贷款指具有一定生产经营能力或已经从事生产经营活动的个人因创业或再创业而提出资金需求申请，经银行认可有效担保后发放的一种专项贷款。大学生创业贷款指由银行等资金发放机构对各高校学生（包括大专生、本科生、研究生、博士生等）发放的、无抵押无担保的大学生信用贷款[1]。

---

[1] 曾晓桦. 我国高校大学生创业贷款政策研究 [D]. 武汉：中南民族大学，2010.

大学生创业融资途径主要包括情感借款、银行贷款、风险投资等[①]。

情感借款是最基本的融资方式，大学生可以通过向亲朋好友借款的方式获得创业资金，该方式比较适合资金需要较少的实体创业，或者是家庭经济条件支持、社会背景较好的大学生。

银行贷款是最常见的融资方式，大学生通过申请商业银行、人才代理中心等机构提供的贷款获得创业资金。银行贷款需要经过审核，一般限于具有一定营利性的、合法合规的创业项目，金融机构或者相关政府部门经过审核后给予贷款。

风险投资也是一种主流的融资方式，但对大学生创业项目的可行性、营利性和创新性有较高的要求，相较于前两者而言，大学生创业者为获得风险投资需要付出的时间和精力成本都相对较大。大学生获得风险投资的主要方式是参加各种创业大赛，如果在赛程当中能展现较为完备、有较大发展潜力和较好发展前景的项目设计书，或者是在大赛中获得奖项，便有可能获得风险投资者的资金支持。这种情况下，投资者一般不参与被投资企业的日常业务经营，当资本增值后就会退出，其投资收益主要通过被投资企业上市或股权转让来实现。

由于大学生创业贷款涉及更多的社会主体，其安全风险等级相比校内勤工助学和学生资助也会更大。对大学生创业者而言，贷款还存在其他一些需要注意的问题[②]。

（1）提前准备好贷款审批手续材料。大学生创业贷款申请流程主要包括申报、审核、公示、核准及拨付，一般来说周期较长，需要准备的材料较多。要做好这一工作，大学生创业者必须在准备过程中培养多想一步、多做一层的习惯，根据各流程截止时间提前做好资料申请的时间规划，提交前可以通过咨询有经验的前辈和相关教师、上网查询资料等方式尽可能完善所需材料，减少因为材料缺漏导致的进度延误。完整的经历申请过程能对创业者细心能力、沟通能力、多任务处理能力等多方面的能力起到锻炼作用。

（2）保持守信习惯与良好的信用记录。不同地区、不同主体的差异会影响商业银行提供创业贷款的具体标准，在贷款前需要做好政策调研，了解不同的商业银行对大学生创业的支持力度，合理权衡后进行抉择。尽管具体情况多有差异，但信用水平为商业银行必要的考察指标，良好的信用指数能够让贷款审批更加容

---

① 吴娟频，崔铭. 大学生创业融资途径问题分析 [J]. 青年文学家，2012（17）：64.
② 冷冰冰. 大学生创业贷款问题及对策研究 [J]. 中外企业家，2013（9）：230.

易,而征信污点则可能会影响贷款额度、期限等多方面条件。因此,养成守信的好习惯、保持良好的信用记录对大学生创业者而言是非常重要的。

资料小卡片:中国建设银行"创业贷"[①]

小微企业"创业贷"业务是中国建设银行对"有业、有责、有信"的小微企业发放的用于短期生产经营周转的可循环人民币信用贷款业务。

- 适用对象

"有业、有责、有信"的小微企业客户,创业期的小微企业客户。

- 贷款额度

贷款额度最高 100 万元,在贷款额度有效期内随借随还、循环使用。

- 贷款期限

循环额度有效期最长 1 年(含),在核定的有效期内借款人可随时申请支用。

- 担保条件

无须担保,纯信用贷款。

- 产品特点

助推创业企业成长。

(3)提前了解政策扶持情况。大学生创业贷款多采取以政府担保为基础的商业化审贷模式,即在政府设立担保基金的前提下,由经办的商业银行向具备条件的大学生创立项目提供贷款支持。在"大众创业、万众创新"的背景下,各类针对创新创业活动的扶持政策涌现。大学生创业者自身资源与社会经验相对匮乏,合理利用政策开展创业活动将更有利于其克服先天不足,发挥自身的独特优势。

对大学生创业者而言,在校期间积极了解和尝试通过创业贷款支持自己的创业实践,无论结果成功与否都是对自身能力很好的锻炼。自主完成相关资格认定与审批工作能够帮助大学生创业者更深入地了解项目运行的资金需求,培养其良好的诚信观念、融资投资意识,从而使其能更有针对性地开展创业活动。

4. 创业公益基金

社会公益基金也是大学生创业融资的重要来源。大学生创业者可以通过校园

[①] 中国建设银行. 创业贷 [EB/OL].(2023-03-25)[2023-03-28]. http://www2.ccb.com/chn/smallcompany/server/xyd/cyd/index.shtml.

资助等相关渠道咨询信息，也可以到相应的官网投递申请材料。这些支持学生开展公益项目、积极承担社会责任的专项资金可以为创业项目提供物质助力，同时也能构建学生与社会组织对接的平台。在申请、定期反馈等互动过程中，大学生创业者能够不断提高对听众需求的洞察力、讲述创业故事的感染力、定期复盘改进的自省力。学生可以重点关注所在学校的校友基金会，通过学校的学生资助平台获得基金会的最新信息。

资料小卡片：部分公益基金项目

● 中国青少年发展基金会

"小平基金"的"小平科技创新团队"项目致力挖掘有成长潜力的大学生科技创新团队，对支持队伍予以命名激励和资金支持，鼓励其形成更有科学价值和社会价值的科技创新团队。

● 中国乡村发展基金会

1）新长城职教赋能项目[①]

针对职业教育阶段家庭经济困难学生经济压力大、缺少优质课程和就业渠道等现状，中国乡村发展基金会于2021年发起新长城职教赋能项目。该项目通过提供经济资助、打造优质专业课程、提供就业指导和实习对接等举措帮助学生完成学业、提升就业能力。

经济资助：为家庭经济困难的中职、高职学生提供助学金。

成才支持：整合社会资源为学生提供专业课程和能力拓展活动、就业指导。有高级技师进课堂、短期专业培训、公益游学、升学/就业指导、实习机会、创业支持、就业支持等多方面的帮助。

2）大学生发展项目

经济资助：新长城大学生资助项目

面向家庭经济困难、品学兼优的全日制在校大学生设立新长城自强助学金。面向服务三农和乡村振兴相关领域表现突出的全日制在校大学生设立新长城助农奖学金。

青年赋能：公益未来

围绕乡村振兴，通过资金及培训，为每个学生团队（3~5人）提供6000元

---

① 中国乡村发展基金会. 新长城职教赋能项目[EB/OL].（2022-01-01）[2022-11-05]. http：//www.cfpa.org.cn/project/GNProjectDetail.aspx?id=112.

社会实践经费，开展"公益未来·乡村振兴"实践活动；围绕"乡村振兴五大方向""联合国可持续发展目标"等主题，通过资金与培训相结合，支持大学生组队开展"公益未来"定制化活动。

就业支持

开办就业赋能课堂，提供就业力课程及实操培训；提供就业过渡补助，为家庭经济困难生初入职场过渡提供支持；搭建就业对接平台，鼓励有公益参与经历的优秀大学生、优秀企业入驻，提供就业机会。

3.3.2 多元社会参与

1. 学生创新创业社团活动

高校学生社团的出现源于学生完善人格、发展兴趣、人际交往等多方面的需求，随着高等教育水平与学生自身知识技能水平的提高，学生社团的发展呈现出更加专业化、系统化、多元化的特点。同时，在校园环境下，学校社团主要以学生为管理者、参与者，具有较强的教育性，学生在社团中可以获得试错和成长的机会，极大地丰富其个性化发展的途径。另外，高校学生社团在丰富课外学习和娱乐生活的同时也能够帮助学生构建自身的社会网络。在参与社团活动筹备与推进的过程中，学生能够有效锻炼自身多方面的能力，这对创新创业实践的开展也有重要的帮助。

（1）激发创业就业思想。在自己感兴趣的领域与他人沟通交流更容易产生创意的碰撞，激发创业的火花。同时，共同的爱好和意愿能帮助学生找到志同道合的伙伴，在高校社团参与学生院系分布广、学科背景多元的前提下，社团活动将对大学生创业者找到跨学科的创业伙伴、组建更多元的创业团队提供助力。

（2）提高自主创新能力。社团活动也为大学生创业提供了可贵的实践机会，每次社团活动中的策划、组织、实施、监督等环节都由学生执行实践，能够为其创业积累实践经验。

（3）培养多元就业的职业观。社团活动参与者的多元学科背景、举办的多样活动等能够帮助大学生创业者打开求职发展的新思路，同时使之提前了解社会生活的复杂性，从而明晰自身的定位。于是，在他们真正走上社会创业场时能够勇敢面对、理性抉择，更好地适应社会状况，完成从大学到社会的过渡。

（4）锻炼团队协作能力。创新创业需要良好的团队协作。大部分的社团工作都需要社团成员之间相互帮助、共同成长，在完成活动的过程中，学生个人的组织协调与策划统筹能力都能得到较大的锻炼，他们对团队协作精神的理解与把握也会更加深刻。

案例 3-5

某大学创新创业社团自成立以来一直致力通过学习、研究、实践培养和提升学生的基本创业能力，为有志于创业的学生提供共享信息、知识、社会资源的高水平交流平台。该社团多次联合社会组织举办具有较大影响力的创新创业大赛及其他活动，并为社团成员开设专门的行业导师课程，邀请有丰富创业经验或投资经历的校友指导创新创业工作，帮助学生提高市场洞察力和创新能力。

2. 社会实践与公益参与

与校内社团活动相比，社会实践与公益参与将视线放在更广阔的社会领域，面向更加广泛、更加多元的社会群体，同时也面临更加复杂的人际关系与由此产生的潜在问题[①]。

（1）提供知行合一的社会平台。如今，各大高校的创新创业教育逐渐形成系统，大多以理论讲授、校内培训、创业竞赛为主。在此背景下，社会实践和公益志愿活动则提供了将创业与社会实践相结合的一线平台，使大学生创业者能够深入社会民生、发挥青春力量，将所学所想应用于社会实践，帮助社会解决实际问题，让创业活动最终落于实处。

（2）提供发展能力的进阶平台。在校大学生的生活仍以学业为主，社会经历方面的认知相对匮乏，仅依靠创新创业教育课程和针对性培训去开展实际的创新创业活动，对大部分大学生创业者而言还存在一定难度。在社会实践与志愿活动中，大学生创业者能够更好地提升创新创业意识，依据现实发展需要更高效地查漏补缺，有针对性地提高创新创业所需的各方面能力。同时，这类社会实践与志愿也能帮助大学生对创新和创业产生更为全面的认识，从而避免盲目创新、跟风创业。

案例 3-6

北京大学学生服务总队成立于 2002 年，是由北京大学负责学生资助的、由教

---

① 毕永福，潘莎莎. 社会实践对大学生创新创业能力培养研究：以 T 大学为例 [J]. 湖北开放职业学院学报，2021，34（9）：7-9.

师指导的受资助学生的公益团体,曾获得北京大学通令嘉奖。该组织本着"真情回报社会,塑造精彩人生"的宗旨,几十年坚持不懈开展有组织的公益活动。组织实行秘书长制,拥有3000余名队员,下设多个分部。服务总队的多届秘书长都去创业了,良好的组织协调能力、汇聚资源的能力,特别是良好的道德素养使其骨干的创业路程比从未参加过服务总队的学生更为顺畅。

(3)提供成果应用的广阔空间。创新创业工作成果最终应该落实到大众生活,尽可能地惠及广大民众。社会实践与志愿活动提供了产、学、研相结合的现实平台,能更好地鼓励大学生创业者积极发挥能动性,结合切实的社会需求发展创新项目,在社会资本的支持下以实践进行理论验证与成果研发,推动科研成果落地扎根于人民社会的实际需要。

案例 3-7

"青年红色筑梦之旅"社会实践项目(简称"红旅"项目),是由教育部举办的重要社会实践活动。参与"红旅"项目的大学生需要结合社会实际情况提出项目选题、进行调研设计、跟进项目实施、撰写商业计划书、开展商业路演并最终进行比赛答辩,在此一系列过程中,参与者可以接受相关行业前辈的针对性指导,实时调整创业实践中存在的问题,如产品设计、投资融资方式、商业模式建构等。

"红旅"项目的立项选题都需要切合时代背景,与最广大的民生一线关联,如延长某地特色农产品产业链,带动当地乡村振兴等,具有极强的现实性。其调研过程也需要反映选题辐射对象的真实情况,如通过定性及定量的调研方式了解当地目前特色农产品的开发情况、分析现存产业发展存在的问题等。指导老师也会及时帮助学生调整项目发展方向,以保证创业内容始终扎根民生大地,真正做到为百姓服务。

3.3.3 创业适应性活动

1. 创新创业课程

科技是第一生产力、人才是第一资源、创新是第一动力。创业课程是开展创业教育的重要载体,在课堂上,学生能够培养专业能力、夯实专业基础、系统地挖掘创新创业能力。高校各专业的课程类型复杂多样,开展创新创业课程需要结合不同学情，有针对性地设计不同的教学计划。但总体而言，相关课程都包括理论学习、技能培训、实务训练三部分。

参考国内外创新创业教育课程的优秀案例，要做好创业教育：①应该明确这一课程的标准和体系，一方面需要指明创业教育的学习要求与核心要点，让学生在学习过程中有明确的任务和目标；另一方面可以模拟市场环境，让学生在课堂学习过程中感受实际创业氛围。②要有科学的课程体系，如可以基于创业基本技能、创业发展流程、创业具体内容等，由易到难，分等级、分层次地打造特色课堂。③可以充分利用高校多学科共同发展的良好环境，使更多的学科参与到专业化的创业教育中，给予大学生创业者更有针对性、更具专业性的指导。④高校应进一步发展跨学科思维，在创业培养领域打通理工教育与人文教育的隔阂，鼓励学生通过跨学科组队等方式了解创业团队分工，并能够通过参与或建立类似的团队获得更多的实用经验。

案例3-8

某大学开设的创业课程形成了从知识到创意培养再到实践的完整教育体系。首先，在普及创业基础知识方面，该校设置了创业通识课、专业课、选修课、技能课，讲授创业的基本过程、获取资源、实施项目等专业知识，学生可以按需选择相关的课程以补全自身知识体系；其次，在创业创意培养方面，该校通过案例教学、奖励育人等方式，激发学生自己提出创业创意；再次，指导老师也会帮助学生将想法转化为创业计划，并指导他们撰写商业计划书，为真正开始创业做好准备；最后，在体验创业实践方面，学校联系校友或其他知名企业，为学生提供参访、实习等机会，让学生能够亲身体验、深入了解企业的具体运作过程和项目转化过程。在这一过程中，学校还鼓励学生以小组的形式组成团队参与到部分项目管理之中，为实际创业所需的团队协作积累经验。

2. 创新创业比赛与培训计划

校内资源支持、多元社会参与重在培养学生的创新创业能力，从不同的角度丰富和发展大学生创业者的综合能力。在此基础上，各类创新创业大赛的举行和创新创业计划的提出为大学生创业者提供了模拟创业实践的高质量平台，也为其提供了宝贵的实战机会，并且还能够搭建其与社会资本沟通的桥梁，推动高校创新创业教育实现更加高效的创造性转化、创新性发展。

　　大学生创业者可以关注教育部官网，了解国家关于创新创业工作的最新政策与相关大赛的最新信息，及时准备相关材料、参与具体项目。以"互联网+"大学生创新创业大赛为代表的创业比赛采用的是比学赶帮超的形式，可以通过竞赛的方式选拔优秀的创业人才，孵化更多的创新创业项目。"以赛促学、以赛促创"，在激发学生创造力的同时，引导学生充分利用互联网平台，培养其敢于创新、善于创新的能力与精神。

资料小卡片："互联网+"大学生创新创业大赛

　　自2015年起，教育部会同有关部门举办了中国"互联网+"大学生创新创业大赛，大赛覆盖全国所有高校、面向全体大学生，成为高校深化创新创业教育改革的一个重要载体。

　　"互联网+"大赛主要采用校级初赛、省级复赛、总决赛三级赛制（不含萌芽赛道以及国际参赛项目），结合参赛情况筛选合格项目入围总决赛（港澳台地区参赛名额单列），其中包括高教主赛道（包含国际和国内项目）、"青年红色筑梦之旅"赛道、职教赛道、萌芽赛道、产业命题赛道。参赛团队可通过登录全国大学生创业服务网（http：//cy.ncss.cn）或微信公众号（名称为"全国大学生创业服务网"或"中国'互联网+'大学生创新创业大赛"）任一方式报名。

资料小卡片：大学生创新创业训练计划[①]

　　大学生创新创业计划（简称"大创"）分为国家级大学生创新创业训练计划、省级大学生创新创业训练计划和校级大学生创新创业训练计划。其中，国家级大学生创新创业训练计划内容又包括创新训练项目、创业训练项目和创业实践项目三类。

　　创新训练项目需要本科生个人或团队在导师指导下自主完成创新性研究项目设计、研究条件准备和项目实施、研究报告撰写、成果（学术）交流等工作。

　　创业训练项目需要本科生团队在导师的指导下，每个学生在项目实施过程中扮演一个或多个具体的角色，合作编制商业计划书、开展可行性研究、模拟企业

---

① 大学生创新创业计划.全国大学生创新创业项目介绍以及成果转化方向！[EB/OL].（2023-04-10）[2023-04-10]. https：//mp.weixin.qq.com/s/IpZAo_j9ykpZYU0YyLVbNg.

运行、参加企业实践、撰写创业报告等。

创业实践项目需要学生团队在学校导师和企业导师共同指导下以前期创新训练项目（或创新性实验）的成果为基础，提出一项具有市场前景的创新型产品或者服务，以此开展创业实践活动。

大创具体流程包括以下几个部分。

1）申报立项

（1）学生自主申报。学生可以自主选题，也可在指导老师的推荐下拟定研究项目。每个大创一般由4~5名学生组成，需要确定一个项目负责人，由项目负责人组织填写申报表，经项目组成员、指导老师签字确认，按照学院要求的时间交到项目负责人所在学院。

（2）评审推荐。学院会对拟申报项目的基本情况及项目组成员、指导老师等方面进行资格审核筛选，然后安排一个集中的时间答辩。

（3）答辩前需要准备一份电子演示文稿，用几分钟简要地介绍项目的内容，评委会将为项目的基本情况打分，根据所有人的答辩情况和项目的好坏程度确定项目是国家级、省级还是校级。

2）中期检查

中期检查主要是对已立项大学生创新创业训练计划项目进行阶段性检查。如果需要变更团队人员、研究计划、研究时限等，就需要在这个阶段填写相关文件，上交学院审核通过后方可继续进行。

检查的内容涉及项目研究进展情况、项目研究已取得的阶段性成果和收获、项目研究存在的主要问题及应对思路与措施、项目研究下一阶段主要的任务及进程安排、项目经费使用情况等，和申报立项的流程类似，也需要集中安排一个时间汇报项目的完成情况。

3）结题验收

结题验收主要是通过结题答辩等形式判别已经立项的大创项目是否通过，项目验收通过以后还会颁发证书。

验收内容：由指导教师指导项目负责人填写"结题报告"，汇编研究成果，并制作答辩演示文稿。

验收方式：学校成立专家组，对验收材料进行结题终审，项目结题一般是需要实物、专利、论文等能够支撑研究成果的科研材料。随后学院会组织结题答辩，验收答辩是各个项目负责人通过演示文稿进行 5 分钟左右的答辩，答辩完成后评委会打分最终确定项目是否通过。

另外，如果项目在这一年完成得很差，确实无法正常结题，则需要填写"项目延期结题申请书"，并保证于特定时期前完成结题。因故无法继续实施的项目需要填写"项目因故终止申请报告"，写明详细原因，对项目做终止处理且将成绩认定为不合格。

本章要点

> 大学生创业有优势也有劣势。
> 大学生创业也须遵循创业企业发展的客观规律。
> 对大学生创业能力的认识与培养提升有助于其顺利走向社会，提高创业成功率。
> 大学生须充分了解学校及社会各种支持创业的项目和资源，有针对性地加以利用以助力创业实践。
> 大学生要善于利用助学贷款拓展自己的创业资源。

主要概念

大学生创业，大学生创业能力，大学生创业过程，勤工助学，高校学生资助金，大学生创业贷款

思考题

1. 如何认识大学生创业能力？
2. 大学生创业的特点是什么？
3. 高校有哪些教育资源可以支持大学生创业？

第 4 章 科技创新与创业

学习目标

1. 了解创新、创新价值、创新精神、创新方法和创新策略。
2. 理解应用型科技创新需要从市场出发的要点。
3. 掌握科技创业的本质和科技创新的运用方式、方法。

思维导图

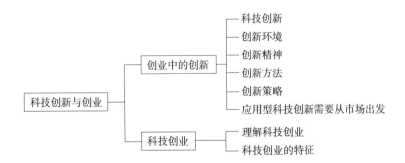

本章导学

创新是科技创业的核心要素，在"创业树"体系中处于十分重要的地位，虽然属于"创业树"中"事"的分枝，但它是"创业树"生命力之所在，是科技创业能推动社会进步的根本原因。

4.1 创业中的创新

4.1.1 科技创新

创业中的创新如图 4-1 所示。

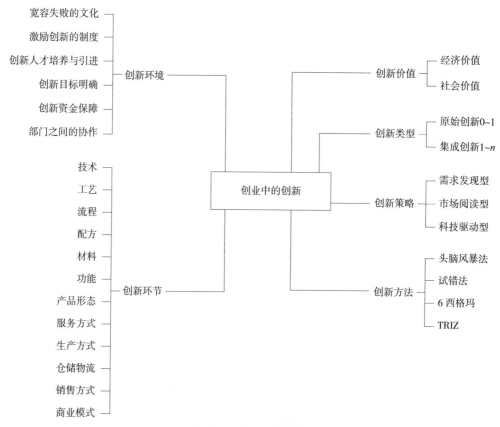

图 4-1 创业中的创新

本章的主题是科技创业，其概念包括两个重要组成部分，一个是科技创新，另一个是创业。理解科技创新先要谈谈什么是创新。所谓创新，字面的通俗理解就是创造新的事物或方法，它既是名词也是动词，是一个相对的概念，是相对现有状态的创造和改变。创新是一种人类主动探索未知，发现新理论、新知识、新方法的认知活动，也是创造新事物的思维活动和实践过程，它永远是驱动人类社会不断进步的动力和源泉。创新不是空洞的概念，而是一种行动，这种行动需要人类的想象力。爱因斯坦曾经说过："想象力比知识更重要，因为知识是有限的，而想象力概括世界上的一切，推动进步，并且是知识进化的源泉。"创新就像一粒种子，通过实实在在的孕育过程，最终有机会成长为一棵能够带来收益的果树。它的生长需要土壤（地域人文）、环境（宽容组织）、阳光（政策激励）、培育（集体协作），最终才能收获丰硕的果实。各行各业、各个领域都存在创新，创新的内容无所不包，有理论的创新、知识的创新、技术的创新、工艺的创新、产品的创新、模式的创新、方法的创新等，有具象有抽象，有理论有应用。创新的目的是实现新的价值，这个价值既包括经济价值，也包括社会价值。

科技创新在概念上也包括两个层面：①科技本身的创新，包括在科学理论、知识、方法等方面突破现有认知，产生新的理论、知识、方法。②将科技应用到社会生产生活的实际中，创造新的应用与改变。

科技创业是将科技创新成果变成造福人类的实际应用的主要方式之一。创业企业只有依靠科技创新才能在激烈的市场竞争中立足。创业企业要想做大做强，再也不能仅依靠聪明、勤奋、模式、廉价劳动力等传统要素了，科技创新在业务全链条、全过程的有效应用才是现代企业生存发展的主要手段。创业企业对科技成果开发利用的方式千差万别，有小改小革的创新，也有深度创新甚至是颠覆型创新，天使等创投基金重点投资的对象就是具有实质创新内容的科技创业企业。

4.1.2　创新环境

创新环境包括企业外部和内部两个方面，人才、政策、人文、行业集中度及产业配套等都是影响创新的外部因素，而创业者的态度、企业文化、投入、激励政策、团队等则是影响创新的内部因素。什么样的环境因素容易激发创新呢？这里重点介绍激发创新的人文环境，它们存在共性，即企业内外蕴含一种开放且积极向上的氛围，人们尊重科学，敢于质疑传统，乐于尝试新的事物，彰显个性，注重实践，不嘲讽任何新想法，不歧视失败，真诚地尊重创新实践者。

要营造创新环境，大型企业和初创企业需要的做法是不同的。大企业内部往往已经形成了某些传统，要想突破这些传统的惯性影响进而焕发新的生机是非常不容易的，需要管理者在确立目标导向的同时在制度上创造一个鼓励创新和竞争的激励机制，有时更需要引进外部人才以激活整体创新氛围，还需要设计机制孵化创新想法，鼓励团队内部创业。而初创企业往往没有历史的惯性需要突破，在选择好适合自身创新创业的外部环境的同时，一开始就要营造好鼓励创新的内部环境，这体现在创始人对团队的倡导与要求、物质的保证、精神的鼓励，团队协同创新的机制，激励制度的落实等。

美国硅谷就是一个典型的鼓励创新的外部环境。这里聚集着众多一流的著名高校，它们有很好的政策鼓励最新的科技被付诸应用，有梦想的人从全世界四面八方汇集到这里，怀着成就自我的心大胆地做着自己感兴趣的新奇事，敢于突破传统，勇于展现自己的主张，用行动实践着改变生活、改变世界的梦想。因此，硅谷涌现出众多像苹果、脸书、特斯拉这样改变社会生活的科技企业。中国的深圳、北京的中关村等地区也都是人才聚集、资源汇集、创新氛围浓郁、敢为人先的创新热土，在这里任何创新都可以找到相应的人才和供应商提供支持，因此，同样涌现出像大疆、字节跳动等一众成功的创新科技企业。

这些人们熟知的创新企业之所以能够发展成为有影响力的跨国科技企业：一方面，得益于它们处在鼓励创新的外部环境中；另一方面，是由于其内部具备适合创新的环境。首先，它们的创始人都是极具创新精神的领导者，他们在企业内部营造平等的人际关系、扁平化管理、目标导向、容忍失败、投资并鼓励创新性实验和内部创业机制。笔者曾经在脸书美国总部参访，切身感受到了其内部有一种平等开放的创新氛围，没有大企业容易出现的那种等级森严的上下级关系。笔者观察到一些有意思的细节，其首席技术官的办公桌就与其他几十个同事的工位一样被安放在同一个大的开放空间中，另外，在企业庞大的办公区域内随处可见刻意营造的舒适放松环境（如游戏空间），任何员工都可以使用，以便员工可以在轻松的环境下产生更多的奇思妙想……

4.1.3　创新精神

判断企业是不是创新型的科技企业，既要看它在创新方面的投入与产出，还要看它的团队，特别是团队的核心领导人是不是具有创新意识和创新精神。创新精神的体现可以使企业具有强烈的责任感和使命感，立志用科技创新改变生活、改变世界。创新型企业往往对未知充满好奇，对发现新事物充满渴望，对构想未来充满激情，对传统与常规敢于质疑，对跨界交叉习以为常，对创新应用严谨规划，对探索实验持之以恒，对失败从不气馁，敢于再次出发。当今中国已成为创新创业的热土，天使投资人希望看到在众多的科技创业者中间源源不断涌现出中国的马斯克，更多的任正非！

4.1.4 创新方法

创新不只是灵机一动，还应有章法可循。这个章法主要指经前人实践总结出来的有效创新方法，特别是在技术、产品创新方面。当今时代已经远不是100多年前爱迪生发明电灯泡那样了，不太可能仅凭借个人的聪明和勤奋就创造出改变世界的创新产品，更多的创新产品是依靠集体协作和群体智慧产生的。创新讲求跨界和交叉，把其他领域成熟的认知和方法引入自身所在的领域后激发本领域的创新。创新一定要先分析市场、客户的需求，找出具体的诉求点。在做具体创新项目时，在创新概念的形成阶段通常会用到头脑风暴法、人类学的观察分析方法等，在具体实施阶段有试错法、TRIZ理论（发明问题解决理论，俄文字母的缩写，又作萃智发明方法理论）等一系列创新方法和工具可供借鉴。

因为不是创新方法的专著，本书在这里只简要介绍一下更适合硬科技创新的TRIZ理论所包含的内容。TRIZ理论是苏联发明家根里奇·阿奇舒勒及其团队在分析了250多万份高质量发明专利的基础上总结提炼而得的发明创造方法，是对科技创新，特别是硬科技创造发明很有效的工具。其中，技术系统进化理论是它的主要思想之一，主要包括八个进化法则：①技术系统的S曲线进化法则。②提高理想度法则。③子系统的不均衡进化法则。④动态性和可控性进化法则。⑤增加集成度再进行简化的法则。⑥子系统协调性进化法则。⑦向微观级和增加场应用的法则。⑧减少人工介入的进化法则。

TRIZ理论总结了40个发明原理以揭示发明创造中隐含的共性原则。发明创造就是要解决那些为了满足更高需求而给技术系统带来的物理矛盾冲突，最终寻求理想解，因此，准确地分离技术系统的物理矛盾是非常关键的。另外，TRIZ理论还归纳了39个通用工程参数描述冲突，形成了矛盾矩阵，并在前人发明的基础上给出了76个标准问题的标准解，以供创新工程师快速查找解决方案。同时，TRIZ理论还总结了物理矛盾分离原理和物-场模型分析工具，以及处理非标准问题的ARIZ理论（发明问题完整解决程序）。创新工程师需要花费一定的时间精力学习和训练才能有效地将之掌握、运用自如。

阿奇舒勒研究发现，在 250 多万份发明专利中只有 20% 能称得上真正的创新！有很多人们认为的创新其实早就被前人在其他领域成功地运用过，因此，跨产业借鉴和融合就是提高创新效率的重要方法。当今推动人类飞向太空的火箭发动机喷管就是借鉴了 19 世纪瑞典工程师德·拉瓦尔设计的收缩扩张喷管技术，当年将该技术用于食品工业本是为了将蒸汽加速以提高汽轮离心机的效率，从而把更多的黄油从牛奶中分离出来以实现工业化生产黄油。

随着 TRIZ 理论在各大科技企业的推广使用，人们从中学习到了很多有益的创新思想和方法，如今，TRIZ 理论已经从传统的工程领域创新扩展到微电子、医学等领域，进而在文教、管理等其他非科技领域也得到应用，甚至美国总统大选也采用了一些 TRIZ 理论的思想和方法。人们从 TRIZ 理论中确实能得到很多创新的启发。例如，在提取问题矛盾时尽量避免用形容词和行业术语，而是直接描述矛盾的原始朴素状态，这样就避免了被行业术语所引导的思维惯性和想当然的概念所蒙蔽，进而直接进入问题的底层和本质去分析寻找答案，打开被行业束缚的思想观念。TRIZ 理论中的"一维变多维""逆向思维"等发明原理也经常作用于人们的实际工作中，由很多经验可知，苦思冥想找不到问题的答案时，跳出这个视角去审视，让认知从线性的一维转换到二维平面或三维立体空间往往就会有"恍然大悟"般的新认知。现代企业竞争中经常出现的"降维打击"其实就是从不同的认知维度上发起竞争。

4.1.5 创新策略

科技创业者要根据自身的优势和特点及要实现的商业目标选择不同的创新策略，典型的创新策略有以下几种。

（1）需求发现型。研究发现客户真实的新需求，推出原创性的创新产品或服务，属于"从 0 到 1"的创新。就像乔布斯发明的平板电脑和直板手机。

（2）市场阅读型。通过对现有市场的审视，发掘其中一个有少数先行者存在但非常有前景的细分市场，通过创新打造更具竞争力的产品或服务，参与竞争，属于"从 1 到 n"的创新。就像苹果手机被投放到中国市场后，中国涌现出了小米、OPPO、VIVO 等手机厂商。

（3）科技驱动型。以科技发展及其应用水平的实质提升为基础和动力，挖掘并满足客户未表达出来的潜在需求，创造性地推出创新产品引领市场，属于"从 0

到 1"的创新（如马斯克的猎鹰可回收火箭，如图 4-2 所示）；或者升级换代现有市场的产品，更好地满足客户现实需求，属于"从 1 到 n"的创新（如彩色电视从标清到高清，从 4K 到 8K，从 LCD 到 OLED 等）。

图 4-2　猎鹰可回收火箭

无论哪一种创新策略，有市场需要的创新才是有生命力的。创新的目的是实现价值，创新的出发点是发现真实的需求，无论这个需求是现实的还是潜在的。无论创业者选择哪种创新策略都要与创业者制定的长远目标和掌握的创新资源有关。如果想成为一个引领者，既有远大的抱负又有创新的资源和实力，那么就可以选择做"从 0 到 1"的创新创业，发现和满足尚未被表达出来的市场需求。如果资源和实力更适合模仿和追赶超越，那么就可以做"从 1 到 n"的创新创业。

案例 4-1：微软"从 0 到 1"的创新

美国的创新环境是开放与包容的，这种环境能够促使更多需求发现型和科技驱动型的原始创新创业产生，近百年来涌现出很多颠覆型的创新，多是"从 0 到 1"的创新。比尔·盖茨当年决定创业时，IBM 公司是"行业老大"，但是当时商用计算机中安装的操作系统是 DOS（磁盘操作系统），使用者需要花大量的时间学习了解 DOS 的各种命令，既不直观又不方便。一次盖茨到施乐帕洛阿尔托研究中心参访时偶然发现了提供 GUI 图形操作界面的软件，该研究中心的研究人员并没有把这个软件看得多么有用，但盖茨敏锐地发现了其商业价值，于是果断地将其买了下来，并在此基础上研发出了今天尽人皆知的 Windows 操作系统，后来与 INTEL 公司组建了强大的 WIN-TEL 联盟，使原来又贵又难用的计算机得以进入个人和家庭领域，开创了个人计算机全新市场，颠覆了 IBM 公司一统天下的市场格局，引领并推动了计算机产业几十年的快速发展。盖茨最初创办微软就是因为发现了当时计算机操作系统存在的问题、用户使用计算机的痛点及主流计算机市场的盲点，并以更加符合人体工程学的设想，在 GUI 技术的基础上创造性地开发出了全新的产品——Windows 操作系统，迅速将之推广开来，影响了全世界。这就是科技创新创业的颠覆性力量！

案例 4-2：北京凌宇智控科技有限公司创始人张道宁关于创新的体会

张道宁是一个创新极客，对技术十分有追求，至今公司的很多核心专利还是他当初创业时自己研究的。他把乔布斯和汪滔作为学习的榜样，自信且善于思考。他是这样谈创新体会的："创新是为了什么，得做出商业价值，以用户需求为驱动。创新带来收入，收入可以做更多的创新，迭代到一定程度的时候可以为行业做贡献，再到一定程度就要为社会做贡献。中国产业转型的核心是创新，国家需要更多做原创技术创新的创业者。做产品创新，如果做的是'世界上第一个'，那么只需要把产品唯一的优点做好，赶紧建造第一个里程碑，融资之后再去完成下一个里程碑。不要做'复制到中国'的事。任正非、汪滔、马斯克都是底层技术创新的榜样。"

4.1.6 应用型科技创新需要从市场出发

在我国，国家大力推动科技创新，发起了一系列的科技研究计划支持大学和研究所开展基础理论研究、通用技术研究和应用技术研究，形成了许许多多的科研成果，奠定了非常好的创新基础。但要想将这些成果真正服务于人类、开发应有的商业价值，则需要将科研专家与创业者两类关键角色有机结合，只要能做到这点，成功概率就很大。他们中有些是将这两个角色融于一身的，有些是将这两种角色融入团队中的，像寒武纪的陈云霁、陈天石就是这样的组合。

应用型科技创新成果的转化通常有以下几种形式：可以转移科技成果许可或将之作价入股到对其感兴趣的企业，由企业继续实施产业转化和经营；也可以该科技成果为基础，打造创新产品或服务并将之推向市场。我国每年授权的发明专利高达六七十万件，没有申请专利的科技成果更是不计其数，按常理来说，其产业化成果应该硕果累累，但在实际过程中并没有催生太多与成果数量相当的科技企业或科技产品。

要知道，应用型科技在产业转化过程中是存在高度不确定性的，其间存在难以逾越的"死亡谷"，但转化成功则很有可能会产生高额回报，按理说，这个风险应该有很多企业和风险资本愿意承担。但人们不幸地看到，愿意承担的主体和资本很少。从源头上找原因，其实很多技术在课题立项环节可能就出了问题。某些应用型科技项目在其立项之初就不是真正从市场出发的，而是像理论研究那样从影响力出发，从能否发高质量论文和申请专利出发的，研究者可能并不关心是否真能商业化落地，因为那与研发者的升职加薪无关；另外，还有某些应用型科技成果没有形成技术集合，仅是单一的中间成果，离最终的实际应用还有较长的距离。总之，应用型科技研发需要科研专家把目光真正聚焦于市场。

另外，从科研专家自身的特点看，他们（科技成果的持有者）往往是科技转化过程的主导者（除了大企业受让技术是由企业方根据市场情况做决定以外），作为主角的他们经常会以技术决定论思考商业价值，以为只要找个评审机构将技术评个所谓"国内领先""国际先进"的称号就可以使这些技术对这个有价值、对那个有价值，并以此寻找技术应用，却没有按照商业化思维去思考：客户是谁，他们是否真的需要，技术对哪个环节带来了实质的改变，效益有多大，如何把创新技术应用到产品或服务中，怎样卖出去。其实他们中有些人在申请应用型研究课题时就是为了发论文、评职称，追求指标的先进性和影响力，为了显示研究的商业意义，他们往往不做市场调查就自我设想一个或多个所谓的应用领域，理想化地计算能带来的商业价值，以此获得国家对项目研究的经费支持，最后为了满足课题验收要求写几个没什么保护力的专利聊以应付。这是应用型科技成果转化过程中经常出现的问题。与之相反，那些既有技术又懂市场的团队在科技创新创业过程中往往就能如鱼得水。

无论什么类型的创新创业，首先要从市场出发，从研究客户的问题出发，再结合自身的科技优势，打造真正符合用户需要的、有生命力的创新产品和科技企业。

4.2 科技创业

4.2.1 理解科技创业

所谓科技创业，就是创业企业在经营服务过程中高度依赖科学技术，科技创新在其整个创业过程中不可或缺。科技创业本身具有鲜明的创新属性，其本质是在科技的支撑下做创新的产品、服务，用科技创新构建创业的比较优势和市场竞争力，在创新科技的驱动下实现企业利益最大化。它区别于传统创业的地方就是创业企业要有持续的科技研发。而对比的传统创业重点则在于市场运作，创业者往往只关注生意能否持续做大、能否盈利。

科技创业本质上也是创业，与传统创业相比，科技创业更有机会做大做强和盈利。它的特点决定了创业者必须特别关注两方面：在事的方面不能仅追求技术先进而忽视客户需求和市场运作；在人的方面要有一个技术能力、产品能力和市场能力都具备的核心管理团队。如果创始人是技术研发出身，则团队需要强化市场营销等方面的经营能力，要么有市场能力强的合伙人参与，要么创始人自己市场能力同样突出，但这往往很少能在一个人身上得到完美体现。需要指出的是，企业核心管理团队一定不能兼职或"貌似全职"而使实权仍掌握在非全职的技术持有人手中，这种情况有时会在教师创办企业时出现。创业者如果不愿放弃教职就不要做企业，一定要让有创业精神和能力的全职人员担当，教师仅可以成为企业股东、科技顾问。实际上科技只是驱动企业前行的"发动机"，真正让企业持续成长的"能量"还是人的持续努力，是团队的市场化和经营运作能力。

现阶段有些大学、研究所以科研成果为基础孵化创业企业来推动成果转化并不十分成功，其中一个原因是科研主体与创业主体之间的界限不清。教授也好、研究员也罢，他们是核心技术的拥有者和主导者，往往既希望以这些技术为基础创办企业，但是又不肯放弃原单位的工作和利益，于是身兼两职做起"教师创业者"，只带领自己的一些学生在市场里"游泳"。其实自己强大的学术头脑已很难兼具商业思维，身边还往往缺乏有创业精神和商业能力、充分理解技术又能够担当起企业经营大任的合伙人，也吸引不了能识别其价值的投资人，这样的科技创业企业大概率是做不好的，充其量做成一个教师接横向研发项目的平台和工具。成功经营一家科技企业本身就是一项重大挑战，需要团队全身心投入，即使这样也不能保证人人成功，更何况这种三心二意地去做一个企业"主帅"呢？因此，中国的科技成果市场转化工作迫切需要大量既懂技术又懂市场的创业团队，这也是笔者写这本书的初衷，即希望通过对科技创业的系统阐述为那些懂技术想创业的人带来一些启发，使其在思维模式上强化市场意识、产品意识、补短板意识，着重培养自己的创业思维和创业能力。

教育部已经连续多年组织全国性的"'互联网+'大学生创新创业大赛"，形成了很大的影响力，其中一个赛道就叫"师生共创"，这是一个非常好的推动科技成果商业转化的形式，其中涌现出不少优秀的创业项目。他们在技术上已做到国内外领先，在商业上有了相当规模的收入，团队也被锻炼成了一个有商业实战能力的队伍。教师在这样的创业企业中作为主要的股东往往并不涉及实际的经营，而是由学生毕业后全身心投入，成为企业的合伙人和管理者，还可能再从外界整合一些急需的人才进来。因为管理者一直跟着教师做科研和商业服务，在工作中快速积累了商业经验，甚至有些硕士生、博士生在入学之前就有一定的经营经验，这样的团队结构就相对合理和可持续，这样的科技创业企业有可能快速做大做强。但是作为多届中国"'互联网+'大学生创新创业大赛"的评委，笔者也发现有些师生共创的项目实际上还是导师控制，学生只是从属的助理角色，这就依然是上面所提到的"教师创业"，即使技术再先进，这样的企业从机制上注定不会真正走向成功。

案例4-3：商汤科技创始人汤晓鸥教授的创业思维

2001年，作为香港中文大学信息工程系教授的汤晓鸥组建了香港中文大学多媒体实验室，这间实验室的初创团队就是北京市商汤科技有限公司（以下简称商汤科技）的前身。在成立实验室之后的10年间，汤晓鸥还是电气和电子工程协会院士，同时担任ICCV（IEEE国际计算机视觉会议）2009程序委员会的主席。

创业历程：

2014年，汤晓鸥团队发布人脸识别算法，该算法的准确率达98.52%，在全球首次突破人眼识别能力，此算法让汤晓鸥团队名噪一时。美国国际数据集团牛奎光敏锐地发现了机会，计划投资数千万美元，助力人脸识别技术的商业化，2014年10月，商汤集团于香港特别行政区正式成立，运营主体为次月成立的商汤科技。企业的名字"商汤"被戏称是作为教授的汤晓鸥开始经商了。过去曾与汤晓鸥共事过的教授和对其慕名已久的博士、博士后听闻此消息后纷纷选择加入；曾与汤晓鸥在微软研究院共事的杨帆也选择加入商汤科技，还带去了一大批学生，商汤科技很快就建立起了一个以汤晓鸥教授为核心的联合创始人团队。

经过7年的努力，商汤科技于2021年底在港交所成功上市，市值达1400亿港元。现在汤晓鸥是商汤科技的执行董事、第一大个人股东，CEO及执行董事是与其一起创业的联合创始人、香港中文大学博士徐立。

谈创业：

汤教授曾经这样说："人工智能不是一个独立存在的行业，一定需要跟场景和各个垂直应用领域结合，就像互联网一样，是个赋能的产业。人工智能创业先要活下来，要让人工智能真的跟各行各业结合，这是非常重要的，第一步做的就是要活下来。所以我们不能只选择"高大上"的领域，而是首先做安防，因为安防非常重要，有大量的需求,"接地气",这就可以活下来;其次是手机,因为手机有需求,视觉、图像有需求,这是直接落地的;最后是直播,因为直播需要视觉技术,不管是广告植入还是各种特效都是需要人工智能技术的。在活下来之后,对中期或长期的发展来说,可以做金融、保险和医疗。"在另外的演讲中他说:"学术的东西,如果不能落地也没有什么用,好在我们不是烧钱的企业,是能赚钱的企业,可以自负盈亏,所以我们的融资不是用来烧,而是用来做伟大的事。"

案例启示:

商汤科技是典型的科技创业,从汤晓鸥教授谈创业的话语中可以看到他的商业思维和市场意识,他不是纯粹的学者,而是兼具学术能力和市场意识的复合型专家创业者,同时有远大的抱负,他对自己的角色定位也不是企业CEO,这些都是他创业成功的重要因素。

4.2.2 科技创业的特征

科技创业区别于一般创业的主要特征有以下3个方面。

(1)对创新科技的研发投入和新科技的利用在创业过程中持续占有重要位置和比重。人类社会就是在产生需求—用科技满足需求—再产生新的需求—再用新科技满足需求这样一种螺旋式上升的循环中不断进步的,科技创业企业只有在创新科技方面不断投入人力、物力才能跟上这样的发展速度,甚至是超越和引领。苹果公司就是一个典型的引领型科技创业企业,在人们还在为双手敲打键盘而苦恼的时候,乔布斯就已构想了更加便利的未来,用平板电脑、智能手机这样的触控产品改变人机交互的方式,从而带来一个划时代的改变,如今人们已经不再能接受没有触控的手机了。因为持续创新,乔布斯造就了万亿元市值的苹果公司。但是像手机这样的智能设备将来一定会改变形态甚至不复存在,而下一个万亿元市值的企业也许会在新的人机交互变革当中诞生。后来的马斯克为他的特斯拉、猎鹰火箭、超级高铁、脑机接口等众多颠覆性设想坚定付诸行动,所以也成为当今科技创业者的典范。

笔者期盼在科技创业的大潮中不断涌现像乔布斯、马斯克这样的集梦想家、创新者和商业奇才于一体的未来企业家领袖,在他们的大胆创新和坚定实践下,人类的生活工作将会越变越好,将朝着不断强化自我的方向快速前行。

(2)科技无处不在,创新无处不在。围绕一个具体的业务领域及其产业链条，几乎每个环节都可能存在创新的机会。科技创业者在产品设计上可以创新，创造新的客户价值、提升客户满意度；在生产制造过程中可以创新，提升产出效率、降低成本、保证质量；在上游原材料的使用、采购、仓储、物流等环节可以创新，降低成本、强化能力、提高效率；在营销推广方式上可以创新，增加客户转化率、扩大销售；在商业模式上可以创新，增强客户黏性、改善客户体验、获得更大收益。以上这些就是科技创业的魅力之所在。创业者可以有机地将科技应用到产业链条的方方面面，推动整个行业的发展，甚至颠覆整个行业。

（3）团队富有创新精神，希望用科技改变社会。创业者往往是科技研发出身，强技术弱市场，因此，普遍需要加强产品能力、市场能力、经营管理能力。科技推动社会进步，科技创业者是将科技应用到人们的日常生活、是工作中的思考者和实践者，他们不能只满足于自己的技术创新能力，因为科技创新不仅是研发本身，更重要的是将其产品化和市场化，所以创业者要搭班子、定战略、带团队、做产品、搞经营，把创新变成实实在在满足客户需求的服务。

案例4-4：陈天石、陈云霁合伙创建寒武纪

陈云霁为中国科学院计算技术研究所（简称计算所）研究员、博导，他的弟弟陈天石先后担任过计算所助理研究员、副研究员。2012年，陈云霁、陈天石兄弟俩带着几个师弟和一帮朋友在计算所启动了神经网络处理器（AI芯片）项目，这也是北京中科寒武纪科技有限公司（以下简称寒武纪）的技术起点。

2016年3月，陈云霁、陈天石在计算所的AI芯片研究基础上合伙创立了寒武纪。除二人作为最大自然人股东外，中科算源资产管理公司代表计算所成为第二大股东。陈云霁仍在计算所担任研究员，仅作为寒武纪股东和首席科学家参与项目。陈云霁在创立寒武纪之前的研究比较注重学术认可和评价，而之后的研究则完全以市场对技术的需求为主。弟弟陈天石辞退公职，全心全意当起了寒武纪的CEO。

陈云霁在接受搜狐公众平台作者司马半芹采访时说："我的性格比较大胆，愿意去尝试没有做过的事情，而陈天石就比较小心谨慎""很多成功的企业都是两个人共同建立的，如微软、惠普等，因为一个人要具备所有全面的素质是不可能的，甚至有些成功所需要的素质是截然相反的。"陈云霁坦言，由于性格截然不同，加上关系特别亲近，两人的争吵往往直白到能令他们"直面惨淡的人生"。而争执过后最终做出的决定往往就是既能规避风险，也有一定开创性的最佳选择。"如果我们创业能够成功，那么这可能是一个很重要的因素。"陈云霁说。

寒武纪是一家得到计算所大力支持的、高起点、技术创新引领的产品型创业企业，这一背景使企业相对容易地在一开始就获得了诸多重要客户认可，最终成为创立四年即上市的、超快速发展的高科技创业企业。

案例启示：

（1）作为科学家的兄弟俩成功地做到了市场化转变，从而带领高度依赖技术研发的高科技企业快速发展起来。

（2）相互信任、性格互补、分工明确的联合创始人更容易引领创业企业走向成功。

（3）充分利用有"科研国家队"支持的优势建立市场信任也是科技创业成功的重要保障。

本章要点

➢ 创新的目的是实现创新价值。

➢ 只有从市场出发的科技创新成果才有商业转化价值。

➢ 创新不是偶然的灵光乍现，而是依赖想象力，是有方法的。

➢ 应用型科技成果的市场转化需要科研专家和创业者两种角色的有机结合。

➢ 科技创业者应做充满创新精神的社会进步推手，团队应是既懂技术又懂市场的人才集合。

➢ 科技创业者需要选择适合创新的外部环境，营造有利于创新的内部环境。

➢ 创新策略各有不同，有需求发现型、市场阅读型、科技驱动型。

➢ 科技创业者要根据自身的特点、能力和资源及要实现的商业目标选择适合自己的创新策略。

➢ 为创新而创新不可取，单纯追求技术先进也不一定有市场价值。

➢ 学者创办企业进行成果转化需要找到合适的合伙人。

➢ 科技创业是在科技的支撑下做产品、做服务，需要创业者强化市场能力，全身心投入。

主要概念

创新,科技创新,创新价值,创新方法,创新环境,创新精神,创新策略,科技创业

思考题

1. 怎么理解创新?创新的落脚点是什么?
2. 选择创新策略需要考虑哪些因素?
3. 列举几位科技创业家的例子,说说对创新精神的理解。
4. 科技创业有哪些特点?最重要的因素是什么?
5. 举例说明科技创新在一个行业中的哪些环节能发挥作用。
6. 科技创业应避免的误区是什么?
7. 学者创办科技创业企业要注意哪些问题?

第 5 章　做好创业前的各项准备

学习目标

1. 了解创业者在真正创业前要着手进行的准备工作。
2. 理解创业前要做的宏观、中观、微观研究，认真挖掘客户需求。
3. 掌握创业赛道和创业切入点的选择。

思维导图

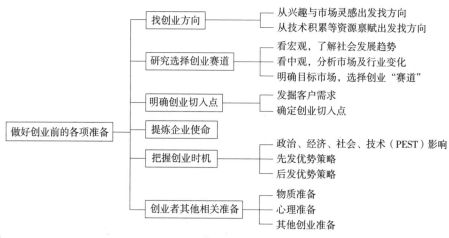

本章导学

创业者持续聚焦于一个市场领域时可能会产生一些商业上的灵感，或发现其中一些明确的客户需求，或产生要做某个产品的冲动。一旦开始有科技创业动机，就要着手创业前的准备，最关键的是研究什么是创业机会。到底做什么能带来最大的价值？或者说从哪个点切入创业成功概率更大？什么时机做更有利？资源能否被有效利用并带来比较优势？创业需要与创业者的兴趣爱好结合，与其资源禀赋结合，与行业背景结合，需要创业者对市场有持续的关注，对行业内存在的问题有充分的了解。触发创业冲动如图5-1所示。

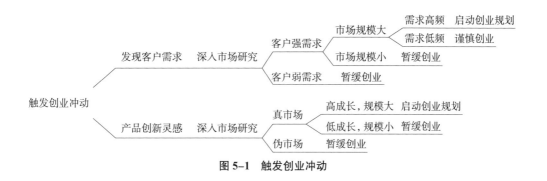

图 5-1　触发创业冲动

5.1　找创业方向

创业者来自不同的国家、地区、行业，其价值观、文化、风俗、习惯、思维惯性等均有差异，这些差异都会影响创业者的视野和认知。创业者的视野、格局及心中的愿景决定了他/她可以看多远、看多宽，创业者的兴趣决定了他/她会把眼光聚焦到哪个领域，创业者的渴望程度和专业能力则决定了他/她能够看多深，这些眼光决定了创业者能做什么样的创业。一个有洞察力的创业者既要看得远、看得宽，又要看得深。在选择创业方向及赛道、捕捉创业机会的时候，创业者要充分利用这样的能力，要抓问题背后的本质，养成"退后一步、站高一点"看问题的习惯。

无论面对什么问题，市场的也好，管理的也罢，创业者都需要养成一个思维习惯，即在分析问题时经常要退后一步思考，跳出事物本身看背后蕴含的本质。"横看成岭侧成峰，远近高低各不同"，创业者对某个事物的观察和理解有时如图5-2所示那样，需要提高一个维度观察才能抓到本质，也即升维思考。

如图5-2所示，这个三维空间的圆柱体横切面投影到墙上是个圆，纵切面投影到墙上是个长方形，在二维世界看这个圆柱体，无论将之看作方还是圆都是不正确的，如果根据这个认知着手解决问题，那么只能得到不完整的解决方案。而如果从高一个维度的三维世界去看它，那么它实际上是个圆柱体。只有经常保持这样的思维习惯才能把握事物的本质，找到区别于他人的、真正符合事物本质的答案，这也是产生颠覆型创新所需要的思考模式。否则，一味在二维投影上做事情，表面上貌似解决了问题，实际上与本质的偏差越来越大。

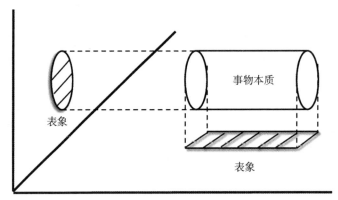

图 5-2　升维思考示意图

创业者需要从三个层面提高认知：宏观层面，认知社会发展趋势；中观层面，认知行业和市场、认知竞争格局；微观层面，认知客户、认知竞争对手、认知自己。创业者需要抽丝剥茧、由外而内地分析研判创业方向，研究不同赛道的趋势和竞争，最终选择最能发挥自身优势、最有胜算的赛道，做到知行合一，开启成功的创业。

5.1.1　从兴趣与市场灵感出发找方向

每个人都有自己的兴趣爱好，在兴趣的驱使下人们会把事情做得更好，而且不知疲累。对科技创业者来说，对某一领域的持续兴趣和长期关注更是找寻创业方向的必要条件。一旦兴趣达到"上瘾"的程度就会沉浸其中、保持专注，并对个中滋味有特殊的感觉，这恰恰是能敏锐发现其中问题或机会所必备的条件。这样的专注可能给创业者带来两个灵感——产品创新的灵感，或者发现客户迫切需求的灵感——从而产生创业冲动。马斯克曾经建议年轻的创业者，要尽量找到梦想和兴趣重合的部分去做。

每个创业者都不能漫无边际地寻找机会，一定要有个人长期积淀的行业背景和专业，不管是在校的学生还是已在职场打拼多年的职业人士，所学的专业或从事的行业都是第一次选择创业所依据的基础，对这个领域有兴趣就会保持关注，在亲身实践中有所感悟，才能发现其中的问题和机会。因此，创业方向通常会受个人兴趣和市场灵感的牵引。

再如，一个已经工作了几年的职场人士在供职的企业做着与客户打交道的客户经理工作，发现了客户内部存在效率低下的问题，而且这些问题是一直困扰这类客户的共性问题，如果能有效解决，那么他们会毫不犹豫地埋单。此时，这点敏锐的市场嗅觉和灵感就很重要。如果在交往的朋友中有人具备技术能力解决这些问题，那么就可以顺着这个方向思考创业，创办一个解决这类问题的企业，客户关系、拥有技术的朋友都可能是创业资源和潜在的合伙人。选择创业方向的一个关键落脚点是创业者凭借兴趣对市场产生的嗅觉与判断。但这只是个必要条件，是对创业方向的重要启示，在确定方向时，创业者还需要对市场趋势有清晰的认知，对行业竞争有深入的了解。下面举一个跨行创业的例子。

案例 5-1：仅凭对教育信息服务的兴趣做外行创业

田先生是一个有多年开发经验的 IT 软件工程师，曾在某大型互联网企业工作 4 年，期间负责开发了一个有几十万名用户的约车软件，产品开发经验丰富。他本人对教育服务非常感兴趣，自己也是孩子的家长，切身感受有必要打造一款 App，把小学生上、下学进出校门的时间和上课期间的学习情况反映给家长，让家长动态掌握学生的安全信息和学习情况。他征询了很多家长和老师的意见，对家长来说这确实是一个强烈的需求。经过市场调研后他决定沿着教育服务方向辞职创业，组织了几个软件工程师共同开发这款沟通老师、家长、学生的 App。可是开发完成进校推广的时候却遇到了意想不到的阻力和困难，勉强靠自己的关系打进了几所学校，但效果非常不好。首先，小学生上学不允许带手机，原来希望通过手机完成的进出校门的安全信息提示只能另想其他手段实现，无形中增加了很多成本。其次，在服务过程中老师每天的教学任务已经非常饱满，没有多余的精力和动力给家长发送每个学生的学习信息，即便后续为老师提供了很多服务功能，也没有解决老师的核心诉求，导致老师们使用 App 的动力仍然不足。这样就变成了一个恶性循环，推广起来阻力重重，又遇到更强大的"家校通"的竞争，没过多久就坚持不下去了，创业因此失败。

案例启示：

跨行业创业是极其危险的，因为跨行业意味着面对相对陌生的行业及客户，了解得不系统、不深入，对行业内的通常做法和竞争没有直接经验。外行创业者在做产品时往往只看到了客户的表面需求，没有业内人士参与其中共同设计产品、共同经营，想当然的创业是很难抓住主要矛盾解决真正问题的。具体到这个案例，创业者是软件工程师出身，对学校教育是外行，虽然抓住了家长的需求，但因为没有教育专家参与其中，创业者对软件使用场景和教师的诉求考虑得不全面、不系统，据此做出来的产品自然不符合实际需求，即使修修补补也无济于事。并且创业前也没有认真进行竞争对手的研究，创业过于盲目。

5.1.2 从技术积累等资源禀赋出发找方向

创业之初每个人所拥有的资源禀赋不尽相同，因此创业的难易程度也存在差别。有资源优势的人相对容易成功，但选对方向是成功的重要前提。资源禀赋包括创业者的行业经验、技术积累、客户渠道积累、人脉关系积累等，科技创业者往往在技术方面有很强的优势，但如何从这个优势出发选择适合自己的创业方向同样很重要。

例如，一个在校的博士研究生一直跟导师做课题、做项目，过程中接触了科技的源头，接触了客户，接触了同行，也有一群同门，那么导师、同门甚至一些同行都可能是创业的资源，通过做事了解了他们，也了解了这个行业，了解了行业客户的需求和痛点问题，了解了行业内通行的做法和各种明规则、潜规则，也与导师共同开发了针对这些问题的解决方案，如果有创业梦想又具备商业头脑，看到将这些关键技术转化成产品的商业机会，就可以沿着这个方向进一步展开创业的思考和准备。当然，也要解决好与学校和导师的知识产权关系。这里面有很多成功的例子，如寒武纪就是计算所孵化出来的创业企业，智行者就是在清华大学车辆与运载学院教授支持下由其博士创业的企业。这里面的例子不胜枚举。

再如，一个在智能控制方面有技术优势和积累的"创业小白"，想从事与其相关的创业，应做哪些研究来确定方向呢？

（1）需要了解与智能控制技术相关的产业，如智能驾驶汽车产业、智能制造装备产业等。

（2）系统了解各相关产业的结构。例如，对智能驾驶汽车的产业结构进行从粗到细逐层剥离，可以看到产业整体应该包括智能驾驶、智能座舱、智能动力、智能网联、车云服务等主要部分。而智能驾驶又包括感知层、决策层、执行层；感知层又包括传感器、算法、软件系统等；传感器又包括激光雷达、毫米波雷达、超声波雷达、摄像头、胎压传感、温度传感等；智能座舱又包括车载娱乐系统、液晶仪表盘等；车载娱乐系统又包括硬件、软件和集成等，层层细分，每一个细分的领域都有国内外众多的企业在竞争，技术与产品都沿着智能驾驶发展的未来图景快速更新迭代。

（3）系统了解相关产业的业界主流（特别是国际主流）人士对未来产业发展蓝图的构想。为此多读一些知名研究机构的趋势性预测和分析文章，广泛涉猎关联性领域的研究报告，研读行业龙头企业的技术与产品发展规划，这些都有助于创业者开阔视野、把握产业发展脉络走势。

（4）有针对性地了解国家产业政策，如国务院、国家发展和改革委员会、科学技术部、工业和信息化部等国家部门发布的关于智能交通、智能驾驶、智能汽车、智能制造、智能装备等方面的最新政策措施。

（5）深入研究可进入的行业细分领域，回答设问："我的积累和优势在哪几个行业细分领域可以发力？""我的比较优势在哪里？""哪个行业更有前景？""我的技术优势能否转化为可行的产品服务？""有没有可变现的商业模式？"等。

通过上面的系统研究就可以逐步清楚自己创业的方向。

5.2 研究选择创业赛道

如果是一个"科技创业小白"，一开始既没有特别的偏好，又没有特别突出的资源，但有强烈的创业热情，那该如何选择创业方向、开启创业历程呢？

第一步，还是要挖掘内心深处的兴趣点，思考创业是为了什么，希望做到什么样子。第二步，厘清自身的能力及资源。第三步，尝试从宏观、中观、微观三个层面逐层观察兴趣与能力交集方向的行业市场。第四步，分析比较具有相对优势的目标市场和创业赛道。第五步，挖掘目标市场的客户需求，明确创业切入点。

创业不能闭门造车，一定要在开放交流中找灵感，在深入研究中找目标。有效的方法是多与产业上、中、下游企业的高层及专业人士交流，多看产业市场分析和行研报告，比较哪个行业更具前景，哪个行业最能发挥创业者的优势，哪个方向更符合创业者的兴趣，在深入研究中思考创业的起点。

选择好赛道对创业者来说就如同占据了优势的跑道，结合自身的实力就可形成天时、地利、人和的优势，最终跑出好成绩。当下所处的宏观环境、中观行业与微观市场随着科技的发展，需求每天都发生着改变，因此，不同的细分行业有着不同的趋势变化和竞争烈度。判断趋势和研判竞争是选择创业赛道的关键，认知它需要创业者敏锐的直觉和细致的研究。

选择创业方向和赛道时需要从宏观、中观、微观三个层面着手研究，应遵从的原则是：①深耕自己最擅长的领域，有机会跑出细分行业前三。②能做出差异化产品，有可变现的商业模式。③朝阳行业，顺应未来发展趋势。④国家政策鼓励。

5.2.1　看宏观，了解社会发展趋势

看宏观是为了避免在没落的赛道上创业。创业者关注的行业走向会受多种因素的影响，包括自然条件的变化、社会环境的变化、行业技术的升级发展、新兴技术的替代等诸多方面，这些因素最终都会影响需求与供给，行业的兴盛或衰落也都与这些变化有关。因此，创业者须紧盯社会变化，了解人性、了解宏观走向，做顺应趋势的事而不是逆潮流而动。

技术、经济、社会的发展终将围绕人类对美好生活的向往和人与自然的和谐相处展开。人类作为一种社会动物有各种各样的需求，亚伯拉罕·马斯洛著名的需求层次理论把需求划分成五个层次，包括最基本的生理需求、安全需求、社交需求、尊重需求，到最高层的自我实现需求。也就是说，人类追求的是与自然的和谐相处、有机结合，追求的是活得好、活得更安逸、活得有尊严、活得有价值。无论是哪个行业，是直接面向消费者的还是直接面向行业用户的，最终都要不断满足人类各方面的追求，与人类追求背道而驰的行业终将走向没落。例如，对自然资源消耗巨大的煤炭、石油行业就是正在没落中的夕阳行业。

创新经济学家约瑟夫·阿洛伊斯·熊彼特发现，人类近200年来每次重大的社会发展变革都是由当时重大的技术进步驱动的，并以此对苏联经济学家尼古拉·康德拉季耶夫的长波经济周期理论做了创新驱动的注解，如图5-3所示。康德拉季

耶夫长波周期（简称康波周期）指的是经济成长过程中上升与衰退交替出现的一种周期性波动，是他用大量的经验统计数据检验而得出的一套比较系统的经济周期理论，相比其他经济学家观察到的中短经济周期要长，大约一个周期波动要历经 50~60 年时间。可以说康波周期在熊彼特的注解下就是一个生产力发展的周期，从 18 世纪 80 年代开始的纺织工业时代，到之后的蒸汽机和钢铁、铁路时代，再之后是电气、化学、汽车时代，然后 20 世纪 50 年代开始进入半导体和自动化时代，20 世纪 80 年代开始进入计算机、信息时代。随着互联网和信息技术的进一步发展，到如今 21 世纪进入了大数据、人工智能时代，每一波科技创新的浪潮都席卷着时代的经济起起伏伏。这里还可以看到另一个特点，即科技革命推动社会进步的步伐在加快，仿佛时间被压缩了。过去的 200 年，一年是一年；过去的 30 年，感觉一个月是一年；而现在则感觉一天是一年，每一个行业都在这样的快速更迭之中发生着根本性的变化，或增长，或衰落，或消亡。每当潮头来袭时能够顺势而上者才能快速地成长壮大。

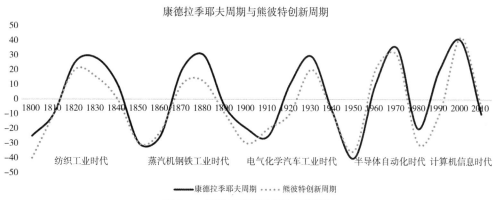

图 5-3　科技创新驱动经济周期发展

在远古时期，人类的先祖发明了记录语言的文字符号并赋予其抽象的概念，这让人类从本质上与动物产生了区别。因为这些文字符号，一代一代的先贤对自然和社会的认知得以被记载和传承，形成了知识体系并快速积累；数字的发明及其演算又使人类数学和逻辑推理能力有了突飞猛进的发展，随后莱布尼茨发明了现代意义上的二进制算法，又使机器替代人工计算成为可能；电子计算机被发明以后，人们将文字符号加以数字化表达，进而使信息数字化、知识数字化、万物数字化，集体智慧带来了知识大爆炸，社会因此加速进步。2500 年前古希腊数学家毕达哥拉斯说过"万物皆数",2500年后的今天,人类确实在实现万事万物的数字化,在数字化、信息化、网络化、小数据、大数据、人人互联、人机互联、万物互联的基础上一步一步发展人工智能、元宇宙,使云上交通、云上城市等"云上中国"的智能化管理逐步走向应用。可以说,任何一个行业未来都会与数字技术、智能技术结合,结合得好就会发展得快。

与此同时,人类总是希望活得更健康、更安全、更长久。与大健康相关的基因技术、生物免疫技术、干细胞技术、纳米技术、器官再造技术、体内机器人技术、智能诊疗技术等生命科学技术也带动了相关行业的快速发展,人工智能与基因技术的结合更是强大到可以改变人类自身的基因缺陷以防病、治病。

在生产制造领域,出于降低成本、提高效率、稳定质量等方面的考虑,人们正积极地用机器人替代人类执行重复性的劳动,5G网络技术、数字孪生技术、物联网和工业互联网的发展促进了智能制造水平的进一步提升。在"碳达峰""碳中和"政策的驱使下,所有企业都在朝节能降耗,用新能源替代煤炭、石油等旧能源的方向快速转型。

新型冠状病毒感染疫情的全球肆虐迫使人们改变习以为常的生活习惯,人际物理距离变得相对遥远,但人与人的社会距离通过互联网连接得越来越紧密,众多的线上服务改变着人们的生活。人们将模式识别、人工智能、虚拟现实、增强现实和混合现实等技术植入各种服务场景,从而创造了许多新的服务模式,更为全面的"元宇宙"概念因此诞生。

为满足探索太空等科学任务的发展需要,一系列新材料被人们发现或发明创造出来,各种复合材料的出现改变并强化着人们日常使用的工具,包括汽车、飞机、住房甚至是衣帽。

人口结构和社会文化的发展变化也是影响未来社会走势的重要因素。中国现在的人均预期寿命在78岁左右,人口出生率逐年下降,已经步入老龄化社会。养儿防老已经成为过去的观念,社会化养老已经是必然的选择,有经济实力的老人还希望在既山清水秀又有周到医疗服务的地方终老一生,这种愿望派生出巨大的养老、健康方面的需求和机会。

疫情大暴发的时候,人们被限制在了家里,无法像往常一样接触,与外界交往的方式更多需要通过网络实现,因此视频办公、网络教学、网络电商、非接触配送等方式既能保持人们的物理距离又能使人们紧密联系,相信疫情过后人们已被培养起来的很多行为习惯还会继续。与此同时，美国发起的"中美贸易战"和全方位限制中国高新技术发展的战略对中国、美国和世界都产生了深远的恶劣影响，联合国应对气候变化协议和中国对国际社会承诺2030年实现"碳达峰"、2060年实现"碳中和"等一系列事件在国家政策、产业政策方面都将引发新的变化。这些宏观的变化将会从根本上影响许多行业的走向和社会的发展。

谈到社会发展，这里还要特别提到一个重要概念——可持续发展。1987年，世界环境与发展委员会在布伦特兰报告书中对可持续发展给出的定义是："可持续发展是既满足当代人的需求，又不对后代人满足其需求的能力构成危害的发展。"可持续发展涉及自然、环境、社会、经济、科技、政治等诸多方面，是一个发展理念，不同的专业对此有不同的理解。

资料小卡片：联合国可持续发展目标

2015年9月25日，联合国可持续发展峰会召开，联合国193个成员方在峰会上正式通过17个可持续发展目标。这些目标旨在从2015年到2030年间以综合方式彻底解决社会、经济和环境三个维度的发展问题，转向可持续发展道路，需要政府、组织、企业、个人的全面参与。联合国可持续发展目标（sustainable development goals，SDGs）在2000—2015年之后继续指导2015—2030年的全球发展工作，这17个SDGs目标如下。

第1项：在世界各地消除一切形式的贫困。

第2项：消除饥饿，实现粮食安全、改善营养和促进可持续农业。

第3项：确保健康的生活方式、促进各年龄段人群的福祉。

第4项：确保包容、公平的优质教育，促进全民享有终身学习机会。

第5项：实现性别平等，为所有妇女、女童赋权。

第6项：人人享有清洁饮水及用水是我们所希望生活的世界的一个重要组成部分。

第7项：确保人人获得可负担、可靠和可持续的现代能源。

第8项：促进持久、包容、可持续的经济增长，实现充分和生产性就业，确保人人有体面工作。

第9项：建设有风险抵御能力的基础设施、促进包容的可持续工业，并推动创新。

第 10 项：减少国家内部和国家之间的不平等。

第 11 项：建设包容、安全、有风险抵御能力和可持续的城市及人类住区。

第 12 项：确保可持续消费和生产模式。

第 13 项：采取紧急行动应对气候变化及其影响。

第 14 项：保护和可持续利用海洋及海洋资源以促进可持续发展。

第 15 项：保护、恢复和促进可持续利用陆地生态系统、可持续森林管理、防治荒漠化、制止和扭转土地退化现象、遏制生物多样性的丧失。

第 16 项：促进有利于可持续发展的和平和包容社会、为所有人提供诉诸司法的机会，在各层级建立有效、负责和包容的机构。

第 17 项：加强执行手段、重振可持续发展全球伙伴关系。

联合国可持续发展目标从人类社会发展的方方面面给出了努力的方向，中国也以发展中大国的姿态承担着自己的责任，可持续发展理念将深深影响各行各业的企业发展。2016 年 9 月，由友成公司家乡村发展基金会、中国社会治理研究会、中国投资协会、吉富投资、清华大学明德公益研究院领衔发起，近 50 家机构联合创办了社会价值投资联盟（深圳）这一 5A 级社会组织（简称"社投盟"），这是中国首家专注促进可持续金融的国际化新公益平台。2018 年，社投盟与万得联合编制并发布了全球首个可持续发展价值主题指数——义利 99 指数（CI003004R）。

资料小卡片：义利 99 指数

义利 99 指数是根据社投盟牵头研发的"上市公司可持续发展价值评估模型"，从沪深两市规模最大、流动性最好的 300 家公司中评选可持续发展价值最高的 99 家公司作为样本股，以反映沪深两市上市公司社会价值创造能力与股价走势的变动关系。义利 99 指数能反映上市公司经济、社会、环境综合效益，不仅考量上市公司过去的表现及当下的市值，还考察了其可持续发展和创造价值的能力。义利 99 指数为我国投资者践行可持续发展价值投资提供了关键的信息和工具，引导资金流向创造经济、社会、环境综合价值的公司，促进资本市场关注价值内涵、回归价值投资。

《A 股上市公司可持续发展价值评估报告 2020》显示，从经济贡献看，义利 99

公司增加值占中国 GDP 的 6.38%，对比 A 股 3760 家上市公司，义利 99 公司实现营收 23.69 万亿元，占比 47.16%，净利润 2.46 万亿元，占比 60.33%，纳税总额 2 万亿元，占比 56.32%，全面超越上市公司的平均水平。这有力地证明企业秉持可持续发展理念开展经营会取得更好的经济效益，真正实现义利并举。因此，创业者在确立创业原则时应该知道，可持续发展是非常重要的理念和原则，应贯穿创业始终。创业不唯利是图、不作恶是底线，为善才能走得更好、更远。

5.2.2 看中观，分析市场及行业变化

看中观就是要让创业紧跟时代的步伐。无论是个人消费市场还是商业客户市场都是十分复杂的，任何人都难以对其有全面的了解，只能通过深入的调查研究尽量把握市场的变化脉络。同样的，行业随市场变化此消彼长，把握市场的变化趋势是了解行业发展变化的基础。研究市场就像盲人摸象，每个人都是"盲人"，市场就是"大象"。创业者开始都是从外围探知"大象"的样貌，因为都没有实际入场，不可能摸到"整头大象"，只是尽量多摸一些部位，尽量逼近真相。随着企业经营的深入，创业者才可能逐步清晰地理解了其耕耘的细分市场，这是一个渐进的过程。创业者对市场及行业探究得越深入，越能拿出有针对性的解决方案，也越能获取竞争主动权，与时俱进，动态地观察中观市场与行业。在这里只从表面上观察市场的变化，更深入的研究则需要创业者利用市场细分原理结合行业特点逐层调查分析。

（1）个人消费市场。经过几十年的经济发展，中国已经变成全世界最大的消费市场，消费水平也在迅速升级，消费行为和偏好发生了天翻地覆的变化。例如，"30 后""40 后"出生在资源匮乏的年代，成长在电视流行的年代，网络对他们来说是相对陌生的，因此他们更倾向于电视购物，更满足于吃饱喝足；"50 后""60 后"成长在改革开放的年代，意识上更独立，更敢于追求理想，更熟悉网络，因此消费行为发生了很大的变化，喜欢旅游，有品牌概念，喜欢用微信交流等。未来的"70 后""80 后"，与前辈又不一样。同样的，随着经济的发展和生活节奏越来越快，年轻群体的消费观念也发生着天翻地覆的变化。近年来，年轻人的生活观念越来越趋向于独立自主，追求个性和生活品质，再加上巨大的生活工作压力，单身一族逐渐形成强大的消费势力，催生了"一人经济"，出现了专门针对单身生活的"一人餐""一人房"、迷你冰箱、迷你厨具等新产品、新消费模式。针对这样的消费变化，与此直接相关的服务业、消费品制造业、贸易业、广告业、旅游

业、房地产业等都在适应性地改变着，新的业态不断产生，新的消费品类如雨后春笋般出现，像喜茶、奈雪的茶等。因此，在针对个人消费市场创业的时候，创业者要与时俱进地研究目标消费者的特点和需求变化，分析行业变化和竞争格局，选好适合自己经营的细分市场。

（2）商业客户市场。经过几十年的发展，中国已经拥有全世界最全的供应链。随着技术的进步，中国的制成品类也在快速升级，从原来的以原材料和初级产品为主变成了现在以精细和高附加值的产品为主。企业在管理、生产制造、装备、仓储物流、营销、服务、支付结算等环节通过数字化、信息化得以快速提升能力，为进一步的物联网化、智能化奠定了坚实的基础。与此同时，在中国政府"碳达峰""碳中和"的承诺下，从生产制造到仓储物流，再到终端用户服务，各类企业纷纷采取措施加大节能减排力度，追求产品节能降耗，提高新能源利用度。机器人逐步取代了人工的重复性劳作，柔性制造更加迎合多样化的需求。"一带一路"政策推动了制造业走出去并消化了过剩产能等。因此，针对商业客户创业时，创业者同样要跟上这样的变化步伐，锁定最适合自己服务的商业客户，深入调查研究目标市场的变化趋势。

5.2.3 明确目标市场，选择创业"赛道"

目标市场也好，赛道也罢，本质上是从不同角度说的同一件事。目标市场是从客户角度说的，赛道是从竞争角度说的。创业有时就像一场比赛，很多投资人和创业者愿意把在同一细分行业的同一类型创业比作在同一个赛道上比赛，看谁能够赢得竞争。例如，硬科技方面有机器人赛道、人工智能赛道、半导体芯片赛道、新材料赛道、新能源赛道、智能网联汽车赛道等，教育行业有职业教育赛道、成人教育赛道等，医疗行业有智慧医疗赛道、医疗美容赛道、牙科赛道、眼科赛道、体外诊断赛道、免疫治疗赛道等。

赛道有长短，市场有持续性长短；赛道有宽窄，市场有容量大小；赛道有平坦崎岖，市场有竞争激烈程度；赛道有快慢，市场增长也有快慢。各个行业的市场竞争格局不同，有的是高度集中、大企业垄断的；有的是集中度尚不高、竞争空间较大的；有的是高度分散、充分竞争的；有的市场容量很大，足以容下众多选手竞争；有的市场容量很小，只会跑出一两个成功的选手；有的市场可以持续很久；有的市场则很短命，一阵风过去就没了；有的市场增长很快，带动其中的企业成长也很迅速；有的市场增速缓慢，身处其中的企业也就发展平缓。人们经常看到同时期创业、初始条件接近的创业者，经过几年的发展，有的快速成长为市值几十亿元的"独角兽"，有的却发展得比较平庸。这固然与创业者的能力有关，但不能否认他们当初选择的赛道也是造成差别的重要因素。因此，选择赛道在某种意义上也就成了企业发展的"天花板"。

有些创业者盲目追逐风口赛道，什么P2P、O2O、AR/VR、共享经济、直播带货、元宇宙等，时下什么火做什么，认为在大家都追逐的风口里创业发展会比较快，实则不然，大风起时泥沙乱舞、鱼龙混杂、竞争无序，虽然在风口猪都能飞起来，但没有一个风口是能持续狂吹的。创业不是投机取巧，还是要回归商业本质，虽然选择赛道对创业十分重要，决定了创业可能达到的最终状态，但赛道也不是任由创业者漫无边际地选择，还是要符合创业者的基因、发挥创业者的优势，还是要靠踏踏实实的经营使自己立于不败之地。

1. 市场细分有助于明确细分的创业赛道

创业者在创业前需要结合自身的优势，研究创业大方向上的市场，从中明确创业耕耘的细分目标市场，这相当于在打仗前选择战场并事先做一番"战场勘察"。可以发现有些创业者并不认真细致地研究市场，仅凭一时的创业冲动就开始行动，这是很冒险的，就像将军还没有做敌情观察和战场勘察就匆匆率队进入战场，仅凭一点情报就展开战斗，边打边调整，最终输掉战役的可能性极大。

比较有效的"战场勘察"是对感兴趣的现有市场进行研究和细分，找到可以差异化竞争的领域。市场细分的概念是美国市场学家温德尔·史密斯于1956年提出来的。菲利普·科特勒在市场细分概念的基础上进一步提出了STP理论，指市场细分（segmenting, S）、目标市场（targeting, T）和市场定位（positioning, P）。STP理论原本是企业市场营销工作的理论指导和核心，现在被借鉴来作为创业者选择赛道、确定创业切入点的有效工具。

市场细分（S）就是指企业按照某种标准将市场上的客户划分成若干个特征趋同的客户群，每一个客户群构成一个细分市场，不同细分市场之间客户需求存在着明显的差别。市场细分是选择目标市场的基础工作，创业者将市场细分成若干个子市场后，可以根据自身优势选择一个客户需求明确且有一定规模的子市场，把它作为创业开始的目标市场，并根据市场竞争格局做出恰当的市场定位，设计有竞争力的产品与服务，进而利用4P营销组合把业务做深做透，令自己处于一个相对有利的竞争地位。本节重点放在市场细分和选择目标市场环节，下一节再重点阐述挖掘目标市场客户需求、确定创业切入点的问题。

细分市场的基础是不同类别的客户存在不同的需求，即使是同一大类客户也有着在细节上存在差异化的需求，因此也就构成了不同的细分市场。细分市场的目的是区分不同的客户需求，划分市场时可以使用多个描述客户特征的细分变量，最终为群体归类，找到这个群体与其他主体之间明显的需求差异。针对消费者市场和商业客户市场所选择的细分变量会有一定差异，因为商业客户相对个人消费者来说是人的集合体，是一个机构，它的行为特点和决策方式与个人是不同的。下面列出了针对两类市场进行细分的参考变量，如表 5-1 和表 5-2 所示，创业者可以选择适当的维度进行市场细分，所用的变量应该能够起到区隔作用，使被划分后的客户具有不同的特征，进而对应不同的需求和市场行为。

表 5-1　个人消费市场细分参考维度

细分变量	细分参考维度
产品品类	子品类、品种
地理因素	国别、地域、面积、气候、地理特征、城市、乡村、交通条件、通信条件、网络条件等
人口因素	规模、密度、家庭特征、年龄、性别、国籍、民族、宗教、文化、职业、收入等
心理因素	价值取向、购买动机、个性特征、偏爱、价格灵敏度等
行为因素	追求的利益、购买时机、忠诚度、使用频率、使用状况、态度等

表 5-2　商业客户市场细分参考维度

细分变量	细分参考维度
产品品类	子品类、品种
地理因素	国别、地区、气候、地理特征、交通条件、通信条件、网络条件等
客户特征	行业、规模、性质、资信、技术、业务、能力等
采购决策	购买动机、价格灵敏度、购买方式、决策方式等
客户行为	追求的利益、购买时机、忠诚度、使用频率、使用状况、态度、采购规模、采购频率等

构成一个市场的基本要素是：有可供交换的产品或服务，有明确购买意愿和购买能力的买方，有提供产品或服务的卖方。因此，细分后的市场应该有稳定的客户主体、明确的客户需求、明确的购买意愿、规模可度量可预测。例如，智能穿戴设备是个大市场，可以被细分成智能手表手环市场、智能无线蓝牙耳机市场、

智能眼镜市场、智能服装市场等，智能手表手环市场还可以再被细分成运动健康手表手环市场、老年手表手环市场、儿童手表手环市场等，不一而足。

市场细分不是目的，细分了市场之后，创业者需要针对自身的优势、资源、能力，以及细分市场的客户特征、规模大小、竞争情况等选择自己能够拿出最有竞争力产品的目标市场。

创业者选择目标市场时切记不要贪多。很多创业者看什么都觉得是机会，试图针对多个细分市场发力，多点开花的结果是哪个也开不起来。在创业之初做多个产品只能分散创业者宝贵的精力和有限的资源，最终导致哪个也做不好，就像攥起拳头一定比五指分开更有打击力量一样，创业者初期一定要聚焦于一个细分目标市场，把产品和服务做到极致，将目标市场做深做透，只有服务好这个细分市场的客户，创业企业才能站稳脚跟，后续才有资本扩展更大的市场空间。

明确目标市场和选择创业赛道是一体两面。要在众多细分市场中选择目标市场，需要从客户需求出发研究需求强弱、需求频率、客户规模、增长趋势和成长速度等市场属性，判断哪个更有前景，要从市场竞争格局和市场驱动力出发判断哪个创业赛道更优。

把两方面结合起来说，创业者在选择赛道时应重点观察：趋势、容量、需求频率、持续性、驱动力、竞争；形象地说就是赛道的坡度方向、宽窄、速度、长短、前进动力、平整度，从中发现哪个赛道更有前景、哪个赛道进入壁垒高、哪个赛道是大企业玩家才能做的、哪个赛道前进的动力强劲、哪个赛道企业成长迅速、哪个赛道恰好符合创业者的优势、在这个赛道上创业者准备做什么样的赛手（角色）。是做终端产品的提供者？是中间产品的提供者？是上游产品的提供者？还是关键设备的提供者？抑或是关键服务的提供者？哪个具备比较优势？

创业者选择有前景的赛道可以参考当下创业投资基金重点关注的领域，如前几年大家都关注"互联网+"、物联网、大数据应用、现代信息通信、现代医疗服务、清洁技术、生物医药、现代农业等。近两年普遍关注的"AI+"、第三代半导体、新材料等硬科技创新，元宇宙概念下的虚拟人、VR/AR/MR、精准医疗、储能技术等。这些都是大家经过研究认为属于未来趋势性的、内生动力强劲、有广阔前景、能够支撑多家上市企业的创业赛道。创业投资基金比较喜欢成长迅速的高科技企业，所以科技创业在赛道的选择上还要充分考虑成长速度，而赛道中客户需求的高频、低频是影响企业成长速度的重要因素。

对创业者来说，选择符合自身优势的、有前景的赛道就是找到能在具有较大竞争空间、处于上升通道的朝阳市场做有价值的创新、有机会跑出前三名的市场细分领域。在有多个细分赛道可供选择时，可尽量选择客户需求高频的赛道。对于科技创业，选择赛道还要考虑其内驱力来源，通常意义上行业发展的驱动力来源于两个方面——科技驱动、数据驱动，要选择能够充分展现自身优势的赛道。

怎样在朝阳的赛道上做有价值的创新呢？由于几十年来互联网和信息技术的发展，各行各业均或多或少地"触网"并信息化、数字化了，下一步的发展就是要让这些冷冰冰的数据变成生产资料和资产，通过机器学习、深度学习等人工智能技术将其转化为新的服务、新的价值，并使传统行业得到效率的提升和发展，可以说越是传统的行业越有数字赋能、AI赋能的市场需求，这里面蕴含极大的创新价值，这就是在数据驱动的行业做创新。另外，互联网信息技术、通信技术、传感技术、大数据技术、人工智能技术本身的发展和普及应用也进一步促进了人类的知识共享，提高了人们的教育水平和学习效率，从而带动了其他学科的发展，生命科学、材料科学、航空航天、新型能源等方面突飞猛进的发展涌现出众多有影响力的科技创新，利用这些创新成果开发全新的产品、服务，去升级消费、服务、产业，降本增效，从中捕捉真实市场的商机并结合自身的优势谋划创新创业就是在科技驱动的行业做创新。

2. 赢得竞赛需要做赛道上的行家里手

对赛道的谙熟于心是跑赢竞赛的关键。有这样一个故事：一个城里人特别爱吃蘑菇，只知道盘里的蘑菇长什么样，但不知道在哪里能采到。一次他去乡下，问老乡哪里能采到蘑菇，老乡告诉他应该到树林里去，于是他不再多问，拎着箩筐兴高采烈地到树林里采蘑菇去了，以为林子里到处都是蘑菇，谁知道走了一整天也没见一个蘑菇的踪影。悻悻而回后老乡告诉他，不是所有的时间和地方都能长蘑菇的，应该在每年的6~10月、在林子里的30°~40°缓坡上才能采到蘑菇。很多创业者就像这个城里人，只知道蘑菇长在树林里就去采，身边没有一个熟知蘑菇习性的老乡跟着，结果一定是空手而归的。创业一定要先搞清楚哪儿有"蘑菇"、怎么"采蘑菇"才能动手去做，仅凭自己的渴望和一知半解就"开干"是危险的。"蘑菇"就是商机，"采蘑菇"就是商业模式，"工具"就是产品。

创业是一个系统的工作，仅靠产品创新是不够的。是否抓住了客户的真实需求？客户是否愿意使用或花钱购买？这就是创业商机。抓住了商机还不够，把产品成功销售给客户更重要，这就是商业模式。仅满足于把产品做出来、卖出去还不够，还要比别人做得好、卖得多，这才是赢得竞争的行家里手。

案例 5-2：枭龙科技创始人的创业选择

北京枭龙科技有限公司（以下简称枭龙科技）于 2018 年荣获"第四届中国'互联网+'大学生创新创业大赛总决赛"季军。

创始人史晓刚在校期间的成长

史晓刚高中阶段就对电子技术产生了浓厚兴趣，高三时还制作过自动测量不规则物体体积的装置，并获得天津市青少年科技创新大赛一等奖。2009 年，史晓刚考入北京理工大学，开始拼命地做科研项目、参加科技竞赛。入学之初他就提前自学了嵌入式软硬件方面的知识，用了两年时间带领团队研发了一架可垂直起降的固定翼无人机；大二时他获得"挑战杯"大学生课外学术科技作品竞赛一等奖。史晓刚还担任过学校科技创新基地的负责人，负责实验室和项目的管理，吃住在创新实验室里直至毕业。频繁地参加创新大赛和负责创新基地事务管理对史晓刚后续创业起到了正向激励作用。

早期创业历程

本科毕业后史晓刚进入华为从事智能手机硬件的研发工作。在华为工作的近两年时间里，史晓刚学到了很多关于技术、研发流程与人力资源制度等方面好的做法，这对他后面的创业影响非常大。工作期间，史晓刚接触到了智能眼镜，通过与华为多名专家深入交流探讨，他认定 AR 将是一项能够改变人类未来的技术。当时谷歌公司已经推出了 Google Glass，史晓刚被它深深吸引，决心创业做 AR 眼镜。2015 年初，史晓刚获得深圳亿觅科技种子轮投资，并用了近半年的时间组建团队，着手开发可以"点亮"的 AR 眼镜原型机。同年 5 月，史晓刚正式成立枭龙科技，并获得 500 万元天使投资。2015 年 12 月，史晓刚又完成了由立讯精密领投的数千万元 A 轮融资。2016 年 9 月，史晓刚完成由京东方集团领投的 A+ 轮融资。

创业赛道的选择与调整

枭龙科技的成长并不是一帆风顺的。团队最初瞄准的是消费类 AR 眼镜赛道，应用场景结合骑行等运动市场。一方面当时智能穿戴开始流行；另一方面骑行市场的服务商野兽骑行、行者、黑鸟等 App 都出来了，存在很大的市场需求。但由于成本居高不下、推广乏力，产品虽然卖出了一些，但销量很不理想。迫于生存压力，企业必须转型。

为此，史晓刚团队做了细致的行业研究，发现C端消费者虽然对AR眼镜需求巨大，但对产品价格比较敏感，然而做一款新产品仅研发投入至少就要三四百万元，加上生产制造成本和良品率的影响，企业很难实现盈利。而B端客户对AR眼镜的需求同样巨大，应用场景更加丰富，对价格的敏感度也没有C端用户那么高。从企业角度看，仅满足把产品做出来只做个集成商是不够的，还要形成技术门槛，否则很容易被别人模仿和超越。分析当时国内外技术情况，AR眼镜的核心技术体现在两个方面：硬件显示模组，以及底层算法。其中，底层算法需要时间积累和底蕴，像微软就很难被超越。而硬件方面国内外差距不大，当时自由曲面、棱镜等路径已经有很多企业在做，索尼已做得很好，光栅波导是全新的技术路线，微软、苹果、脸书均选择这个方向。机会是该技术路线至少在5年内不会落后，突破后有可能形成自己的专利保护；挑战是企业人才方面虽然具有华为硬件出身和能力优势，可光栅波导是跨学科领域，没有现成的人才和经验，从设计到仿真都需要从头开始，但不是不可以做到。经过一番艰难的比较和分析，最终枭龙科技选择跳过棱镜等显示光学门槛直接攻克光栅波导技术，针对B端做工业眼镜产品。

案例启示：

（1）科技创业需要谨慎选择赛道，既要有潜在市场规模，又要符合技术潮流，还要结合自身特点和能力。做产品不能只满足于技术集成，持续拓展自己的核心技术和提升竞争门槛才能使创业走得长远。

（2）选择硬科技赛道创业就意味着遇到阻碍不能像模式创新那样可以彻底变换行业赛道，只能在硬科技关联的方向思考破局。一旦选定就要坚持到底。只有在一步一步技术积累和想办法活下去的不懈坚持中，企业才能显现价值、迎来转折时刻。经验表明，一个硬科技创业企业至少需要7~10年的积累才能走向成熟。

5.3 明确创业切入点

看微观就是寻找符合自身优势的创业切入点。在明确了目标市场或赛道后，创业者要针对目标客户的需求及竞争对手的情况找到满足需求、赢取竞争的差异化市场定位，抓到属于自己的商业机会，从而明确创业切入点。

商业机会就是存在一群客户，他们愿意为自身某类需求的满足而"埋单"（付出时间或金钱），于是对创业者来说就形成了可以向其提供产品服务的商业机会，这个客户群体潜在的购买行为就形成了这类产品服务的市场。有时候市场上虽然已经存在了相应的产品或服务，但需求的多样性和产品的局限性导致现有产品尚没有完全满足需要；还有可能市场上暂时没有相应的产品服务满足他们的需要。无论怎样，只要需求真实存在，创业者就有机会向他们提供自己的产品服务，需求方就有可能成为创业者的客户，这就是创业者的商机。有共同需求的客户数量及其愿意付出的购买对价决定了市场的大小，当数量和金额足够大时就形成了一个规模化的市场。对于一个有望产生上市企业的、有潜力的市场，其规模至少要达百亿元甚至千亿元人民币。创业的基本逻辑就是发现需求，满足需求。做大做强科技创业的前提是找到有增长潜力的大市场，如果市场狭小，即使得了第一也并不意味着有多大的成功，充其量是做了个能够维持"小日子"的、不错的生意。有些科技创业者不重视研究客户、研究市场，一味沉湎于自身产品技术的性能指标先进性，精雕细琢地满足个别客户的特殊需要，实际上这些需求多数情况下并不典型，虽然是真需求，但根本形不成规模化市场，本质上是一个小众市场的生意型企业，很难做大做强。

5.3.1 发掘客户需求

发掘目标客户需求是做好创业的基本功，要把握好客户需求，首先要了解需求的一些特点。

（1）需求不是一成不变的。谈需求首先需要结合客户场景，在不同的场景下同一个群体可能有不同的需求。例如，办公室白领在中午休息时有快餐的需求，同样是在中午，午餐后可能有小憩的需求；又如，人人都有遮风挡雨的需求，这个需求在风雨交加的户外这样一个场景下才成立，场景换了，需求也就变了，在阳光下就变成遮阳的需求了。

（2）稳定共性的需求才能形成市场。有需求不代表就有市场，要看需求是否典型、是否有共性。每一个稳定而有共性的需求背后都有一个渴望被满足的群体，也会有针对这个群体渴望的供给，有买有卖，形成一个市场。一个大类需求下面往往存在明显的需求差异，因此将构成若干细分市场。例如，在消费领域，有些基本需求是长期存在的，就像饿了要吃饭、困了要睡觉，这两类需求构成了餐饮大市场和睡眠大市场。但即使是基本共性的需求，随着经济条件的改善，人们也存在着如何吃得更好、睡得更香的问题，这就是需求升级。经济的发展会使消费分层，产生多样性的需求，形成不同的细分市场，如高端餐饮市场、轻食市场、有机素食市场等。

（3）需求群体数量、需求频次、单次对价将影响市场规模，引发不同的竞争。市场规模大小需要以需求群体数量、需求频次、单次满足需求要支付的对价等参数为基础计算。如果市场巨大、参与者众多，竞争就会激烈；需求频次高也有利于企业快速发展壮大，所以竞争也会激烈；客单价高也会激励众多企业参与竞争；而有些需求只在有限的群体中属于典型，构成的就是小众市场，参与者相对就少，竞争就不会过于激烈。例如，在当下折叠屏手机市场相对直板智能手机市场就是小众的，但若干年后也不尽然，随着折叠屏技术的成熟和成本的大幅降低，也许可见的将来折叠屏智能手机可能成了大众市场，直板手机反而成了小众市场。这是技术进步带来的需求升级，也是影响市场变化的根本原因之一。

（4）科技创新引领需求升级，"从0到1"的创新将激发新市场。科技创新能够带给人们无限的想象，是驱动市场不断升级和激发全新市场的真正动力。技术升级可能令原有市场消失，如寻呼机市场随着"大哥大"等手机的出现而消亡，人们已不满足于单纯文字信息的传递而将之升级为文字加语音的即时通信需求，这种需求不是炒作出来的，是创新给客户带来的、实实在在的价值提升，是客户刚需的升级，这就是科技的力量。马斯洛需求层次理论深刻诠释了人类不断涌现丰富多彩新需求的原因，消费领域是这样，工业领域也是这样。随着新技术的不断涌现，人们已经不满足于传统制造的低效率、高成本，因此不断追求更高的效率、更低的成本、更灵活的方式、更好的效果，需求层级将被不断提升。

有些科技创新产品可能在当下属于少部分新事物偏好者的小众市场，但随着关键技术的成熟，其可以发展成被大众广泛接受的大市场。市场到底何时能爆发需要由创业者做出预判。如果技术需要5年以上时间才能走向成熟，相应的产品市场也将需要很长时间才能发展成熟。因此，科技创业者要思考要不要在当下创业，如果创业，需要采取什么办法让自己先活下来。如果技术已很成熟，那么需要考虑对应的产品市场未来还有多大发展潜力，还能开发哪些新的技术以激发更大的市场。这些都是科技创业者必须思考的。因此，准确预判趋势和把握好时机是科技创业者需要修炼的"真功夫"，是科技创业者成功的核心竞争力。

国际知名咨询机构高德纳咨询公司每年都会推出一个侧重信息技术领域的新兴技术成熟度曲线，预测最新技术在当下的成熟程度和未来走向，如图5-4所示。

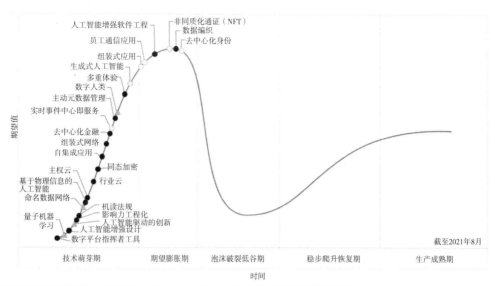

图 5-4 高德纳 2021 年新兴技术成熟度曲线

布莱恩·伯克（Brian Burke）曾表示："技术创新是实现竞争差异化的一个关键因素，而且是改变许多行业的催化剂。随着突破性的技术不断出现，即使是最具创新力的企业机构想要紧跟这一速度也是极具挑战的。"这个技术成熟度预测对每个科技创业者都很有参考价值，其可以启发创业者审视自己的技术在当下处于什么阶段，未来几年主流走向会如何发展，据此可以判断客户需求能否被创新有效地激发、何时达到成熟。

（5）需求持续时间决定市场是长期稳定还是昙花一现的。一个全新品类的产品或服务会激发一个新市场。新产品会刺激一部分早期用户的潜在需求并使他们愿意埋单，随着用户体验及口碑的传播、需求群体的不断扩大，加上经营者的营销炒作，在用户中会形成一种潮流和风尚，被用户逐步接受并形成市场。这样被引导出来的需求与用户体验关系很大，如果不是用户基本刚需或者满足替代相对容易，则市场有可能是短暂的。就像前几年在很多城市大街小巷流行的"掉渣火烧"，一阵风过后很快不见了踪影。如果能够快速形成服务规模、保持服务质量、不断推陈出新，那么这种需求也有可能被转换成为一部分用户的习惯，形成长期稳定的市场，如时尚饮料"元气森林"。

需求的程度有高有低，在挖掘客户需求时创业者经常会碰到一些与需求程度有关的概念，如图 5-5 所示。

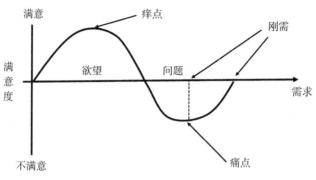

图 5-5 客户需求示意图

①痛点。某一场景下一个群体可能存在共同面临的、无法绕过的"痛",并且可能"痛"到使他们怕面对的问题点就是所谓的客户痛点。例如,在线地图导航服务出现之前,驾驶员无法便利地规划前往陌生地点的路线,这就是驾驶员在驾驶出行时的痛点。再如,现在的家庭都有无线上网需求,但上网必备的路由器配置很不方便,只有懂得设置网络的人才能做好,路由器设置不便的问题就是这类不懂网络的人(特别是老年人)的痛点,于是商家就推出了智能配置、即插即用的路由器产品,很快在市场上得到普及。

②痒点。某一场景下一个群体可能有特别想要的、渴望达到的理想化状态,这是一种欲望,一旦解决则会产生相应的满足感,这就是所谓的客户痒点。例如,微信一开始只是一个聊天工具,满足的是人们的社交需求,后来随着使用规模的扩大,微信又增加了支付功能,极大地方便了用户,使用户产生了一定的满足感,这就是满足了用户的痒点。再如,充电宝是人们出行时经常携带的随身用品,但在野外除了充电宝外人们还经常要携带强光手电筒,有时长期在户外没有电源补充,充电宝也会消耗殆尽,如果能用太阳能为充电宝补充电量,那么户外人群将会更放心出行,于是为充电宝增加 LED 照明功能和太阳能充电功能就成为这部分户外爱好者的痒点,接着,市面上就出现了将这些功能集合在一起的便携产品,用户只需携带一个设备就可放心出行。

③刚需。一个群体在特定的场景下产生的"不得不要"的基本需求就是刚需。例如,下雨天对街上的路人来说遮风挡雨就是刚需。再如,对于自动驾驶的汽车来说,灵敏精准地识别障碍就是刚需。

了解了需求的特点就可以知道,创业做产品前就要目标明确地挖掘客户的痛点、痒点或刚需。

（6）系统地研究客户，针对问题点找到客户刚需。客户既然存在痛点、痒点，当然也会有大量不痛不痒的点，创业做产品要针对客户问题的痛点、痒点下手。很多科技创业者往往只从自己拥有的技术出发去思考如何做产品，如果恰好解决的是客户不痛不痒的问题，那么大概率会创业失败。如果没有事先认真研究客户，打造的产品没有触到客户的痛点，那么客户感觉可有可无，埋单意愿不强烈，可想而知这好比是在沙滩上建楼，非常危险。因此，创业之前先要系统地研究客户、挖掘需求，在众多需求中找到痛点、痒点对应的需求。

（7）研究目标客户，发掘刚需。客户有两类：①使用者与购买者角色是合一的。②使用者与购买者角色是分离的。消费类市场上的客户往往既是产品使用者又是购买决策者，当然也有分离的情况，如针对儿童的市场或者礼品市场。行业市场上的客户往往是产品使用者也是与购买决策者分离的。因此，针对这两类客户的研究要考虑他们的特点。

研究角色合一的客户可以发现，有时创业者本身就是其业务的核心用户，很清楚自己想要什么，推而广之，再通过扩展的用户调查和访谈进一步验证需求的真实性、典型性和刚性程度，其客户研究就相对容易一些。

研究角色分离的客户可以发现，很多创业者之前不是买方出身，没有直接的感受和体会，对买方体系内问题的了解都是间接的，因此研究目标客户的需求则更要全面，既要把客户看成一个整体，又要将之看成使用、决策分离的各部门集合体，既需要从使用层面调查，又需要从决策层面研究，抓住使用层面的痛点、刚需乃至决策层面的特点和规则。

客户研究的方法如下。

①访谈目标对象，直接听取用户的声音。

②分析目标对象数据，全面分析用户行为。

③亲身体验，深刻感受用户的处境。

自我设问以下问题。

①这个问题的业务场景是什么？

②问题是普遍的吗？问题对业务的影响大吗？

③解决这个问题的迫切性怎么样？还是可以等一等再说？

④目标对象能自行解决这个问题吗？还是需要其他专家来解决？

⑤这个问题究竟让人有多头疼？目标对象愿意为此付出金钱代价吗？

⑥解决这个问题的成本与带来的价值相比哪个更大?

⑦目标对象怎样决定购买或使用创业者的解决方案?会考虑哪些重要因素?

通过对目标客户最典型问题的深入研究,创业者可以识别问题对应的需求是否为客户刚需,如果为刚需,则可以继续探讨解决问题的产品方案,如果不是,则最好立刻改换方向。

5.3.2 确定创业切入点

明确了目标市场,也发现了客户的刚需,那么接下来就是思考如何做,如何找到对创业者赢得竞争最有利的切入点,也即在这个目标市场上创业者与对手差异化的定位。有市场就会有竞争,即使短时间没有,凭着现代人的聪明才智也很快会有的,因此必须做与别人不一样的事才可以规避与对手的正面交锋。如果不得不做与对手同样的事,那么只有准备好充足的粮草和弹药充分竞争,但这不是一个初创企业应该采取的明智策略。

一个形象的比喻就是,选择创业切入点就相当于创业者在一大片林地里为创业企业这棵"小树苗"选择最适合的地方"栽种"和确定怎样"栽种",如图5-6所示。在栽下这棵树苗的时候,周围的树会与其争抢阳光、水、养分等资源,因此创业者要客观分析周围的植物,选择最适合树苗生存的地点,保证其茁壮成长。

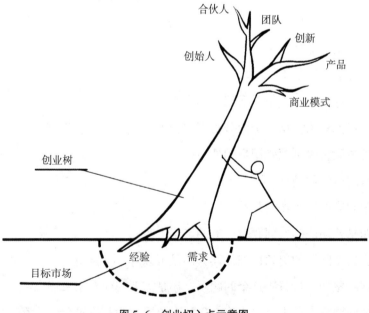

图5-6 创业切入点示意图

（1）竞争对手及其产品分析。找出为目标客户的需求提供产品服务的头部企业，比较它们的优势、劣势。为便于审视，可以用表格描述之，如表5-3所示。

表5-3 竞争对手分析

头部企业	市场地位	经营现状	现有产品评价	优势/劣势	问题	商业盲点
企业1						
……						
企业n						

（2）市场定位。市场定位是一个企业营销的概念，所有竞争者及其产品都在目标市场有一个位置、在目标客户中有一个形象，为了竞争，创业企业需要找到属于自己的独特位置和形象。创业者要紧紧围绕客户刚需思考，针对客户对现有产品的不满（也就是没有完全满足客户需求的地方）阐明自己有针对性的改善和差异化的主张，在客户心目中尽量形成鲜明而独特的良好形象。打个比方，萝卜白菜各有所爱，因此蔬菜市场自然地细分了萝卜市场和白菜市场，若创业者以白菜细分市场作为目标市场，且这个市场里面绝大部分经营者是施农药求高产，提供的是普通白菜，而创业者有先进的有机种植技术，选择种植有机白菜，那么这就是创业者的市场定位，传递给消费者的是绿色、有机的价值主张和高端产品形象。

（3）客户价值主张。客户价值主张也是一个营销概念，是企业在市场定位基础上传递给目标客户的价值主张，目的是让客户对企业产生价值共鸣，企业有了共鸣才能聚拢目标客户。从产品角度理解，客户价值主张就是创业者希望向目标客户传递的产品核心价值，是高于产品卖点的抽象提炼；从市场竞争角度理解，则其是创业企业对内对外的差异化宣誓，作用是使企业上下一心参与竞争、赢得竞争。例如，今日头条的价值主张是"你关心的才是头条"；微信的价值主张是"微信，不仅仅是聊天工具"。

价值主张不仅体现在广告语中，更体现在企业的一举一动中，体现在整个服务体系中，很多时候不是靠语言而是靠行动传递。例如，同样是火锅餐厅，海底捞的价值主张与东来顺就截然不同，其体验、风格及服务的人群自然也迥异。

明确市场定位和客户价值主张的核心是找到"差异化"和"价值倡导"。这为创业者探索开发创新产品、服务指明了方向。创业者设计的创新产品、服务在功能、形式、成本价格、品质质量、获取方式等方面都要符合这种差异化和价值倡导。

至此，编者利用市场细分理论逐层深入地对市场进行了剖析，选择了目标市场，明确了市场定位，申明了客户价值主张，构想了相应的创新产品或服务，这一套组合下来创业者就找到了自己的创业切入点，即意味着创业者找到了在所选择的赛道上创业的具体路径和起跑点。从市场的角度说，创业切入点就是创业者精选的、可以把握的商机；从创业实施角度说，创业切入点就是差异化的产品/服务。因此，创业者选择切入点的动作是一套组合拳，即由外到内逐层找到创业的目标市场、市场定位、客户价值主张和差异化的创新产品与服务。由此可见，从哪儿开始创业不是创业者拍脑门想出来的，而是要经过认真的市场调查和深思熟虑的分析做出的慎重决定。

到这里创业者只是解决了市场认知问题，虽然可以说是为下一步实施创业开了个好头，但知行合一，具体的创业行动才是进入市场的真正开始，任何没有经过实践验证的调研分析都有可能存在偏差，都是盲人摸象，这就需要创业者在实践中不断深化对市场的认知，及时调整那些理想化的设想，更快速、精准地适应真实的市场，在自我完善中成长。

案例 5-3：创业前咨询行业专家的意见改变了创业切入点

王同学是一所知名工科大学的硕士，在校期间，他接受了一个温室花卉种植客户的委托，在导师的指导下开发出一套智能搬运机器人系统，帮助客户提高了花卉在温室之间转运的效率，替代了人工转运，降低了转运成本，得到客户的充分认可。在这个项目上，王同学尝到了甜头，据此产生了创业的冲动。

学校非常重视双创教育和创业孵化，在双创中心的协助下，学校请来一些行业专家和投资人为其提供创业指导，专家们给出了一些中肯的意见，认为虽然技术很好，但这个项目的客户需求并不典型，将来销售是个大问题，建议王同学先做深入的市场调查后再行创业。

经过创业冷静期的市场研究，王同学发现转运机器人不是大部分温室花卉种植企业的需求，即使产品做得再好也很难有更多的客户，因此及时终止了马上创业的想法。但王同学的创业梦想始终存在，借着曾经服务于花卉种植企业的机缘，带着观察的眼光更广泛地深入各类农业大棚进行调研，最后找到了需求更普遍的智能温湿度及光照控制种植系统项目，着手研究比对手更便宜、更易操作的智能解决方案，并正式组建团队重点服务于高价值农作物的种养殖商户。

案例启示：

创业前不要盲动，与行业专家交流是非常有益的。王同学咨询行业专家的做法是明智的，这启发了他深入市场调研，规避了伪市场，最终找到了能够发挥自身优势的创业切入点，并努力使自己成为市场上的行家。

5.4 提炼企业使命

10年间，一个人、一家企业、一个行业、一个社会都可能会产生十分显著的变化。比尔·盖茨曾经说过，人们总是高估未来一两年的变化，低估未来10年的变革。创业是一个长期的活动，是在创业者对远方的憧憬下一步一步前行的，创业者更应该关注未来10年甚至更长期的变化。到那时社会将发展成什么样子？行业将变成什么样子？市场将变成什么样子？自己能在其中做什么？每个创业者心中都应装有一个"天下"，这个"天下"有大有小，这决定着创业者的行为，也就是创业者的"创业愿景"。通俗地说，愿景就是创业者希望企业未来应有的样子。愿景可以凝聚那些认同它的人与创业者一同打拼，在共同愿景的召唤下一步一步地实现创业的梦想，在激烈的竞争中走出自己独特的道路。

有远大抱负的创业者在共同愿景的基础上还要提炼指导企业前行的使命。使命可以被理解为创业企业为实现愿景而给创业者自己及其团队的长期行动方向和指引。例如，字节跳动的企业使命是"激发创造，丰富生活"；阿里巴巴的企业使命从始至终就是"让天下没有难做的生意"；爱迪生成立通用电气公司时的使命是"让世界亮起来"。这些富有感召力的使命成就了这些企业今天各自不同的样子。比尔·盖茨在其成功后曾经说过："在19岁时，我发现了未来，并且将我的整个职业生涯全部奉献给了这个未来，结果证明我是对的。"

创业者越笃信未来就越能坚定自己的脚步，越能克服创业路上的一切艰难险阻。天使投资人特别关注创业者的愿景，因为这代表着后者想将企业做成的样子和可能成长的规模，因此也能感知他对事物的认知深度与格局。科技创业者应该将自己对未来的美好憧憬与当下的科技创新紧密地结合起来，做一个用科技改变世界的弄潮儿。

5.5 把握创业时机

创业要避免在"红海"中竞争，尽量要选择当下的"蓝海"。当今的中国，创新层出不穷，创业也是如火如荼。"互联网+""+互联网""AI+""+AI"……在技术的跨界应用中会出现许多崭新的机遇，形成相对的"蓝海市场"。但是也应看到，只要有一家企业推出一个有吸引力的创新产品，就会有一批企业跟进，一同争抢新的市场，门槛不高的产品更是很快就会引发"红海争夺"。也有可能貌似是某人第一个发现了商机，在做的过程中却会发现其实早已有很多人看到了同样的机会，做着同样的事情。因此，基本上不存在持久不变的"蓝海市场"。领先只是暂时的，先动优势即使壁垒再高也无法长期保持。因此，创业要回归商业的本质，真正把握市场的刚需、把握条件成熟的时间窗口、尽快把业务做起来、快速形成业务"护城河"，这是成功创业的几个关键。就像集成电路光刻机，荷兰的阿斯麦公司持续把持全世界的市场到现在，依然有很多竞争者会出现。

5.5.1 政治、经济、社会、技术（PEST）影响

创业时机与宏观环境的变化和经济、技术的发展密切相关。需求存在但解决问题的综合条件不成熟也不能贸然开始创业。例如，"外卖小哥"业务就是在互联网经济充分发展、智能手机充分普及、电动自行车充分普及的前提下才应运而生的，如果回到移动互联网刚刚兴起、智能手机还属于中高端产品、电动自行车电池续航里程还十分有限的10多年前，相信再有外卖的需求也难以形成如此庞大的市场。因此，创业时机与PEST，即政治（politics）、经济（economics）、社会（society）、技术（technology）的发展水平紧密相连。前面章节提到创业者要在宏观、中观、微观三个层面加强认知就是这个道理，一定要选择外部条件都成熟的时机创业，哪一个条件不成熟都有可能令创业失败。

创业时机的把握仁者见仁智者见智，与要做的业务有关。在有些"快鱼吃慢鱼"的领域（如早期互联网时期），先动优势是非常有效果的，可以让创业者快速聚拢用户、形成壁垒。但在其他对速度不那么敏感的领域，有时成为第二个、第三个创业者反而更有利，这样可以观察和避免"第一个吃螃蟹的人"所犯的错误，作为赶超者更容易制定有针对性的竞争策略，而目标市场也会因为有前面企业的培育而变得更容易进一步拓展，成功的概率更大。尤其是在互联网经济已经发展到下半

场的今天，仅靠商业模式创新就能快速成长为一个"巨无霸"的年代已经过去了，创业者要想赢得竞争，更多地要靠科技创新，因此要有耐心和毅力，按客观规律一步一个脚印地走下去，服务好客户，扎实地发展。这样的创业需要有真正硬实力的支撑，要对市场有充分的把握，因此创业不一定要图早图快，要仔细分析细分行业和市场状况，结合对目标客户和市场机会的深入研究来判断应何时开始创业。

5.5.2 先发优势策略

在大环境成熟的前提下，"看到了商机就行动，做"从0到1"的创新，第一个推出创新产品与服务"是一种追求先发优势的创业策略。这种先发策略是在增量市场上耕耘，面临的风险是需要自己培育市场，做得不好可能成为"先烈"而不是"先驱"。对于有明显客户需求的"从0到1"的创新，采用先发策略并快速融资迭代技术是保持领先的关键。另外，先发策略还比较适合消费升级等方面的创业，如针对一个成熟的大市场中的某个细分群体推出新品类产品，引领时尚潮流，形成口碑效应。这样的市场相对容易培育，只需把大市场中的客户引流到自己手中即可，不需要过多地培育市场，越早创业越能获得竞争优势。例如，在饮料市场推出"元气森林""喜茶"等特色新品需要对城市年轻一族的日常行为特点研究得非常深入，这样才能在产品一经推出时立刻抓住客户，快速形成客户黏性和良好口碑，对后来者树立竞争壁垒。

案例 5-4：朗科 USB 存储器的先发优势很快被超越

深圳市朗科科技股份有限公司（以下简称朗科）是 USB 闪存盘的发明者，其于 2002 年和 2004 年分别获得了中国和美国的技术专利。在全世界率先推出这样一个创新产品后，朗科需要自己培育市场，投入资源去教育客户。但是此产品的主要构成是闪存芯片，有芯片实力或品牌实力的企业都可以做。因为客户对这个创新产品认可度较高，于是一两年后市场上就出现了众多的竞争者，爱国者、联想、七喜、索尼、闪迪、金士顿、东芝等厂商分别推出了自己的竞品。朗科竞争不过这些大厂，于是后来改变了竞争策略，加强专利运营，2008 年还起诉了美国必恩威科技公司侵犯朗科专利并获 1000 万美元专利许可费。

案例启示：

选择先动策略可以在一定时期内形成优势，但如果业务壁垒不高，那么即使有专利保护也很容易被有实力的巨头超越。这也是很多创业者被投资人经常问到的问题:"你的创新业务万一有其他大企业也进入,你怎么办?"

案例5-5:市场尚未被有效启动的超前创业

M公司是一家石墨烯粉体生产企业,成立至今仍未完全打开市场,艰难地为生存而努力寻找着产品的放量突破口。这家企业的石墨烯产品的技术指标和产品的批量化生产制造能力都很有竞争力,即使在当下也不落后,但为什么经营还这么困难呢?主要原因是石墨烯是一种通用的基础材料,需要结合某一行业才能落地成为最终的产品应用,而任何一个行业在利用新材料改进其原有产品时都需要反复进行试验,同时还要结合石墨烯材料本身的物理特性去考虑如何有效地与现有技术结合才能打造出有竞争力且质量稳定的新产品。这就意味着其要经历一个相对长的研发周期和试验考核周期,客户从接受概念到接受市场需要一个很长的培育过程,这是开发新产品的客观规律,不能违背。这样一来,石墨烯市场的启动就需要以其他行业应用市场的启动为前提,需要多方共同努力才行,给M公司开拓市场增加了很大的难度。可以说,M公司成立之初石墨烯在全世界都没有很成熟的应用,需要该企业花大力气去培育市场。加上M公司原本选择了一个合作伙伴共同开发石墨烯在锂电池领域的应用,而且实验室效果非常理想,结果合作伙伴自身经营出了些问题,迟迟建立不起应用产品的生产能力,换合作伙伴已来不及,公司的钱也花得差不多了,只得考虑将专利技术卖掉。

案例启示:

(1)这个案例有些代表性,高校科研成果转化过程中经常出现类似的情况。如果创新产品是基础性的通用中间产品,那么客观上需要结合某个行业应用才能扩大市场规模,并不能单独培育市场,要选择有实力的合作伙伴一起培育,同时在策略上尽量选择相对容易放量的技术应用方向。

(2)基于基础材料创新的创业不能仅在实验室得出良好性能指标后就启动,更不能误认为下游行业应用会十分简单、一帆风顺,而需要考虑下游行业的特点和市场启动难易程度,判断何时能够放量,以及潜在的市场容量有多大。

(3)做放量慢的创新产品对初创科技企业而言是个严峻的挑战,需要创业者有足够的耐心和资金储备,要防止长时间收不抵支,要具备跨过又大又深的"死亡谷"的能力。

5.5.3 后发优势策略

有一种说法叫"敢为天下后，后中争先"。小霸王学习机、OPPO 手机的创始人段永平就持这样的观点，他认为发现真实的客户需求非常不容易，在别人花代价发现了需求并培养了客户习惯后，如果能打造竞争产品满足这些客户的需求，并且能比别人做得好，那么胜算就更高。后发策略比较适合在存量市场上耕耘的创业者，或者是做"从 1 到 n"创新的创业者，他们通常对自身的执行能力充满信心。选择这种创业策略，创业者及其合伙人对行业和市场的认知最为关键，要充分了解竞争格局和竞争对手的优势、劣势，要有真正的硬实力（特别是科技研发实力和经营实力），还要准备好相对充足的"粮草弹药"——资金。

5.6 创业者其他相关准备

5.6.1 物质准备

根据创业初期的商业计划（特别是创新产品开发计划）判断设立企业时的最小资金投入，至少要保证产品能够开发出来并开始投放市场。同时，创业者还需要预估未来一两年每年的现金需求是多少、何时可以实现收支平衡、在销售收入支撑不了企业支出的情况下后续的发展资金至少需要多少、靠什么方式补充。根据这些判断筹措创业初始需要投入的启动资金，一定要足够坚持到下一笔资金进入或者自身现金流为正，最好是在最小资金需求的基础上适当加上一些风险余量。启动资金在创业者自身力量不够全部解决的情况下还需要做种子轮融资，如向亲朋好友筹措，或者找种子轮天使投资人融资。

5.6.2 心理准备

在创业路上遇到各种各样的困难是必然的，创业属于九死一生的高风险活动，没有一个创业企业是在一帆风顺的情况下成长壮大的，创业就是在克服一个接着一个困难与挑战的征程上逐步走向成功的，其中很多创业者因为没能跨越某个沟坎而失败。这是创业者必须有的风险认知，有了对创业可能遭遇各种困难的心理准备，即使失败也仅是创业征程上的一次挫折，大不了再来一次，不会使创业者一蹶不振。

在创业过程中，"人"和"事"都有可能出现问题，在团队构成、能力、协作、管理、激励等方面都可能会遇到阻力和挑战,在产品开发、生产制造、营销推广、合作伙伴维系、收入获取、贷款融资等方面也会遇到困难和障碍。成功的创业是干出来的,不是想出来的。即使分析得再头头是道、计划得再周全,实际经营中也一定会出现与预想有较大出入甚至截然相反的结果,风险就是可能给企业造成不利影响的不确定性。能够事先对下一步要做的事情有整体把握、对可能的风险做出预判、面对随时出现的问题及时做出响应、拿出早有防范的解决方案应是创业者必修的功课。稳健创业的关键就是能够事先防范并随时应对不确定性。

5.6.3 其他创业准备

家庭的支持对创业者而言是十分重要的,创业者在创业前必须征得家人、近亲的理解与支持,至少让他们不拖后腿,不会因为创业需要投入较多的资金、创业初期还可能没有任何工资收入、经常早出晚归、不能享受周末与家人的安逸生活等创业者必然面对的情况而影响家庭和谐。家人支持越坚决,创业者的创业决心越大、越能放手一搏,成功的概率也就越大。行业人脉关系的建立、积累及合伙人的物色也是需要在创业前提早进行的。

需要指出的是,岸上演练虽然是必需的,但当自己处于大海中时创业者会尝到海水的苦咸,感受海浪的汹涌,下海后,很多在岸上的认识会因为有了更真切的感受而发生改变,只有在真实的大海中航行才能得到最准确的理解和感悟。因此,创业就是在实战中自我完善、自我成长的过程。

最后,作为科技创业的典范,马斯克在加州理工学院毕业典礼的演讲中所讲述的创业历程及创业感悟,可以令读者从中体会到一个改变世界的科技创业者应如何做出自己的创业选择。

案例 5-6:马斯克的创业自述

小时候,人们常会问我,长大要做什么,其实我也不知道。后来我想,搞发明应该会很酷吧,因为科幻小说家亚瑟·克拉克(《2001太空漫游》作者)曾说过:"任何足够先进的科技都与魔法无异。"想想看,300年前的人类如果看到今天我们可以飞行、可以远距沟通、可以使用网络、可以马上找到世界各地的资讯,他们一定会说,这是魔法。要是我能够发明出很先进的科技,不就像是在变魔术吗?

我一直有种存在的危机感,很想找出生命的意义何在、万物存在的目的是什么。

最后得出的结论是,如果我们有办法让全世界的知识越来越进步,让人类意识的规模与范畴日益扩展,那么,我们将更有能力问出对的问题,让智慧、精神得到更多的启迪。所以,我决定攻读物理和商业,因为要实现这样远大的目标,就必须了解宇宙如何运行、经济如何运作,而且还要找到最厉害的人才团队。

1995年,我进入斯坦福大学念博士,想要找出提高电动车能量密度的方法。例如,有没有更好的电容器可以当作电池的替代品。但那时,互联网兴起,我面临两个抉择:继续研究成功概率不大的电容器技术,或者投身网络事业。最后,我选择辍学,参与网络创业,其中一家就是PayPal。

创立PayPal最重要的领悟来自它的诞生过程。我们原先打算用PayPal来提供整合性的金融服务,这是个很大、很复杂的系统。结果,每次在跟别人介绍这套系统时,大家都没什么兴趣。等到我们再介绍系统里面有个电子邮件付款的小功能,所有人都变得很感兴趣。于是,我们决定把重点放在电子邮件付款上,PayPal果然一炮而红。但是,当初要不是注意到别人的反应并做出改变,我们或许不会这么成功。所以,搜集回馈很重要,要用它来修正你先前的假设。

创办PayPal成功后我开始想,眼前有哪些问题最可能影响人类的未来。我认为,地球面临的最大问题是可持续能源,也就是如何用可持续的方式生产和消费能源,如果不能在21世纪解决这个问题,我们将灾难临头。而另一个可能影响人类生存的大问题是如何移居到其他星球。第一个问题促使我成立了特斯拉和SolarCity(美国最大的屋顶太阳能系统供应商);第二个问题则让我创立了太空科技公司SpaceX。

2002年,为了解决太空运输问题成立了SpaceX。当时跟我谈过的人都劝我不要做,有个朋友还特别去找了火箭爆炸的影片给我看。他其实也没错,我从来没做过实体的产品,所以一开始真的很困难,火箭发射连续失败了三次,非常煎熬。但我们从每次失败中学习,终于在2008年的第四次发射成功,让猎鹰一号进入地球轨道,那时我已经用光了所有资金,幸好成功了。之后,我们的运输火箭从猎鹰一号做到了猎鹰九号,又开发出飞龙号太空船。最近,飞龙号在发射升空后成功与国际太空站连接再返回地球。我真的捏了一把冷汗,不敢相信我们做到了。但是,想要让人类移居到其他星球还有更多的目标要实现,所以,我希望你们也来加入SpaceX或其他太空探索企业。这不是看衰地球,事实上,我对地球的未来还蛮乐观的,我认为有99%的概率人类还可以安居很长一段时间。不过,就算地球只有1%

的未来风险也足以刺激我们提早准备，做好"星球备份"。

2003年，为了证明电动车的潜力，我创立特斯拉。以往很多人都认为，电动汽车速度太慢、跑不远、外形又丑，跟高尔夫球车没两样。为了改变人们的刻板印象，我们开发出了特斯拉Roadster，一款速度快、跑得远、造型拉风的电动跑车。所以，想要做企业，你必须实实在在地做出产品原型，因为再怎么精彩的纸上作业、PowerPoint报告都比不上拿出实际产品有说服力。Roadster面世后，又有人说："就算做得出昂贵的限量跑车，你们有本事做真正的量产汽车吗？"没问题，我们推出四门房车Model S证明给大家看。

这就是我一路走来的创业历程。我想说的是，你们都是21世纪的魔法师，想象力是没有极限的，别让任何事情阻止你们，尽情地变魔法吧！

以下，我要分享几个追求成功的秘诀，有些你们或许已经听过，但很值得再次强调。

（1）非常努力地工作。想创业的人尤其要如此。当我弟弟和我一起创立Zip2的时候，我们没有购置任何房产作为工作场所，反而在一间又小又普通的办公室里开始我们的事业，我们大部分时间都花费在那个小小的沙发上。我们互相讨论想法，当时我们只有一台计算机，白天需要用计算机运营网页，只能在晚上编码。我们每周7天几乎都在工作。当时我有一个女朋友，她为了跟我在一起不得不睡在办公室的沙发上。如果要快速成立自己的企业，努力工作是必需的，你可以做一个很简单的数学计算，别人工作50个小时，但是你工作100个小时，你会比别人多干两倍的工作。1999年4月，康柏电脑公司旗下企业Altavista以3.07亿美元现金外加3400万美元股票期权收购了Zip2。

（2）吸引顶尖人才与你共事。企业是一群人集合在一起创造产品或服务的组织。不论你要创业或进入企业工作，关键都得与顶尖人才共事。你应该设法加入一个优秀团队，跟那些让你佩服的人一起工作，创业的话，更要想尽办法找到最优秀的人才。

（3）聚焦于信号，而非杂音。很多企业混淆了焦点，花很多钱去做一些不会让产品变得更好的事情。在特斯拉，我们从不做广告，而是把钱投入研发和生产设计，不断改进产品。每家企业都应该自问，我们所做的这些事情到底有没有让产品或服务更好，如果没有，就应该喊停了。

（4）不要盲目跟随潮流。物理学研究的第一性原则，不要以类比的方式推理，应该从最根本的真理开始思考。物理学家就是运用这种原则搞懂一些反直觉的东西，如量子力学。所以，多利用这个原则判断你做的事情是真的合理、有意义，还是说你只是在跟随别人？如果你想开创新事业、开发新产品，这是最好的思考方法。

（5）年轻人应该冒险追梦。年龄越大，要承担的责任越多。有了家庭后，你在面对可能会失败的风险时往往还要考虑到身边的其他人。所以，我会鼓励你们，现在是最佳时机，有梦想就放手去做，保证你们不会后悔！瞄准月亮，如果你失败，至少可以落到云彩上面。我认为人们可以选择不平凡，一个人的一生，如果没有经历几次失败，就会错过挑战自我极限的机会。人们太害怕失败了，人们过于放大了对失败的恐惧。想象一下，失败会怎么样？可能会饥饿、会失去住所，但我觉得要有勇气去尝试。有的时候，人们自我限定了自己的能力，他们实际上没有意识到自己的能力有多大。人生的历程总是伴随着无数次的成功与失败。既然我们选择了创新，就不能畏惧失败，而是要从每次的失败中去咀嚼事物的本质。通过不断地试验，终能成功。就我而言，我永远不会放弃，我的意思是绝不！我接受失败，但不接受放弃。

（6）你的目标很重要。如果我纯粹是想优化我的财富，那么我不会选择这些企业。我会在房地产或金融业，或者，坦率地说，在石油业工作。但我们需要考虑的是，人活着到底是为了什么，人活着的意义是什么，我们正在做的事情是不是在扩张人类的智慧版图。我在大学时总是想什么最能影响人类的未来，事实上，唯一有意义去做的事就是努力提高全人类的智慧，为更高层次的集体文明而努力一生，这就是活着的意义。从PayPal一路走来，我一直在想："好吧，什么是最有可能影响人类未来的因素？"而不是考虑"什么是最好的赚钱方法？"对我来说，我要做的是有意义的事情，尽我所能使这个世界变得更加美好，这是我想做的事情。我想改变世界，希望能够尽我的努力创造一个新世界，使人们享受生活，这是我想做的事情。为此，我不介意冒险。我希望我做的事能对人类的生活起着深远的影响。要么不做，要做就做历史性的。

马斯克的创业历程告诉人们，创业要循着自己的梦想去做，想象力是创新的源泉，但想象力也需要强大的毅力和强有力的资金支持才能实现。对于马斯克来说，首次创建PayPal最为关键，通过踏踏实实经营，他最终成功地将公司卖出，从而奠定了他后续多次创业、实现更多更大梦想的坚实基础。因此，本书重点讨论的是如何让自己成功迈出科技创业的第一步，这需要一步一个脚印、扎实地去做。

🔍 本章要点

> 不要做不熟悉领域的创业。

> 创业除了要从兴趣出发，还要符合行业发展的趋势。

> 创业前要从宏观、中观、微观的角度逐层深入分析未来的趋势、市场的变化和当下的客户需求。

> 可持续发展是贯穿创业始终的重要理念和原则。

> 选择创业赛道首先要考虑自己最擅长、能做出差异化产品、有可变现的模式、有机会跑出行业前三的领域，同时行业应处于朝阳期、顺应未来发展趋势、国家政策鼓励。

> 创业起点不应从自己有什么开始，而要从发现市场需要什么开始，再结合自己有什么来找创业切入点。

> 市场细分理论可以有效地帮助创业者识别并明确目标市场，确定与竞争对手差异化的市场定位。

> 确定创业切入点就是在选定的赛道上找到与竞争对手差异化的市场定位和客户价值主张，以此为指导打造创新产品与服务。

> 创业前的市场研究和规划只是让创业少走弯路，创业实践过程中对实际市场的深化认知和行动对策才是创业者走向成功的"真修行"。

> 根据宏观PEST和中观市场竞争情况确定适合自己的创业时机。

> 做好启动资金的预测和筹措，保障企业能够坚持到下一笔融资到位或者可以自收自支。

> 创业前需要获得家庭的支持，做好遭遇各种困难与挑战的心理准备。

🔍 主要概念

可持续发展，朝阳市场，产业结构，行业竞争格局，创业赛道，创业切入点，用户痛点，用户痒点，用户刚需，商业机会，STP理论，细分市场，目标市场，市场定位，客户价值主张，企业使命，PEST分析，创业时机，先发优势，后发优势

思考题

1. 选择创业方向要考虑哪些因素?
2. 加强宏观、中观、微观角度认知和未来趋势的判断对创业有什么好处?
3. 选择创业赛道时应做哪些思考?
4. 市场细分理论对创业选择有何帮助?
5. 什么是用户的痛点、痒点、刚需?
6. 怎样选择创业切入点?
7. 创业愿景与企业使命的区别是什么?
8. 选择创业时机要考虑哪些因素?
9. 创业前要做哪些必要的准备?请说出最重要的几项。

第 6 章　组建团队，开启创业历程

学习目标

1. 了解创业团队的组成及其在创业中的重要性。
2. 理解创始人、合伙人及员工的不同角色定位。
3. 掌握组建团队的原则、初始股权设计与团队股权激励。

思维导图

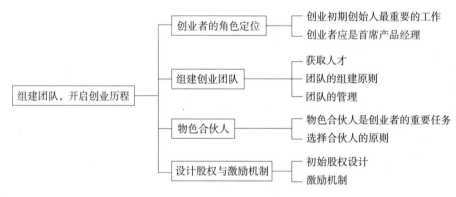

本章导学

本书开篇曾用"创业树"描述一家创业企业，那是为了形象地说明创业各组成要素及其之间的关系，是对创业体系的静态描述，目的是使创业者对创业形成一个系统的概念。而要动态地运行一家创业企业就好比骑一辆自行车，在骑手的操控下车子主要依靠两个轮子向前行驶，"骑手"就是创业团队，对应的是"人"，整辆自行车对应的就是"事"，两个"轮子"就是产品和商业模式，"创新"则是动力总成，如图6-1所示。

图6-1 运行科技创业企业示意图

本章将开始讨论创业者应如何设立和运行一家创业企业。先有人后做事，本章重点讨论"人"的问题，即初始创业团队的组建；后面章节将讨论"事"的问题，重点放在经营初创企业的两个重要抓手，也就是两轮驱动——如何打造创新产品与服务、如何设计好商业模式。

组建创业团队是创业过程中最重要的工作，再伟大的事情也是人做出来的，所以创业成功最关键的要素就是"人"，关键是创始核心团队。创始人在前期筹划创业的过程中要尽早物色一些有兴趣跟着自己一起做事的核心成员，一同进行必要的准备，磨合得越早越有效率。

6.1 创业者的角色定位

在组建创业团队前首先需要明确创业者自身的角色定位，创始人是创业企业的缔造者，无论他怎样组建团队和设置什么样的岗位，他都当仁不让地承担着企业方方面面的终极责任。因此，他必须是全身心投入的，通常意义上在创业之初应该是企业最大的股东、董事长或首席执行官，除此之外，在某种意义上他还应担任企业首席人才官、首席产品经理、首席销售经理、首席战略官等重要岗位，这就需要他尽量成为能力较为全面的人。说这些的目的不是论证创业者要无所不能，而是强调他的责任，当然，个人能力全面一些对创业是最有利的。企业运作的好坏与创始人角色扮演得好坏高度相关，他应该知人善任、拾遗补缺，把自己擅长的事情做到极致，自己不擅长的则激励他人做到极致，或者在需要的时候辅助他人做到极致。创业者是一个领袖，领导且管理团队朝着既定的目标前进；创业者是伯乐和刘备，既应识人善任，又应有三顾茅庐的雅量；创业者是企业的后勤部长，企业的任何需要他都要想办法满足。

案例 6-1：枭龙科技创始人史晓刚的自我转变

企业创始人应是多面手，经常要代表企业做一些"走出去"的事。史晓刚是技术出身，本来不善言谈，对企业管理也了解得不深，但创业改变了他。由于融资和推广业务的需要，史晓刚经常要代表公司接触媒体和众多投资人，而找别人代言效果会大打折扣，因此他努力克服自身的弱点，每次面对公众都事先做足准备，现在史晓刚已很适应公开演讲。由于公司发展得比较迅速，员工从最初的几个人发展到近百人，为了能跟得上发展节奏，史晓刚勤奋学习企业管理，补足自己在企业经营管理方面的短板，同时在业务挫折中学会了坚持，对认定的目标毫不怀疑，这些自我完善使枭龙科技在他的领导下得以快速发展壮大。

案例启示：

要成为企业领袖，科技创业者不能仅满足于懂技术，还要强化培养自身综合能力，善于学习、敢于突破自我，做一个全面的领导者。遇到挫折时要善于找背后的原因，敢于决策、果断变革。这个自我成长的过程会伴随创业的始终，这也是创业本身给创业者带来的无形价值。

6.1.1 创业初期创始人最重要的工作

虽然创始人有这么多角色和职责，但在创业初期他最重要的工作就是"找人"和"找钱"。前面章节提到过，创始人一定是有梦想和愿景的，"找人"和"找钱"

就是在这样一个愿景的感召下能够发现并吸引认同创业愿景的合作者和投资人。因此，创始人的愿景大小及为此付出的行动决定了他能吸引到什么样的合作者和投资者。如果创始人只想开一个饭店，那他能吸引到的都是希望以此谋生的店长、厨师、服务员等，愿意投资的也都是希望从饭店盈利中分得一杯羹的家人、朋友之类的投资人。如果创始人希望做一件颠覆性的事业，且他也有相应的才能，那么他有可能吸引到具备同样想法和能力的企业高管等有经验的专业人士和高学历人士加盟，愿意投资的就有可能是那些专业的天使投资人和风险投资基金。另外，除愿景和事情本身的可行性之外，创始人的个人魅力和性格特质也会影响其所能吸引到的人和钱。总之，创始人在创业初期需要使出浑身解数物色、吸引与其事业相匹配的人和钱，本章重点讨论如何"找人"。

6.1.2 创业者应是首席产品经理

在业务上，科技创业者首先应具备产品经理思维，而且要伴随创业的始终，这在创业初期尤为重要，因为创业是从打造创新产品开始的，企业经营的好坏与产品打造的好坏高度相关，即使不通过产品直接获利，产品也是企业获客的工具和连接用户的纽带，企业必须保证用户有好的产品体验。从这个意义上讲，创业者始终要对产品负责，就像是企业的首席产品经理。产品经理思维在这里指创业者需要有发现需求、满足需求、最大化客户价值、转化价值货币的市场意识和打造产品时兼顾客户价值和企业营销需求的系统设计思维。经营产品是经营好科技企业的最低要求，随着业务的成熟，从单纯地经营产品可以上升到经营客户和经营品牌。因此，创业者要在最初的产品研究和设计上下功夫。能够识别目标用户和发现商机并不代表能抓住用户，技术再先进也不意味着能获利，有能力打造出满足用户需要的、有价值的创新产品或服务并成功卖给他们才是创业最重要的。一个好的产品经理需要精通业务领域，懂产品设计，理解技术及其运用，具备用户角度的思维，善沟通协调、了解市场，对数据敏感、了解营销，甚至懂些心理学、了解时尚。无论企业发展多大，创业者始终都要关注企业的主要产品与服务，这是企业安身立命的基础。

案例 6-2：大数据公司创始人产品能力弱，用项目经理充当产品经理

B 公司创始人张博士是数据分析专业出身，有丰富的专业经验和能力，团队在自然语言处理、数据仓库、建立模型和分析数据等方面也具有较强的实施能力，创业之初其主要靠揽接有大量活跃数据的、各类机构的数据分析项目而获取收入，是一家项目型的企业。

张博士意识到始终靠做定制化的咨询项目很难将公司发展起来，于是产生了开发产品的想法。但是因为一直是项目开发模式，公司没有真正意义上的产品经理，有的只是销售和项目经理，其他都是工程师和咨询师。张博士虽然重视产品开发工作但也没有经验，认为多听听一线销售的信息反馈和意见，结合项目经理的管理能力和工程师、咨询师团队的实施能力就能把产品做出来了，于是为此专门成立产品开发小组，安排项目经理兼任产品经理。他们注意到当下市场上对数据分析相关人才的迫切需要，准备利用企业在这一领域多年积累的经验和能力，面向高校学生开发一款数据分析建模的教学软件产品，他们认为卖点有两个：①学生不需要具备软件编程能力即可通过拖曳模块的方式建立分析模型，培养学生的数据建模思维和解决数据分析问题的能力，实现"傻瓜化"操作。②教学软件中还嵌入了很多自身在做项目时积累的工具软件，希望学生也可以利用这些工具训练解决实际问题的能力。在投入很大的精力终于开发出来产品后，面向高校销售的效果十分不理想，仅有一两所高校实际采购。

案例启示：

（1）产品失败的原因主要在于对目标用户的需求分析得不够透彻，产品设计中想当然的成分过多。具体来说，在用户层面，高校里与数据分析相关的专业有文理科之分，理科生普遍具备编程能力，用"傻瓜化"的模块进行拖曳式教学过于浅显，不能满足他们的需求，而文科生没有编程能力，需要了解建模过程，没有能力使用数据分析工具。这样一来，企业设计的产品功能和卖点就成了"鸡肋"，泛泛地说都很合理，但仔细分析起来，理科生不解渴，文科生不会用，都没能很好地满足用户需求，产品销售受阻是必然的了。

（2）企业的"一把手"需要具备高度的产品思维，在岗位设置和用人方面需要有能力匹配的产品经理，而不能仅在形式上满足、随意派个无此能力的管理者承担产品经理重任。企业需要在开发产品前认真调研用户需求，没搞透彻之前不可轻易投入大量的资金和人力草率地开发，否则会造成重大损失。

6.2 组建创业团队

（1）产品与技术研发团队在科技企业创业初期是最重要的。科技创业初期，创始人首先应组建两个基本团队——产品团队和研发团队。产品团队负责研究客户、定义产品、建立天使客户关系；研发团队负责技术、开发产品、实现产品功能。一个科技创新产品从设计规划到推出新品，再到批量化投放市场，都是要符合客观规律的，一定要经过一个逐步验证的成熟化过程，这个过程有时是复杂且艰难的，它取决于技术的突破、工艺的创新、流程的优化、测试的完善、质量的稳定等因素。因此，团队的产品能力要随着任务的需要而加强，这个产品能力是科技创业企业早期的重要经营实力和关键价值。

在正式成立创业企业之前，创始人需要事先整合一个"小而精"的产品核心团队和研发核心团队，达成创业共识，做好市场调研和研发准备，并以这个团队作为种子在创业初期快速招募人员，形成一个有执行力的完整产品开发团队，以保证创业企业的顺利起步。这些核心员工虽然可能不是合伙人，但一定是在企业发展过程中的中坚力量，因此，应该善待他们，让他们与企业一同成长进步，他们也是企业的稳定器。企业创始员工离职对创业企业团队士气的影响是巨大的，应尽量避免，即使无法挽回也要妥善公正地处理，以让团队安心。

（2）创始人必须亲自面试员工。随着企业发展，创始人需要根据阶段目标补充对应岗位的创业团队成员，不同阶段的任务侧重不同，团队也应从最初的产品、技术岗位开始逐步增加人力、市场、销售、服务、工程、运维、行政等岗位的员工。创始人应该根据企业的资金情况谨慎测算每个阶段企业需要补充的团队成员，明确什么条件下需要增加什么能力的人，把握增长节奏，并要亲自面试关键岗位员工。在创业早期，创始人应尽量做到面试每个员工，绝不能把这个环节下放给人力资源去做，因为创业早期的人员构成与能力是企业生死的关键，能否形成符合创始人期望的、有执行力的团队，其关键的环节之一就是创始人亲自与应聘者的接触、交流，应聘者也可以通过与创始人的交流感知创始人的风格、愿景和创业企业的前景，以此判断是否应当加入该企业一起奋斗，这是判断双方价值观和愿景是否一致、是否决定要一起共事的必要环节。创始人在企业发展的全过程自始至终都要关注和盘算"人"的问题，包括用什么样的人、用多少人、怎样用人、激励和惩罚制度如何设计和落实等。从这个意义上讲，创始人始终是企业的"首席人力资源经理"。

（3）不要为省钱而雇用能力不匹配的人。创业早期企业的资金往往是有限的，所以创始人在用人上需要精打细算，把钱花在刀刃上。在用人原则上既不要缺岗，也不要设置多余的岗位，宁可多付出代价请有能力的人多承担任务，也不要为压缩薪资而请能力不匹配的人。有些创始人认为员工能力是可以逐步培养的，只要三观一致能力差点也可以用，在企业处于稳定发展阶段的非核心岗位可以这样，但在创业初期每一个岗位都是重要的，这样堆砌起来的企业极可能人浮于事，貌似节省了开支，实际上效率低下，甚至做不出想要的结果，反而浪费了有限的资金和宝贵的时间，这对初创科技企业来说是致命的。

案例 6-3：初创 IT 企业创始人高效创业

H 公司是一家软硬一体做软件定义存储解决方案的初创 IT 企业，王先生是创始人，创业之前在一家 500 强的跨国公司担任运营总监。在创业之初他联络了 3 个在该跨国公司共过事的同事一同创业，他负责创业公司的主要投入，持有公司全部股份的 80%，其他 3 人各出了一小部分资金，共持有公司股份的 20%。几个人各有侧重，一个人负责软件开发，一个人负责硬件开发，另一个人负责运维和服务。为节省成本，王先生作为 CEO 一开始还兼任产品经理和行政经理，一方面联络重要客户、了解产品需求、与几个开发负责人讨论产品，另一方面提供行政支持。因为自己不是研发工程师，不用加班写代码，有时间做些杂事，所以为了让产品早点开发出来，王先生亲自为一线人员提供"保姆"式服务，订餐用车一切均管，在他的带领和服务下大家干劲十足，加班加点开发调试，终于在 6 个月以后拿出了第一款可以给客户试用的产品，并成功融到天使投资，顺利开启了创业。

案例启示：

创始人始终应以创业目标为导向，在做好"找人""找钱"工作的同时，还要在创业之初扮演多种角色、精简用人，保证团队的效率和战斗力，尽早拿出产品面向市场，争取早日到达创业的第一个里程碑。

6.2.1 获取人才

获取人才的途径有许多种，可以通过市场招聘，也可以靠合作伙伴推荐，还可以从竞争对手处挖人，企业规模大了以后还可以通过猎头挖人，但除了企业人力资源部门承担团队建设的重任之外，最有效的方式是创始人亲自挖掘企业需要的重要岗位人才。创业之初创始人一般是从身边的同事、同学、朋友等熟人范围内物色较为关键的人员一同创业，他们有些可以成为合伙人，有些是核心员工，随着业务的进一步发展，企业再逐步通过人力资源市场招聘或挖掘人才，而且人力资源部招聘的重要员工需要创始人亲自面试，只有这样才能尽量保证团队符合企业发展的需要，甚至在企业从 10~20 人成长到 200~300 人规模的时候，创始人仍然需要亲自面试关键岗位的员工。

6.2.2 团队的组建原则

创业初期为了能快速高效地组织起一个能战斗的团队，企业应遵循如下组建原则。

（1）价值观相同原则。创始人的理想、愿景和目标是指引创业企业发展的方向，创始人的三观和个人行为、做事的方式都将影响创业企业的整体行动力。如果聚集了一些价值观不同的人，那么他们能力越强越容易起反作用，对企业危害越大。有些创业者上来就希望以企业文化影响和规范员工的行为，殊不知这是管理大企业才需要采用的，是一个慢慢形成的过程。初创企业中创始人的风格特点和价值观追求就代表了企业文化，因此对团队最有效的管理就是创业者在选人时严格遵循与自己价值观一致的原则，并在经营管理过程中明确企业倡导什么、反对什么，并带头示范、严格执行。

（2）适用原则。员工能力应该与岗位所需要具备的能力相匹配。高于这个能力要求固然好，但成本高也恐难长久留住，短时间突击任务可以，长时间一定要让其适配更高级的岗位；低于这个要求则无法胜任工作，会浪费初创企业宝贵的精力。有些创业者喜欢使用价值观相同且忠诚但能力暂时欠缺的员工，这样做的好处是给员工很大的动力和成长空间，成长起来后他们对企业的感情更深、更稳定。但这种情况只有在企业上升到一个新的台阶并解决了生死问题之后采用才会比较好。对于一个初创企业来说没有时间培养员工，必须争分夺秒地抓住市场机遇快速成长，因此保证团队能力适用和具备强大的执行力是十分重要的。

（3）够用原则。初始创业团队不要贪大图多，而要图精。为了使企业快速运转，要在每个关键岗位都有匹配的人。初期要保证产品团队和技术研发团队有足够的执行力，至于生产制造、工程实施、市场销售和售后服务等岗位，在创业初期不一定要急着到位，可随产品开发进展情况及时补充。因此，创业者要根据企业的资金情况把握好用人的节奏，不能着急也不能滞后。另外，创业者还要考虑新员工的适应周期，及时补充业务需要。

（4）高效磨合原则。效率对初创科技企业获取先机十分重要，所以，最好是由一个事先磨合过一段时间的团队共同创业，大家彼此熟悉，了解各自的能力和长短板，这样快速出成果的可能性就大很多。如果创业之初没有这样的完整团队参与，那么可以退而求其次，尽量保证几个关键岗位的负责人与创始人有过合作或相互熟悉。

（5）共同进步原则。打造一个学习型组织是科技初创企业提升能力的法宝。包括创始人在内，每个人对市场的认知、对客户的了解、对技术的掌握、经验的积累等所有可以提升企业经营能力的重要问题都需要在不断地学习中深化认知、在研讨中积累进步、在碰撞中开拓创新。创始人要安排一个全员学习的长效机制并带头践行，让每个人都能围绕企业的业务需要不断学习、自我成长，从而使企业解决问题的能力不断提升。

6.2.3　团队的管理

1）强化执行力

执行力就是实现目标的办事能力，其以目标为导向。创始人制定的目标再符合实际，如果欠缺执行力也不可能按时完成。创始人首先应该令自己是一个强执行力的人，对关键目标的实现要做到心里"有谱"，对变化能及时发现，要有预案，要懂得用同样有执行力的人，对需要他人完成的重要事情要关注最初的方案细节和过程的进展，不能放任，也不能想当然。团队同样要做到这样，一级一级传递，直至最基层的执行者，只有做到这样才能说整个团队是有执行力的。有些创业者战略和计划制订得都很好，可一到落实就走样，就是不能按计划完成，变来变去，最后拖死自己。这就是他们想当然了，认为团队会执行好，做了"甩手掌柜"。实际上问题可能就出在某一个关键环节的执行人身上，这个人执行力不行就意味着创业者的执行力不行。创业者是要对整体结果负最终责任的，出现这样的问题有些人会推卸责任，而不是马上反思自己的问题，这是没有执行力的弱者行为。因此，创业者从选人开始就要考察其执行力，重要事项还要亲自关注，做到双保险。马斯克就是这样的创业者，所以才能实现那么多高不确定性的创新。

2）制度化管理

随着企业持续地发展，团队成员会越来越多，创始人对团队的管理也将会变得越来越困难，甚至连员工名字都叫不上来了。这个时候就不能再靠事必躬亲的领导方式带领团队了，一定要靠制度、靠文化、靠岗位职责的科学设计、靠授权、让听得到"炮声"的人指挥、靠为员工个人成长着想的选人用人机制。要让肯做事、能做事的员工做得起劲、做得舒心，淘汰不思进取或偷奸耍滑的不称职员工，让员工个人的职业成长在企业内部即可完成，只有令员工感觉有"奔头"、能成长，工作才能有动力，才会主动为企业解决问题。

创业企业的文化其实就是创始人及其核心管理团队在一言一行中形成的为人处世风格、习惯、对制度的设计与执行带给人的感觉。如果创始人与核心团队都是积极进取的风格，辅以配套的管理制度和用人机制，就可以形成积极进取的企业文化。

要杜绝那种"救火队员"式的任务安排，工作要有系统、有计划，否则员工会感觉所做之事没有价值，长此以往会导致想做事的员工流失。那些管理杂乱无章的企业，即使其业务水平再高也不会有稳定的团队，在频繁换人之间企业好员工不断流失，业务因此停滞不前、发展缓慢，最终导致企业失败。

企业制度就是全员契约精神。一流企业都是制度大于人，创始人和员工都应该严格遵守，没有法外之人。好的制度要做到以下几点。

（1）向善。很多时候创业者会觉得团队不够优秀，这有可能是"人"的问题，更有可能是"制度"的问题。人性都一样，"坏人"能在好的制度中变好，"好人"也能在坏的制度中变坏。如果业务考核指标（KPI）设定得不合理，或者本是需要合作的部门却由于制度和KPI设计而相悖，那么员工处于其中时就很可能倒向恶的一面，因此，企业需要好的制度导人向善。

（2）鼓励先进，淘汰后进。在工作态度上员工通常会分成几种类型：积极进取，追求自我价值实现的；不主动争取，但努力完成领导交代的任务的；安于现状，倾向于保护自身利益的；发现组织漏洞、不顾组织利益、想方设法使自己利益最大化的。就像枣核一样，头尾两种类型的员工都是相对少数，中间两类员工数量最多。这就需要企业的制度能够做到激励第一类员工，鼓励、鞭策第二类、第三类员工，淘汰第四类员工。

（3）公平、无死角。公平不是平均，要让拼命创造业绩的员工多得奖励，而不是所有人均分。公平应该是机会平等、过程平等，人人都有同样的机会努力创造价值，而不是吃大锅饭。

（4）形成合力。如果制度令每个部门封闭起来只考虑自己的绩效，那么企业整体就形不成合力。就像索尼公司，其相机部门、电视部门、音响部门都有世界上非常先进的技术和产品，可就是做不好手机，因为每个部门都不会把"看家"的技术贡献出来，怕其他部门"抢了自己的饭碗"，这就是制度造成的"内卷"。创业者要站在更高维度通盘考虑制度的设计，保证企业整体效益最大化。

（5）没有冗余。当一家企业开始抓考勤，就说明它开始走下坡路了。因为走上坡路的企业根本没有时间管员工的考勤。业绩不增长，管理者很焦虑，总想做点什么，使老板觉得大家都很努力。明明是经营策略或研发方向的问题，却出台一系列考勤和降本的规定：惩罚迟到早退，取消各种补助，纸张双面打印等。于是员工眼里开始盯着这些琐事，企业开始"内卷"，走向恶性循环。创业者要思考哪些制度真有用，哪些制度可能有害，要去掉不必要的冗余制度。如果创始人的格局打不开，不从业务根本去思考问题，就只能"内卷"，令企业慢慢走向失败。

3）创始人是企业的"天花板"

创始人的格局和包容度决定了他能否吸引专业能力超过他的人才，并用好、留得住这样的人才。这也是与创始人的梦想、愿景和实际所做的事业前景相关联的，只有前景向好，企业制订的用人政策和激励机制才能发挥效用，否则都是表面文章，不会在团队中引起波澜。

有些创业失败不是毁于竞争，而是毁于创业者自身的缺陷——自私和贪婪，最直接的表现就是不舍得分享利益。一些创业者天天喊着学习华为，要求团队学华为员工的"狼性"，但一到发奖金的时候就想尽办法"节俭"，只想给团队"吃草"，却总希望团队成员变成"狼"。这是不懂人性，也是自我贪婪在作祟。任正非曾经说过："只要我不要钱、少要钱，世界就是我们的，如果我要钱、多要钱，世界就缩到我家了。"格局和认知不是嘴上功夫，只有少部分成功的创业者能做到"知行合一"。作为团队领袖，创业者要始终清晰地认知自我：创业的目的到底是什么？是要头顶的太阳还是要脚下的黄金？选择了太阳就要放弃黄金。有了这样的理念，团队才会觉得是为自己工作，企业才有机会做大做强。

企业发展是解决用人问题的良药。创始人只有想方设法让企业不断发展（包括产品成熟、销售增长、融资扩大、市值增长等），团队才能稳定、有朝气，反之，稳定好员工和激励好团队也可以使企业更快地发展，这是辩证的关系。一旦企业发展停滞，一系列用人的问题就会出现。人心思变，人往高处走，出于个人成长的原因可能会有员工离职，这也无可厚非。这时只有靠创始人与核心管理团队的定力和总结反思，抓到问题的本质和症结点，坚决下手治理和调整，才能使企业重新发展起来。如果趋势和大环境已经发生改变，无法再按照原定方向继续前进，那么就需要创始人带领团队转型，只有成功转型才能让企业继续成长下去。

案例 6-4：医疗设备企业频繁换人最终举步维艰

Q 公司是一家初创的医疗设备企业，从日本引进了一项先进的专利技术，创始人与产品开发的核心团队在日本期间一起共过事，在创业初期顺风顺水，很快就集中力量开发出了呼吸机产品。接下来就需要申请医疗器械许可证了，创始人从产品研发团队中动员了几个人负责资质申请和产品生产，进展也算顺利。但在获得医疗器械许可证之后问题陆续出现了。

创业团队中绝大多数人都是技术研发出身，缺乏市场拓展经验，于是公司集中引进了一批市场营销人员。创始人对产品能否有效打开市场没有把握，仅凭自己对用户的理解主观地设计了一个商业模式，并给市场总监布置了开拓任务，制定了销售指标。市场总监也没有把握完成任务，但为了诱人的薪水和提成就接受了任务。经过一年的努力仍没有实质的进展，仅销售了几十台产品。创始人坐不住了，认为是团队能力问题，于是开掉了市场总监，又从其他医疗器械企业高薪挖了一个市场营销副总裁全面负责营销任务。该副总裁同样干了不到一年就主动辞职了，下面的销售人员也是不到半年就换人。这样一来企业其他岗位的员工也受到影响，加上企业收入很少，团队情绪出现了严重波动，频繁提出离职。与此同时，企业的资金也快用完了，无奈之下只好大幅度裁员以勉强维持企业生存，融资也变得不可能，从此企业一蹶不振。

案例启示：

（1）明确岗位职责、招聘能力与岗位要求匹配的人才、落实目标考核与激励只是团队管理的表面方式，要想让这些管理方式真正奏效，需要匹配符合实际的商业模式和产品服务，仅凭创始人对市场的主观臆想就强加给团队不切实际的任务和目标只会适得其反。企业保持团队稳定的前提是真正找到符合市场需要的发展模式，使团队的努力与企业的发展方向一致。

（2）当团队感觉无望实现目标时要么寻找借口，要么选择离职，此时先不要把责任归咎于团队能力上，要反思其背后的根本原因，团队不稳定不一定是管理出了问题，很有可能是业务本身出了问题。

6.3 物色合伙人

6.3.1 物色合伙人是创业者的重要任务

合伙人是借鉴自合伙企业而产生的概念，指愿与创始人共担创业责任、共同进退的人。他/她可能是与创业者共同发起设立创业企业并担当高级管理职责的股东，也可能是有资格通过期权激励方式或其他方式获取企业股份的企业高管。因此，创业者的合伙人有几个特征：①在企业拥有现实的股份或者期权。②参与经营，担任企业重要职务。③同样拥有创业心态，对企业股权价值更加看重，而不是要求高薪。

合伙人问题是科技创业者在经营企业过程中早晚要面对的重大问题。无论创业者能力有多大，都会有自己不熟悉、不擅长的一个或几个重要领域，需要有和自己份量差不多的擅长者掌控管理，这个人应该是创业者的合伙人，大家分工协作共同开创事业。在创业之初就物色好这样的合伙人对创业者而言是最理想的，这样可以使创业团队磨合得更长久、发展的后劲更大。坚持不懈地寻找"对的"合伙人是创业者必须做的事。

随着企业不断发展壮大，创始人天生的短板和能力缺陷就显露出来了，必须引入更高能力的人加盟以管理创始人不擅长的领域，这时如果创始人不以合伙人的方式去对待他/她，人家可能就没有动力扛起这块业务。因此，无论是早还是晚，创业者都需要引入合伙人共同开创事业。早引入更主动，晚引入考验的将是创始人的心胸和格局，因为那时创业者的企业已经有了一定的规模，无论是人员、产品还是市场都有了一定的基础，这时让他人来分享"股权蛋糕"通常会有点心有不甘。如果创业者是这么认为的，那他的企业永远也做不大；如果创业者愿意分享，真正看到他人的价值，看到其对实现企业愿景的有力支撑，那他就会愿意拿出自己的一部分股份授予他们，把他们绑在同一个"战车"上一同打拼。经验观察表明，那些使命清晰、目标远大、希望把企业做大做强的创始人都需要有若干个合伙人的辅佐才能真正成功。可以说，得对的合伙人"得天下"。

案例6-5：马化腾与腾讯公司创业初期的4位合伙人

在腾讯公司创业初期，马化腾是这样组建合伙人团队的：马化腾与张志东、许晨晔、陈一丹是从中学到大学的校友，前三位还是深圳大学计算机系的同学，曾李青是马化腾姐姐和许晨晔的同事。马化腾决定与几个人一起创办腾讯公司，模仿当时在美国已经很成功的ICQ模式，得到了其他几位合伙人的一致认可，于是很快就行动起来。这种基于同学和同事的合伙人团队在中国是非常典型的合伙人构成形式，他们互相了解，价值观一致，分工明确，各有所长，相互信任。合伙人找得好，合作得好，因此成就了市值数万亿元的腾讯公司！

6.3.2 选择合伙人的原则

（1）价值观及经营管理理念一致原则。合伙人之间的价值观和经营管理理念必须一致。与员工不同，合伙人承担某些业务的经营管理职责，其只有与创始人理念一致才能发挥作用，否则会处处掣肘。如果希望把企业做得规模更大、更有影响，在董事会创始人建议把企业的利润都投入扩大规模上，但合伙人却希望把利润都分配了，落袋为安，彼此发生了观念上的冲突，那么必须有人妥协，长期下去就会产生不和谐。所以合伙人之间价值观和理念相同才能使企业节奏一致，形成共振的能量。

（2）同样具备创业者素质原则。创始人应注意不要步入一个误区：不是给了高管股份他就成为合伙人了，还要看这个高管本身是否具备创业者的素质，他到这里来是抱着打工心态还是创业心态。如果是打工心态，给他的股份对他来说没有更大的激励作用，他只会把目光盯在薪水上，股份对他来说只是锦上添花。这样的人往往不会在危难的时候与企业同甘共苦、共渡难关，实际上当发不出薪水的时候他极有可能会第一个提出离职。只有把企业也当成自己的事业经营的人才能被称为合伙人。

（3）能力互补原则。创始人还常步入另一个误区：在创业者的人脉关系中最直接的是同学或同事，大家共同学习、工作了很长时间，相互了解，很容易一拍即合共同创业。但殊不知由于学的是同一个专业、做的是同一类事情，这些人之间可能高度同质。这种情况经常出现在科技研发出身的创始人身上，这样的人合伙创业不是不可以，但会在企业需要的能力上有所偏颇，还需要再引入能力互补的其他合伙人。所以说，不是有了合伙人企业的经营管理能力就健全了，还需要具体情况具体分析。如果创始人是技术出身，那么最好找一个经营能力强的人做合伙人；如果创始人是经营管理出身，那么最好找一个产品开发能力强的人做合伙人。当然这要与企业的业务特点和实际需要高度相关，找合伙人的主要目的终究是弥补创始人的能力短板。

（4）熟悉或长时间磨合原则。合伙人一定要从自身熟悉并曾经共过事的人中选择，或者经由可信任的人推荐，知道他为人处世的态度、风格和能力，再经过相对长时间的共事（如一年）形成相互认同和信任。创始人的愿景和事业基础是打动合伙人的主要因素，创始人做人做事的态度与风格也是影响合伙人是否加盟的重要因素。遇到对的合伙人，有时需要创始人打开心胸，以"三顾茅庐"的诚意盛邀加盟。

合伙人问题如果处理得不好，严重时会影响到企业的生死。也就是说，不是选定了合伙人就万事大吉了，合伙人之间如何相处？作为主要的创始人能否真正信任合伙人并充分放权？用什么样的机制让合伙人发挥最大作用，并与创始人在经营过程中长期保持协调？这些问题都是创业企业经营管理的重要问题，是创始人的必答题。可以看到有些原本经营良好的企业突然衰落甚至夭折，它们很可能是因为合伙人之间产生了不可调和的矛盾，感觉受侵害的一方离开企业另起炉灶，致使企业伤筋动骨、难以为继。所以说，初创科技企业要想走得长远一定要重视合伙人问题。

案例 6-6：新材料企业创始人把职业经理人当成合伙人最终却分手

W 公司是一家防腐新材料科技企业，创始人孙博士是产品的发明人，拥有多项专利合作协定（PCT）发明专利，创业初期靠着一笔 1000 万元的投资把新材料从实验室做出来。孙博士是研发出身，所以对产品从实验室如何走向规模化生产和销售经验不足，总觉得把产品做出来了就万事大吉，结果在销售给真实客户时因为产品质量不稳定而遭受退货。孙博士意识到他需要找一个经验丰富的高管来全面负责经营管理，于是，在老乡的推荐下他找到一位上市公司的经营副总经理于先生做 CEO，自己做董事长兼 CTO。孙博士把于先生看成合伙人，从自己持有的股份中拿出 3% 作为期权，并与他签订了分 4 年全部兑现的协议，同时，在于先生的争取下承诺了相当丰厚的薪资待遇。

于先生管理经验确实丰富，通过一年的努力使企业的第一款产品成功实现批量化生产和销售，取得了不错的销售业绩。但随着第二款新材料产品的研制，两人的理念差异和矛盾逐渐显现。孙博士为了快速实现销售，仍然延续产品从实验室出来就组织大规模生产的老习惯，于先生则坚持认为产品必须做放大实验和验证。但由于于先生是职业经理人出身，潜意识里面并没有真正把这份工作看成自己的事业，而是看成一份待遇不错的工作，为保住自己的地位和待遇于是放任孙博士插手干预。但受此影响，于先生在情绪上有些消极怠工，做任何事情都不主动。又过了一年，两人都觉得对方不合意，于是于先生提出辞职并与孙博士协商回购已兑现的期权事宜，至此两人分手。孙博士在损失了几百万元回购款后继续一个人打拼，于先生则又物色了一家上市公司的新岗位。

案例启示：

（1）合伙人能否稳定发挥作用取决于创始人的心胸格局和行事风格，创始人遇到有能力且互补的合伙人一定要真正放权，收敛自己的个性，用制度管理好各自的关系并兑现承诺。

（2）合伙人要真心认同创始人的事业，要看重与创始人一起打拼的未来，更看重在企业获得的期权或股权价值而不是薪资。在可能产生的矛盾冲突中能够真诚地与创始人协商化解，为共同的事业努力工作。

（3）创始人应慎重选择斤斤计较于薪资待遇的潜在合伙人。是职业经理人就用职业经理人的政策管理和激励，重点放在绩效激励上，而不要像对待合伙人那样轻易允诺股份，否则将得不偿失。

6.4 设计股权与激励机制

设计股权与激励机制是保障创业企业持续健康成长的制度性安排。创业者在创业企业设立之初就应该把框架设计好。

6.4.1 初始股权设计

股权结构问题是创业者设立企业时应最先考虑的，创业者要考虑企业股份由哪几部分构成，各占多少比例。设计得好可以使企业长治久安，设计得不好则有可能令企业中途夭折。一般来说，初创企业股份通常包括：创始人股东，其他投资人股东，期权预留。创始人股东是一个集合，它包括核心创始人，也包括合伙人（如果有的话）。其他股东一般是指仅出资而不参与企业经营的投资人。创始人股东是科技初创企业主要的构成部分，总体占股比例在60%~95%，通常大于75%。但这不是绝对的数字，调控这个比例要从如下几个方面考虑：创业企业初始的资金需求及创始人的出资能力；创始人对企业的持续控制意愿；核心创始人与其他合伙人协调的各自持股比例；核心创始人是否想为将来预留一些股权激励。

如果创业企业总体资金需求较大，创始人希望利用其他投资人解决一部分资金，则可以考虑自己解决其中的70%~80%，让出20%~30%的股份给投资人。如果创始人的出资不仅是现金，还有技术或专利等无形资产，则更应该考虑自己的现金出资加上投资人的出资是否足够满足初始资金的需求。但无论怎样调整，创始人股东整体持股比例在创业初始最好大于67%，这是一个对企业绝对控制的比例门槛。因为通常意义上这一轮募资不是创业企业的唯一募资，随着业务的发展和对资金的进一步需求，可能还会有第 n 轮融资，每一轮的增资扩股都是对企业原始股东的股份稀释。融资轮次越多，创始人股东所占股比就被稀释得越多，如果仅经过3轮融资创始人股份比例就不足51%，那么就意味着创始人丧失了对企业的主导权，这一定不是创始人想看到的局面。

还有一个因素就是创始人出于长远的发展考虑，预留一部分股份作为股权激励，为将来引入对企业有价值的人才及激励团队更好地努力而打造一个期权池。期权池指先设立一个持股平台持有企业若干股份，将该股份划分成若干份额的期权，将之授予现有员工或者未来加入的员工，从而达到员工股权激励的目的。这部分期权池可以考虑不超过10%，出于简化操作的目的一般先由核心创始人代持，也可以专门设立一个持股平台企业持有。有时创始人也不一定在初始成立企业时就预留期权，他们可以在下一轮融资时与新投资人一同按比例拿出一部分股份，并专门成立一个持股平台持有这部分期权池。但这样做会增加后续融资的难度，因为风险投资基金（VC）一般要求期权池在进入前就已设立，不愿意投后设立而稀释自己的股份。为更好地吸引企业缺乏的人才加盟，创始人常常会从自己的股份中预留一定比例给未来加盟的重要成员。

至于创始人股东之间的股权分配，一般意义上核心创始人要占绝对控制地位，如图6-2所示。这样做的目的是提高决策的效率。因为一个组织要有一个核心，这样的管理格局才是相对稳定的，也是高效的。有时可以看到一些创业企业同时有五六个创始股东,他们的股份是分散的,每个人都只有 10%~20%,作为 CEO 的创始人也只比这个比例多那么一点点,结果就是在做任何重大决策时都很容易因为股东之间存在分歧而无法形成统一意见,导致耽误重要的商机。因此,这种股权结构是非常不合理的,很容易使企业"半道翻车"。

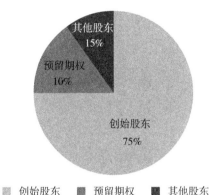

图 6-2 初创企业股权结构示意图

6.4.2 激励机制

不同的企业对员工的激励做法不同。大企业的手段比初创企业更多些。对初创企业来说,由于资源有限,能够激励员工的除有限的升职加薪、年终奖金之外就是给予企业期权了。期权流行于欧美,是指一种合约,该合约赋予期权持有人在某一特定日期或该日期之前的任何时间以固定价格购进或售出一种资产的权利。这里期权所对应的资产是指企业股份,依据期权合约购进或售出企业股权的行为被称为"行权",事先约定的期权持有人购进或售出企业股份的价格被称为"行权价格"。企业与期权持有人约定的行权价格往往会比行权时企业股份的市值低。

期权是企业的重要管理工具,有些人叫它"金手铐"。分派期权的好处是持有它的员工将与企业的利益保持一致,更有动力持续为企业贡献价值。只要企业整体价值提升,期权持有人的财富价值也将随之提升。很多创业企业在上市后涌现出众多的百万富翁、千万富翁、亿万富翁,大批量地"造富"就是因为期权的分派。由于欧美的企业无论是否上市都是把企业股权等额划分,就像国内的股份有限公司那样,而且承认期权的约定,所以比较容易操作期权激励。而国内的初创企业往往都是有限责任公司,按出资额计算股份比例,而且是实权,工商管理部门无法确认期权,所以操作期权激励相对复杂,更多的是借鉴期权的理念做的一些变通处理,如先成立一个持股平台企业,由创始人设立或股东一起设立,由持股平台统一持有创业企业一定数额的股份,创业企业制定期权授予方案,将持股平台的一定份额有条件地授予有资格的员工,从而使员工间接持有创业企业的股份,分享创业企业价值成长的利益。

期权是不是有价值、是不是有吸引力与企业的盈利能力和前途高度相关,一旦员工对企业未来的认同感很高,那么期权对他的吸引力就会很大,反之则作用有限。激励员工要给予他们实实在在的价值,一个是眼前的价值(薪水、奖金),另一个是让员工认可的未来价值(期权)。让员工认可企业可期的未来是创始人的职责与管理艺术,这里不是给员工"画饼",而是要把对企业未来的坚定信心有理有据地传递给员工,这就需要创始人有能力将所做的事情赋予意义,让员工产生共鸣。因此,企业的发展才是对员工进行期权激励的前提。

那么,什么人可以获得期权呢?只要管理上有需要,任何人都可以得到期权,具体的激励通常有以下两种做法。

(1)授予部分核心员工,包括企业高管、关键岗位的员工等。这样做的好处是让这些对企业最重要、最有价值的员工得到激励,产生归属感和"主人翁"意识,同时由于只授予少部分人期权,所以对每个人的激励力度更大,也有一种示范效应,让其他上进的员工有努力的方向。

(2)全员激励,事先设立期权池,按一定的规则授予不同时期加盟的全体员工。这个规则的变量有行权时间、行权价格、期权份额等,不同的行权时间对应的行权价格也不同,因为越早加入风险越大,所以行权价格越低,甚至接近于零(只要创始人乐意制定这样的规则)。同一批员工的行权价格相同,这样做的好处是将每一个员工都视为企业的主人,可以在企业形成一种凝聚力,机制上越早加盟的员工越有优势,也能鼓励员工长期为企业贡献价值,减少人员流失,同时可以更加放心地对员工进行业务能力的培养。这样做要求企业招聘员工时尽量多方面考察、严格把关。

本章要点

➢ 创业初期最重要的工作是"找人""找钱"。

➢ 产品与服务是科技创业企业安身立命的基础,创业者自始至终要有产品经理思维。

➢ 创始人在组建团队时要遵循价值观一致原则、适用原则、够用原则、高效磨合原则、共同成长原则。

➢ 创始人在创业初期要亲自面试员工，不要因吝啬金钱而降低标准，聘请能力不匹配的员工。

➢ 合伙人是创业的关键，创始人在物色合伙人时不要吝啬时间精力，应遵循价值观一致原则、同样具备创业者素质原则、能力互补原则、熟悉原则。

➢ 创业企业初始股份结构设计需要避免股权分散，原则上核心创始人团队应该占有企业最初股份比例的75%以上，以免经过两三轮融资以后创始人丧失企业控股地位。

➢ 创业企业的股权激励是调动创业团队积极性的重要工具，在创立之初就要考虑设置期权池或者由创始人在自己的股份中预留适当比例的股权。

主要概念

产品经理思维，企业文化，合伙人，股权结构，股权激励，期权，期权池，行权

思考题

1. 创业初期创业者最重要的工作是什么？为什么？
2. 设立创业企业时，创始人的股份分配应考虑哪些因素？为什么？
3. 什么样的人可以成为创业合伙人？为什么？
4. 初创企业组建团队应遵循哪些原则？为什么？
5. 初创企业预留期权池有什么好处？
6. 企业期权可以授予哪些人？为什么？

第 7 章　设计开发创新产品

学习目标

1. 了解创新产品的开发过程——科技创业企业初期都会经历"死亡谷"。

2. 理解产品创新需要从用户需求出发,赢得竞争要有差异化的定位和领先科技的支撑。

3. 掌握产品创新点的选择与创新产品设计思路。

思维导图

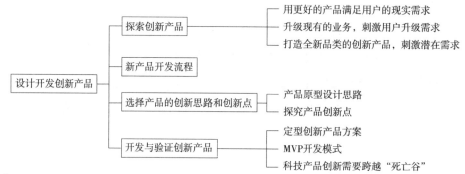

本章导学

本章开始讨论"创业树"体系中"事"的部分。产品是创业企业经营的重要抓手，判断一个企业是否有生命力，关键是看它能否持续地为目标用户提供好的产品、服务。有时仅凭具体的有形产品尚不能全面满足用户需求，而是需要一个系统的商业服务才能更好地解决用户的问题，这时整个企业的商业服务体系才是真正意义上的服务产品。开发创新产品需要遵循一定的规律，首先要根据用户需求、企业市场定位及客户价值主张探索产品创新的方向，然后设计原型产品，在经过真实客户验证后，再设计产品方案与开发产品，直至将产品投放市场。不同形态的产品开发过程有一些差异，但总体开发过程大同小异。

7.1 探索创新产品

企业经营中经常提到的用户和客户在概念上是有区别的，用户是指使用产品的人或机构，而客户一般是指购买产品或服务的人或机构，很多场景下客户和用户是合一的，但有些场景中两者可能不是同一个对象，这种情况经常出现在互联网产品营销和商业模式创新上。人们经常会听到"羊毛出在猪身上"的比喻，是指产品服务对直接用户免费，但对另一部分购买用户衍生价值的客户收取费用。这里在探讨产品开发时侧重使用与产品直接对应的"用户"概念，而暂时不使用与营销相对应的"客户"概念。

在创新产品服务的探索与开发上，创业者首先需要确立用户意识，从用户需求出发开发适用技术一定好于从技术出发找用户。在科技创业中，很多研发出身的创业者经常犯的错误就是反向思考，更多的是从自己的科学研究出发思考产品可以给市场带来什么，这是一种学术思维惯性。在科研课题立项时这么思考是可以的，但在技术真正走向市场的时候不应被自己"编造"的故事"忽悠"。有些科学研究确实有普适价值，水平也很高，但这不代表不需要认真做市场研究就能将其应用到产品开发中，更不代表其在市场上能获得成功。有些人潜意识里要做当代的爱迪生、乔布斯，希望自己的科学研究能够给社会带来变革，为人类带来当代的"电灯泡"、当代的"平板电脑"，殊不知这些发明创造都是经过反复的用户调查研究才打造出来的创新产品，绝不是爱迪生、乔布斯们"拍脑袋"想出来的。有些人没有意识或能力去分析市场、研究用户，想当然地臆想出来一个"市场"，觉得"我的技术很领先，开发的产品应该对用户有价值"，于是仅凭自己对所谓用户的表面认知动手做产品，结果一定是遭到市场无情地教训。

需求和满足需求永远是一对相因相生的概念，需要动态地、辩证地理解。当需求发生变化，满足需求的手段也要发生变化；满足需求的手段升级了，也会刺激需求升级变化。这种需求内容的变化一开始是量变的，当量变积累到一定程度就会引发代际上的飞跃，再升级变化就会引发质变。因此，需求的变化可以分成三个等级：基本需求、升级需求、全新需求。以手机为例，最初人们只是有在移动中通信的需求，第一代满足通信需求的产品就是所谓的"大哥大"，但是其有体积太大、耗电太多、不方便使用等弊端，后来各厂家不断升级技术将之小型化（如摩托罗拉的翻盖手机），但无论怎样升级都还只是满足基本的通信需求，只有功能和外观升级变化积累到一定程度后才发生了代际上的变化，出现了像三星、诺基亚、爱立信等仍旧以通信为主要诉求但兼顾一定功能（如短信通知、计算器、简单游戏等）的功能手机，再进一步升级就出现了以苹果、华为为代表的直板触摸屏智能手机，这是一个全新的品类，从此手机不仅是满足通信需求的产品，更多的是集上网、看视频、获取信息、听音乐和游戏等众多功能于一身的智能终端。因此，从满足基本的需求到不断地升级刺激新需求的产生，这是一个从量变到质变的过程，体现了需求层次的提升和进步。

探索创新产品与服务需要针对用户需求和主要竞争对手的特点综合考虑。用户的需求千种万种，并且也在随市场供应的变化不断改变，但对科技创业者来说，探索创新产品以满足用户需求的思路无非来自下列几个层面。

（1）更好地满足用户现实需求。虽然现有产品的功能可以满足客户需求，但价格昂贵或受卖方制约，因此推出成本更低且功能一致的替代性产品，或者是性价比更好的产品，完全替代性地满足用户需求。例如，一些关键进口芯片的国产替代，"卡脖子"产品的国产化等。

（2）引领用户升级需求。针对现有主流产品服务的短板或问题做升级性创新，满足用户主需求不变，又增加了一些新功能或新特性，更好地满足用户的升级需求，如用微单相机替代传统单反相机、用 OLED 替代普通 LED 显示器等。

（3）刺激全新的用户需求。推出全新品类的产品服务，在满足用户主需求的同时更多地融入全新的功能，刺激用户产生之前无法得到满足的新需求，如苹果公司首推平板手机、平板电脑等。

创业初期，科技创业者应该从哪个角度探索创新产品呢？这就要利用之前所做的市场调研，结合创业者自身的技术创新和资源积累，从竞争的角度和更易获得市场收入的角度思考到底要做什么样的产品。总之，科技创业企业走向市场的"第一枪"必须打响。

7.1.1 用更好的产品满足用户的现实需求

这个产品策略需要企业在现有存量市场上抢份额，需要创业企业有"独门绝技"，重点是做好竞品研究，推出性价比更高的创新产品。

有个对标的竞争对手实际上对创业企业而言是好事，说明市场是现实摆在那里的，不用创业者花过多的精力去验证市场是否真实存在，只要一心做好产品和销售即可。在设计产品服务时，应尽量与竞争对手的产品差异化，找到对手的弱点有针对性地做产品，创业者需要利用科技创新将产品或服务的成本降下来，或者在同样的售价基础上提供更高的性能或更好的服务。只要能发挥自身优势、拿出更有价值的产品解决方案和有竞争力的商业模式，并通过强有力的营销抢占竞争对手的市场份额，就有希望使初创企业快速成长起来。在达到一定的市场占有率后，创业者不应满足这样的成果，要继续加大创新力度，推出更多的升级产品，才能稳固并扩大已有的市场，使自身立于不败之地。

7.1.2 升级现有业务，刺激用户升级需求

业务升级创新是科技创业的一个重要方向，很多创新虽然构不成颠覆性的改变，但对现有水平的提升和改善还是具备价值的。做业务升级型产品属于开拓一个增量市场，重点是研究行业现有的主流方案、做好超越性产品创新。

对一个市场容量大但业务比较传统的行业来说，创业者可以更多地研究行业升级的机会，通过创新实现业务效率的提升、成本的降低、用户体验的改善。因此，分析产品从原料采购、生产、出厂直至交给用户使用全过程的问题点，抓住改善用户体验的关键环节就显得十分重要，如图 7-1 所示。创业者可以梳理业务链条上的各个环节，研究现有的主流解决方案，看看这些方案和产品没能很好解决用户体验的主要原因是什么，从中发现最有价值的升级点，结合创业者的技术储备进一步思考升级产品方案，目的是令用户得到更满意的产品体验，从而将用户需求提升到一个新的层级。在开发升级产品的过程中，始终不要忘记控制和降低成本，这里面蕴含着很多技术的创新。尽量让用户用得起升级的产品，而不是

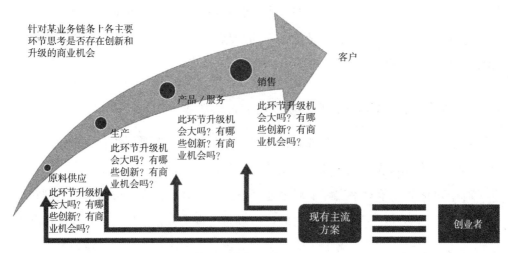

图 7-1 业务升级创新思路

一味追求提升性能和制造酷炫体验,这样才能将升级后的产品市场做大,而不是仅满足小众市场。创业者可以通过这样的产品升级刺激和引导用户需求升级。

在正式进行新产品设计之前,创业者还要从市场营销和竞争角度做两个对比分析:①与行业前三的竞争对手在产品主要指标及核心升级点上的差异对比,如表 7-1 所示。②在经营层面通过与行业前三竞争对手的 SWOT 分析拿出自己的竞争对策,如表 7-2 所示。在产品设计时要充分考虑这些因素。

表 7-1 与竞争产品的对比分析(关键指标及升级点一定要对应用户需求的核心)

竞争产品	关键指标1	关键指标2	……	关键指标 n
竞品1				
竞品2				
……				
己方产品				

表 7-2 经营层面与竞争对手的 SWOT 分析及对策

S(strength)你的优势: 1. …… n.	W(weakness)你的劣势: 1. …… n.	对策:
O(opportunity)你的机会:	T(threat)直接威胁:	对策:

案例7-1：抓住传统行业痛点，用人工智能技术升级传统服务

张先生创业前是保险公司从事牲畜养殖保险业务的业务经理。他在工作中经常对一些养殖户骗保的问题束手无策。一旦牲畜死亡，养殖户可以申请向保险公司索赔。但由于养殖企业信息化水平低，缺乏有效识别牲畜个体身份的手段，有条件的是用射频识别技术（radio frequency identification，RFID）标签方式识别身份，但由于RFID标签经常被牲畜活动时刮掉或人为剪掉，无法真正做到唯一识别，所以一头牲畜可以"死"多次、索赔多次而不被发现。保险公司因此苦恼至极。如何在保险公司投保、核保和理赔环节有效防止骗保发生成为保险公司急需解决的痛点问题。张先生敏锐地发现了这个困扰保险公司多年的问题，并与做人工智能和模式识别的朋友商议解决方案，创新开发出一整套具有牲畜面部识别以及智能点数、养殖状态智能监控等功能的人工智能应用平台，保险员只需安装一个App即可用手机清点牲畜，实现养殖户的投保、保险公司准确核保，并可以通过面部识别等身份识别技术为保险公司理赔提供有效的依据，可以大大提高保险公司受理保险业务的效率，杜绝骗保等行为的发生，如图7-2所示。于是张先生与几位人工智能专家共同创业，面向保险公司提供专业的养殖险投保理赔人工智能服务。为保证牲畜面部识别的准确度，需要采集大量的牲畜面部数据供机器学习，张先生带领团队不怕脏累地沉入养殖场，一待就是数周，终于建起了大规模的牲畜面部数据库，也抬高了创业企业的竞争门槛。

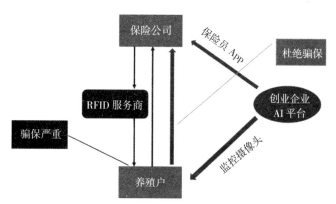

图7-2 用人工智能技术升级养殖险受理示意图

案例启示：

有很多制约传统行业发展的问题是可以结合现代信息技术、人工智能技术解决的，这里蕴含着极大的创新商机。只要科技创业者能敏锐地发现问题，并沉入这个行业认真耕耘，就一定会有所收获。

案例 7-2：抓住服务链条上的关键痛点打造有竞争力的升级产品

　　长期以来，DNA 检测一直是分子生物学研究中最常用的技术手段之一，已经被广泛应用于疾病的精准分析，但是第一代基因测序技术存在测试速度慢、成本高、通量低等不足，不能得到大众化的应用。二代基因测序技术出现后，大量并行测序、高通量测序技术被广泛采用，大大提升了基因测序分析在精准医疗中的应用，致使众多医院和基因服务企业得以使用二代测序技术提供基因检测服务。然而在基因检测分析的业务链条中，由于上游在多重 PCR 扩增和文库构建方面仍然存在着耗时长、样本需要量大等弊端，需要几天甚至一周才能得到基因分析结果，而且 DNA 原始样本采集量不足还会使分析无法正常进行，需要重新采样才能完成。王女士原在一家医疗服务企业做业务开拓，在与医务人员的交流中感受到在二代基因测序中这个令分析人员头疼的关键问题点，恰好在国外一所知名大学搞基因分析研究的黄博士是她高中同学，在交往中两人觉得有希望在黄博士所研究技术的基础上研发出 PCR 扩增更灵敏、文库制备更快捷、成本更有竞争力的高通量多位点基因 PANEL 试剂盒，可以使基因测序的效率再提升一个等级，如图 7-3 所示。于是两人决定一同创业，开发一系列的基因检测 PANEL 产品。产品一经推出就受到各大医院和基因检测服务企业的欢迎，企业经营业绩快速增长，销售收入连续多年实现翻番。

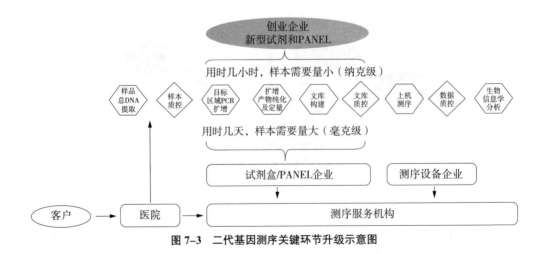

图 7-3　二代基因测序关键环节升级示意图

案例启示：

无论是传统行业还是新兴行业，其现有业务链条上都可能存在很多用户体验差、效率低下、成本高企的待解决问题，只要能敏锐地发现它们并用科技创新做出升级解决方案，创业企业就有机会带动行业升级，实现快速发展。

7.1.3 打造全新品类的创新产品，刺激潜在需求

创新开发全新品类的产品属于开拓一个全新的蓝海市场，需要刺激用户的新需求，重点是研究市场的真伪和规模。

全新品类是相对现有品类的产品而说的。因此，首批用户是在现有产品服务的用户群体之中衍生出来的新用户群体。如果创业者做过很深的行业观察，可能会对某类用户的痛点、痒点有所认识，发现市场上并没有满足这些需求的产品，于是产生开发一款全新品类产品的灵感，并结合团队"从0到1"的科技创新开发出全新产品以满足全新的用户需求。因为用户需求是全新的，所以面对的是个全新的产品市场，用户对新产品的认知是陌生的，企业需要投入很大成本培养市场才能从少部分天使用户推广到大众用户。这样的创业是充满挑战的，可一旦成功，创业者的收获也是最大的。因此，创业者要经过反复的用户测试才能确定新产品的方案。

1. 用户画像

由于是设计开发全新的产品，创业者对潜在用户的认识尚不够系统，需要结合对市场的观察先做用户画像和研究需求，再有针对性地拿出概念性新产品做进一步的验证。对于用户画像，创业者可以用贴标签的方式形象地概括潜在用户，也可以对潜在用户的特征做概念性描述。画像是真实用户的虚拟代表，可以帮助创业团队更具象地认识潜在用户，为开发新产品和制定市场营销策略提供指导。

为用户画像需要通过调研、访谈、观察和分析行为数据等手段给虚拟用户贴各种标签，包括属性的、特征的、行为的、兴趣的、场景的、地域的等，对虚拟用户做适当的概括性描述。无论是C端的消费用户还是B端的行业用户都不是明确摆在那里的现成用户，创业者要在现有市场中找出有明确刚需但又没有被很好地满足的潜在用户群体，这是十分具有挑战的一件事，需要创业者敏锐的商业嗅觉和长时间沉浸其中的观察思考。对C端消费者的研究重点要放在

发现和提炼那些消费者没有用语言表达出来的需求上,而对于B端行业用户来说,重点是发现困扰和掣肘他们开展业务的主要问题,以及明确B端用户内部哪些人是产品使用者、哪些人是产品购买者、购买决策的流程和特点等。这些研究十分重要,因为开发和销售新产品要基于这些对用户的理解,理解有误则将事倍功半。

在探索痛点问题与需求的过程中,有时还需要用到一些与人类学、社会学、心理学相关的研究方法,人类学家最拿手的是社会调查,不带主观色彩地观察、记录并总结分析。研究者要像蚊子一样,不为人知地待在墙角并冷静地观察屋里的一举一动。如对于C端消费类的产品创新经常会用到人类学的方法,特别是用来在确定的场景下观察潜在用户的行为特征并发现需求。总结提炼出潜在用户未表达出的需求,对每一项概括出来的需求要追问一句"解决了又怎样"。如果得到的回答是"能解决挺好,不能也无所谓",那么这个需求就不是痛点和刚需,用户为此埋单的意愿就不会太高。很多创业者都存在这样的问题,以为解决的是刚需,实际上做的只是锦上添花的事,这样打造的新产品的市场效果可想而知。还有一个值得注意的就是:需求是与场景相关联的,场景变化了需求会变,群体规模也会变。例如,同样一杯冰淇淋,在酷热难耐的夏日海滨很多人就特别想买上一杯,而在阴雨连绵的街边小巷,大部分人购买的欲望就没那么强烈了,当然,还有一小部分"死忠粉"即使在大雪天也要吃,他们是冰淇淋的核心用户,从他们身上可以发现构成冰淇淋本身要素的核心价值。因此,产品的使用场景是开发新产品要充分考虑的,它关系产品的核心价值主张、市场规模及营销。

2. 探索创新产品

在明确了用户的潜在需求后,创业者可以通过"头脑风暴"等方法生成对产品的想法,创立假说和粗略的解决方案,并向一些典型的天使用户验证概念产品。对于科技创业,概念产品形态有可能是有形的,也可能是无形的,要根据用户使用用特点和理解难易程度设计。当今社会追求简洁和即时满足,抓住用户真正的刚需,直截了当、简洁明了地满足用户痛点是创业者开发新产品并追求良好市场表现的原则。那些为讨好用户无限制地堆砌功能、让用户产生"选择综合征"的产品设计思想是不明智的。

案例 7-3：婴童画板的客户画像及市场竞争研究

W 公司成立于 6 年前，主要技术是开发液晶柔性膜新材料，经过近一年的努力成功将该技术应用于儿童涂鸦板等婴童产品领域，打造出笔迹清晰、一键擦除的液晶涂鸦板创新产品，并已实现数千万元的产品销售。在企业当初开发这款婴童产品时，对市场及用户、客户做了一个细致的研究，准确识别出液晶画板新产品的市场机会，竞争优势明显，如表 7-3 和表 7-4 所示。

表 7-3 液晶画板产品用户及客户研究

目标客户特征	追求时尚、重视子女教育的城市年轻父母
用户及使用场景	儿童在家中涂鸦娱乐、绘画、学字
用户及客户需求	用户：好上手、好玩、好擦除、有颜色、漂亮 客户（父母）：价格便宜（100 元以内）、尺寸较大、反复涂抹不留痕迹、笔迹清晰、粗细适中、书写顺滑、卫生、环保、安全、美观
现有产品模式	市场上要么是不环保的粉笔型黑板——不好擦除且易脏手的白板，要么是笔迹粗糙、刮除不净的磁性画板，只有一家美国企业有 8~10 寸（1 寸 =0.033 米）液晶板，但其价格昂贵、市场表现不佳
所处地域	三线以上城市为主
接触途径	京东、小米有品等电商平台、婴童产品卖场、书店
产品购买意愿	高
用户规模	中国城市 3 岁以上学龄前儿童约 3000 万人，市场规模约 30 亿元

表 7-4 婴童画板竞品比较

产品	书写感	擦除方式	擦除效果	笔	卫生	环保	尺寸	使用成本
小黑板	好	粉笔擦	有痕迹	粉笔	有粉尘	不环保	大	较低
小白板	较好	布或板擦	有痕迹	油性笔	易脏手	不环保	大	高
磁性画板	差	刮擦	略有痕	磁性笔	卫生	环保	中	低
画板纸	好	撕除	无痕	画笔	卫生	不环保	大	高
液晶画板	好	电子擦除	无痕	手指或硬笔	卫生	环保	中	低

根据综合调查结果，W 公司设计制造出了多款尺寸、风格各异的液晶婴童画板，一经投放市场就大受欢迎，并很快取得了月销售上万块画板的好成绩。

7.2 新产品开发流程

从已有经验可知，无论是打造有形产品还是无形产品，从产品的原型设计到大批量生产制造或规模化服务，每一步都是有章法可循的，每个阶段都有需要解决的问题，不可为图快、图省事而做"三级跳"式的跨越，否则将会"栽跟头"。欲速则不达，要么延缓产品上市进程，要么造成大批量的返工，要么造成产品良率过低、成本居高不下，要么勉强上市销售但可能造成客户大量退货，总之都是实实在在的经济损失，而且将使产品丧失竞争力。有形产品的开发由于有生产制造过程所以更复杂，需要控制的环节更多，还要保证量产产品的成本不能高、生产的良品率不能低，要保持质量的稳定性。马斯克曾经说过："把一个先进的技术产品量产，比设计这款产品更难。"

设计制造一个软硬件结合的有形产品的过程，如图 7-4 所示。

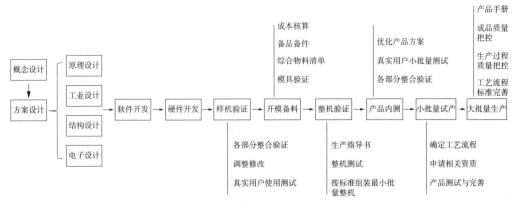

图 7-4 设计制造软硬件结合产品的过程

创业者在逐步量产产品的过程中承担的角色就是一个项目经理，新产品的开发制造就是创业团队内部最重要的项目。创业者需要根据产品开发计划制订清晰可行的产品开发流程图，以项目管理的方式将产品开发直至定型、生产、制造，将工作分解成若干项子任务，并按概念设计、方案设计、软硬件开发、产品集成及测试、产品发布、批量生产制造等环节制定相应的工作任务和具体的阶段目标，预估每项子任务的工作量和需要花费的时间，按季度甚至按月量化阶段进展，以甘特图的形式绘制开发创新产品全过程的项目计划表，每项子任务之间的计划进展相互关联，创业者要总体把握，根据实际进展进行调整，以此作为创业初期有序开展工作的管理主线。产品开发项目计划表的作用是让产品开发团队、生产制造团队及经营团队全面了解产品上市的计划目标，协调各自的工作，使企业力出一孔。

7.3 选择产品的创新思路和创新点

7.3.1 产品原型设计思路

创新产品设计要满足两方面的需求：对外要考虑用户的全部需求；对内要考虑企业市场营销与商业模式的需求，具体到增加用户的使用黏性或复购频率，提炼产品的创新点和卖点，更利于企业的后续服务和销售等，做到产品价值的最大化。好的产品设计应该是满足刚需、切中痛点、高频使用、便利推广的。

打造创新产品应先从产品原型设计开始。产品原型设计是产品的框架性设计，原型产品既可以是纸上的描述，也可以是简要的软件代码展现，还可以是简明的物理形态呈现，是一种让用户提前体验产品、交流设计构想、展示复杂系统的方式，本质上是一种用户沟通工具。

设计创新产品首先要定位好创新环节，从服务和竞争的角度定义创新点，从营销的角度提炼产品卖点。

（1）创新点。创新点是针对现有竞品所做的差异化设计，包括产品本身的功能、形式、特性、成本方面的创新，也包括产品生产制造或服务递交过程中的方式方法创新等。创新点也可以为产品经理提炼产品的差异化卖点提供有力支撑，其将直接影响产品的用户价值，也会影响创业企业的竞争力。

（2）产品的卖点。产品的卖点就是产品经理希望向市场传递的产品给用户带来的好处。如何提炼产品的卖点？产品经理需要针对用户需求构想产品应该具有的功能、特性，再延伸追问一句"那又能怎样？"这样可以发现产品给用户带来的好处是什么。需要注意的是：功能不是卖点，功能、特性不能使用户产生埋单的冲动，只有概括出的产品益处才能使用户产生心动，这才是产品的卖点。例如，无反相机（俗称微单相机）的卖点就是专业化基础上的轻巧，比同等效果的单反相机要小巧和轻便许多。

案例 7-4：剃须刀产品如何增加客户复购频率

产品经理肯定不希望辛辛苦苦设计出来的产品被卖给客户后就没有第二次销

售了，所以，要想方设法增加客户的复购频率。但有时产品质量与客户购买频率是矛盾的，如将男性使用的刮胡刀片设计得太耐用那么客户就不会经常购买了，而太不耐用的话客户又会感觉质量不好而不愿购买。为解决这个矛盾，吉列公司想出一个办法，在刀片上增加一个蓝色条带，使用一段时间后条带颜色变浅，提醒客户该更换刀片了，这样既保证了刀片质量，又增加了客户复购的频率，扩大了企业的销售规模。

案例 7-5：体脂秤如何提升黏性

原来功能单一的体脂秤需要用户自己记录数据，可能用户隔三岔五才想起来用一次。厂家增加了健康 App 和蓝牙数据同步的功能以后，用户就可以很方便地每天称量体重、自动记录并传送相应的健康数据到手机上，自动记录体重变化的功能大大方便了用户评判锻炼和减肥效果。同时，App 还可以让用户享受更进一步的健康提醒和增值服务，使产品原本单一的称重价值有了质的提升，一个简单的产品变成了个人健康助理。这样一来，客户对体脂秤的依赖使用户黏性及满意度都增强了，同时企业还能不断获取用户的使用数据，利用衍生的用户数据攫取更多利润。

由以上案例可知，硬件产品往往是冷冰冰的，功能直接但与人的交互性弱，而软件本身就有强交互属性，某些时候为提升客户黏性，企业可以考虑在一个硬件产品上增加服务性的软件或者关联手机 App，想尽一切办法改善用户的使用体验。

7.3.2 探究产品创新点

定位产品创新点需要以对目标用户的需求分析和对竞争对手的充分研究为前提，更需要从解决用户痛点、痒点问题出发。产品团队要从产品的开发、生产制造、仓储物流、销售、服务等全链条、全生命周期思考可以在哪些环节创新，创新点在哪些影响用户体验的地方。定位创新点可能从产品功能或性能上考虑，也可能从产品形态上考虑，还可能从产品实现方式上考虑，或者从产品的制造效率和成本上考虑等。总之，创新应更好地迎合目标用户的需求，使产品、服务拥有更强的市场竞争力。

值得一提的是，成本控制或者降低成本是产品创新的重要方向之一，创新产品的功能再强、性能再高，如果价格居高不下，则往往难以为广大客户所接受。有时产品并不是功能实现不了或者做不出来，而是成本无法让更多人接受，只有把创新产品的成本降到大多数客户可以接受的范围内才能使产品得到普遍应用，这是所有产品创新都应该重视的基础问题，也是创业者能获得竞争优势的关键问题。例如，马斯克在研发猎鹰火箭时追求的目标之一就是降低成本，他动用了上千名优秀的工程师在选择材料和运用新技术上做了无数的创新，最终才能在与传统火箭性能相当的情况下大幅降低成本。又如，某厂商是出了名的成本控制能手，其很多产品都是在性能和质量与竞品相当的情况下大幅降低价格，因此也获得了强大的市场竞争力，如表 7–5 所示。

表 7–5　围绕产品开发、生产、销售、服务全链条结构化探究产品创新点

业务全链条	创新点	与用户需求的关系	创新价值	创新内容	投入代价
产品	功能		增强效果，增强体验		
	形态外观		增强吸引力		
	材料		增强功效，降低成本		
	使用		简化，友好，安全		
开发	开发方式		提高效率		
	开发环境		降低成本		
生产过程	生产方式		提高效率，提高良率，降低成本，稳定质量		
	生产过程		提高效率，提高良率，稳定质量		
	原材料供应		降低成本，提高良率，提高质量		
	仓储物流		提高效率，降低成本		
销售	销售方式		扩大销量，降低成本，加速面市		
	销售场所		扩大销量，降低成本，加速面市		
服务	服务内容		提升黏性		
	服务方式		增强体验		

创新产品不是创新点越多越好，也不是功能越多越好，而是要做最有价值的创新，节约成本、削减可有可无的创新和功能，直接切中目标用户痛点，做有效的创新。如图 7–5 所示，该折刀最初是人们户外活动时的理想工具，因为人们在

户外的使用场景越来越多，需要的功能也变得丰富起来，于是企业不断推出各种创新的功能组合，直到最后多到一款折刀集成了几十项功能，这就丧失了折刀最初的定位和价值诉求，可以说创新创到迷失方向。总之，打造一款有竞争力的创新产品绝非易事，过犹不及。

图 7-5　过度创新适得其反

案例 7-6：液晶婴童画板的创新点选择

W 公司根据婴童用户画像，结合公司自身在液晶配方技术和液晶膜批量生产技术方面的积累和研发能力，考虑到竞品在产品材料、功能和使用方式上的弱点，将液晶画板的创新点确定为以下几点。

（1）材料创新。采用环保的双稳态液晶材料；彩虹配方、调整粗细并增强笔迹配方，改善显示效果；选择有适当粗糙度和耐磨度的膜材，使用户感觉像是在纸上写画。

（2）功能创新。设置擦除键和锁定键，方便擦除和保留原创作品；增加画笔，适应传统书写方式；使用可充电微电池，一次充电使用半年。

（3）使用方式创新。徒手写画与画笔写画兼容；一键瞬间擦除不留痕迹。

（4）生产过程创新。增加模具，用机械代替人工，改善工艺，提高产品良率，降低综合成本。

液晶画板的综合用户价值就是提供一种随手写画、表现力出色、擦除方便且彻底、安全环保且便宜的新型涂鸦工具，如图 7-6 所示。

图 7-6 液晶儿童涂鸦板

7.4 开发与验证创新产品

7.4.1 定型创新产品方案

这个阶段的主要任务是把原型产品变成定型产品，产品团队需要将原型设计的思想进一步落实到具体的产品方案中，通过原理设计、功能设计、工业设计、结构设计、电子设计等一系列的规范设计把产品分解成不同的部分和任务，再通过各种开发、测试、验证、反馈、修改、再验证等工作将各部分集合成完整的产品，联合调试并改进完善后的产品，接受早期用户的使用检验，最终经多次修改，使之成为可供规模生产或规模服务的定型产品。开发不同行业的产品大致都要经历这样的过程，但具体做法有行业差别，产品团队要结合本行业特点工作。

有形产品如机器、装置、材料、个人消费产品等需要先打造实体原型，再从原理、功能、性能、装配到完整的使用等方面验证，最终定型为正式产品，过程会相对复杂，周期较长。有时在物理试验条件不完备的情况下还需要用到仿真模拟验证。

集成电路、芯片等中间产品的创新开发则要从确定指标、定义芯片入手，然后经过输入电路图、线路仿真、设计模块版图、模块级验证、芯片集成、芯片级验证、仿真，最终导出芯片并流片等过程。

无形产品如应用软件、App 等的创新则需要迅速搭建一个具有基本使用功能的产品原型，开发出最小可用产品（minimum viable product，MVP），通过用户的实际试用验证设计思想和产品的用户价值是否真实有效，再反复迭代完善之。

7.4.2 MVP 开发模式

MVP 开发模式是从事互联网软件产品开发时普遍采取的方式，它源于软件产品的敏捷开发管理，核心关键词是"最小可用品""用户反馈""快速迭代"。MVP 必须有完整的用户使用价值，打造 MVP 就是用最快、最简明的方式建立一个可用的产品原型，使用该原型表达产品最终的效果轮廓，然后通过迭代逐步完善细节。MVP 不是每次迭代只做一部分产品功能，而是每次迭代都要交付一个可用的最小功能集合，这个集合的功能可以满足用户的某些基本需求，虽不完善但至少可用。然后，根据反馈迭代出完全满足用户需求的产品。开发原型产品的主要目的是让用户验证，让创新产品第一时间面向用户。用户必须真实地使用产品并给予反馈。每一次迭代应针对一个具体的问题，都是寻找问题的最小代价解的过程。

完善 MVP 迭代的过程可以让创业者更直接地了解用户对产品的接受程度，从而判断是否继续投入资金定型产品、组织大规模生产和推广。

在开发有形产品的样品或原型阶段最重要的是找到第一批"天使用户"（新事物尝试者）进行使用测试，验证产品的客户价值。为提高效率、减少成本，最初可以只找个位数的"天使用户"进行小样本的验证，及时对负面反馈集中的地方进行调整，反复测试完善，逐步扩大早期用户的试用规模。这些早期用户被称为"早鸟用户"，他们通常知道产品还不完善但仍乐意尝试。

有时开发软件产品甚至不需要先把代码写出来即可进行用户测试，如可以把软件准备实现的功能用视频或网页控件的方式在一些专业的网站上发布，吸引早期"天使用户"的关注，从互动中汲取营养。待 MVP 或测试版开发出来后，可以第一时间将其投放到更大的"天使用户"群体中，设定一系列的定量评估指标，分析用户的使用情况和反馈、研究完善产品的方向。定型后再进行大范围推广。

7.4.3 科技产品创新需要跨越"死亡谷"

通过 MVP 的验证后，创业企业可以着手打造正式版产品，并在更大的范围内向"早鸟用户"推广或试销。这个阶段的任务主要是检验产品的实际使用效果、产品稳定性、商业模式，以及产品定价是否有效，发现问题及时调整，以保证产品销售顺畅。

为此，创业企业要高频度地分析研究产品销售情况和用户使用状况。在产品体验方面可以对用户进行抽样访谈，主要看用户对产品使用效果的评价。此时，不要采用有暗示的方式提问，如"你会用××功能解决××问题吗？"等，因为他们可能出于礼貌而做违心的回答。这里推荐用"你最近遇到××问题是怎么解决的？"这种关注行为的方式设计问卷，通过不带引导性的客观调研识别用户认为重要的事实排序（包括对痛点问题的排序），分析产品的实际效果与设计目标是否一致。这个阶段还要进行真实场景下的产品压力测试，检验产品/服务在高频度或大规模使用时的承受能力，某些有形产品还应通过一系列的老化实验，以验证产品质量，针对问题做出相应的设计改进。验证测试的目的是让创新产品能被尽早调整到满足用户实际的刚需上。

只有产品很好地满足了用户刚需，企业才能实现用户持续增长，再结合适当的商业模式和运作，企业才能有好的市场表现，早日获得规模收入，于是才有能力跨越危及初创企业生存的"死亡谷"，顺利进入良性的发展阶段。"死亡谷"指初创科技企业在产品市场化开发的早期阶段，是最容易夭折的时期。这个时期企业的研发投入越来越多，但收入几乎为零，如果产品从开发到试销试用的过程进展得不顺利、迟迟不能大规模投放市场，或者产品定型后销售乏力，则企业资金将严重透支，此时向投资机构融资或向银行贷款也会变得十分困难，有限的资金难以支撑企业的运营，于是很多创业企业就此终结，所以这一阶段被投资业内称为"死亡谷"，如图7-7所示。

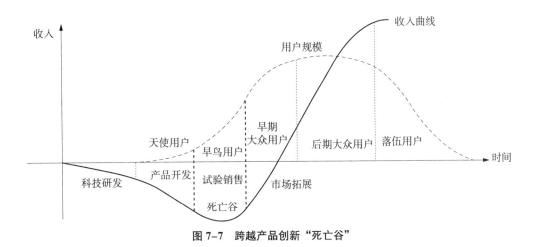

图7-7 跨越产品创新"死亡谷"

为使创新产品进入良性发展的"快车道"、成功跨越创新"死亡谷",创业企业需要真正做好下面几项重要工作。

(1) 深入研究市场,准确捕捉用户刚需,明确有竞争力的、差异化的价值定位。

(2) 寻求强有力的技术积淀、富有经验的产品领军人物和开发团队。

(3) 制订有实质创新价值的产品解决方案。

(4) 设计有效的产品盈利模式。

(5) 寻求强大的合作伙伴与强有力的快速营销推广手段。

(6) 备好进入良性发展前相对够用的资金。

案例 7-7:Siri 如何跨越"死亡谷"

斯坦福国际咨询研究所的前身是斯坦福研究所(SRI),该所于1970年脱离斯坦福大学独立运营。2007年,诺曼·温那斯基作为 SRI 内部负责人带领团队利用 SRI 的技术探索创建了一个商业创新项目,此项目后来催生了现在人尽皆知的 Siri。下面是他的回忆。

创新项目组成立后项目业务和技术负责人几乎每天都见面,讨论市场和产品的可能性。他们很清楚若想取得成功需要具备四大要素:①重大问题或痛点的解决方案,以及快速增长的市场潜力。②竞争中出奇制胜的差异化技术。③执行能力异常出色的团队。④阐明项目战略和价值的价值定位和商业企划。缺失这四大要素,成功的概率几乎为零。他们也很清楚,在耗尽资金或出现其他竞争对手之前进入市场并取得成功的机遇期非常短暂,而且资金资源也十分有限。经过下面的努力,Siri 终于成功跨越了"死亡谷",并最终成为苹果所有移动端设备的核心元素之一。

(1) 痛点研究。经过几个月的市场调研,团队发现,每当用户需要通过触摸屏幕操作某项任务时,有 20% 的人会选择弃用这个应用程序。

Siri 背后的突破性想法简单而且强大:相较于搜索引擎,Siri 将是一款语音识别的"行动引擎"。它会理解用户的需求,自动搜寻用户所需信息,并提炼出一个答案。所有这些都由 Siri 生成,不需要用户耗费任何精力。它将成为一个虚拟个人助理,帮助人们购买球赛门票、预定餐馆座位、获知天气预报,或仅需一两下触控操作就能找到想看的电影。

(2) 差异化技术。将语音转换成数据文本是容易的,而分析文字是其中最困难的部分。计算机必须识别文字中的概念及与概念相关的词群。对人类来说这些任务非常容易，然而大多数计算机无法做到这点。

Siri 采用的机器理解人类语言的技术基础是 SRI 多年的研究积累。产品的具体实施是由亚当·奇耶和迪迪埃·古佐尼引领，打造出配置到上百万个用户手机中的 Siri。近 20 年来，奇耶是 SRI 最具远见的计算机科学家之一，他的作品让人类能够与网络程序和设备打交道。在他的博士生古佐尼的帮助下，他研发出能够理解并推理人类语言的方法，简化了机器对语音请求的响应。

（3）组建团队。SRI 很幸运请到杰出企业家戴格·吉特劳斯担任创业项目的 CEO。奇耶则选择离开 SRI 并加入这个项目。在几个月后，智能化用户界面领域创新领导者汤姆·格鲁伯加入，并最终成为项目 CTO。SRI 信息与计算机科学学院院长比尔·马克和诺曼·温那斯基也是这个项目的联合创始人。

（4）价值定位。在接下来的 6 个月里，整体价值定位成为团队关注的焦点：Siri 能够减少繁杂的触控操作程序，节省时间和精力，通过识别语音、理解人类语言及人工智能提供一个具有差异化和突破性的技术，产生收益并取悦消费者。团队确定下来 Siri 的商业模式是，如果用户在 Siri 推荐的页面中完成交易，Siri 将收取一定的费用。团队还发现从 Siri 推荐的酒店、餐馆及机场线索中可以获得巨额收益。

（5）融资。2007 年晚些时候，在历经 6 个月的价值定位后，Siri 团队决定为这个创业项目寻求外部资金。在化解了风险投资人的众多质疑后，团队筹措了 850 万美元，这笔资金足够维持项目运作 18 个月。这个融资过程给团队带来的不仅是资金，还有慕名而来的很多勇敢且富有洞察力的投资者，他们成为团队的合作伙伴，帮助团队明确商业模式、发展策略，以及与客户建立联系等。尽管如此，团队依然面临诸多挑战：在用户响应服务器相关的发布和语音识别技术上，团队已经比原计划晚了 6 个月。同时，其他企业已在研发类似的解决方案并取得进展，甚至一些企业向团队提出收购邀约。

（6）产品问世。在经历了从 2009 年 11 月至 2010 年 2 月的用户测试后，团队准备在苹果应用商店正式推出 Siri。团队也请了一些来自诸如 Scobleizer 和 TechCrunch 等网站的顶级博主，为他们准备了相关演示和测评。产品演示获得了巨大成功，消费者对此兴趣高涨。Siri 的免费用户下载量以天文数字计算，它位居苹果应用商店里所有应用的前 50，且在生活方式类应用中位居榜首。

在推出两周后，Siri 受到乔布斯的关注。在接下来的几周里，乔布斯和吉特劳斯谈到了收购 Siri 的价格。乔布斯开出的条件是 Siri 投资者和管理团队无法拒绝的，团队也非常开心能够与乔布斯一起共事。一年后，Siri 成为苹果新产品 iPhone 4S 核心平台中受欢迎程度最高的服务应用。

资料来源：摘编自《哈佛商业评论》2015 年 9 月刊《Siri 之父：跨越创新的"死亡之谷"》。

本章要点

➢ 探索创新产品前需要先识别目标群体的痛点、痒点、刚需。

➢ 用户画像有助于创业者理解用户特点和需求，开发有针对性的创新产品。

➢ 针对用户需求做产品创新有三个层次：改善现有的产品，满足用户更高需求的产品升级，激发用户新需求的全新品类产品创新。

➢ 在改善用户体验的同时尽量控制和降低产品成本是产品创新的重要追求。

➢ 新产品设计制造有规范，不可为图快而省略必要的中间阶段，需要严格按产品开发流程做产品。

➢ 产品设计需要同时满足目标用户需求和企业营销需求，做到产品价值的最大化。

➢ 创新点要从产品生产、销售、使用到售后服务的全链条上探究，目的是改善用户体验、提高产品竞争力、更好地实现用户价值。

➢ 一个产品的创新点不是越多越好，也不是功能越多越好，要切中用户痛点做最有价值的创新。

➢ 设计新产品需要借鉴 MVP 的开发模式，要尽早让产品直接面对用户、接受用户的检验，在服务过程中完善。

➢ MVP 不是对功能的阉割，而是用户可以使用的最小功能集合，应通过快速迭代逼近，满足用户的完整需求。

主要概念

增量市场，存量市场，蓝海市场，红海市场，用户画像，用户价值主张，创新点，卖点，产品开发流程，MVP，产品创新"死亡之谷"

思考题

1. 探索创新产品可以从哪些角度思考?
2. 创新产品设计需要满足哪些需要?
3. 用户画像有什么作用?如何做?
4. 产品创新的目的是什么?怎样选择产品的创新点?
5. 产品的创新点越多越好吗?为什么?
6. 开发创新产品的大致流程是什么?
7. 产品的创新点和卖点有什么区别?
8. 怎么理解创新产品开发的 MVP 开发模式?
9. 哪些努力有利于跨越产品创新的"死亡谷"?

第 8 章　设计商业模式，运营初创企业

学习目标

1. 了解经营创业企业的主要环节与工作。
2. 理解制订与调整商业计划、培养核心竞争力对创业企业的重要意义。
3. 掌握商业模式系统设计。

思维导图

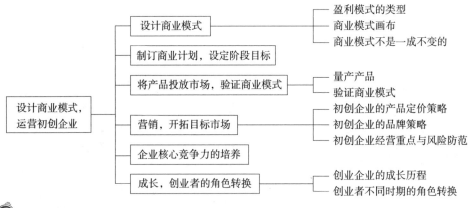

本章导学

本章重点讨论设立企业后的经营问题，即如何保证批量生产合格的产品？如何开拓市场？如何将产品卖给目标用户？如何更好地服务用户？如何制定可行的目标？如何获利？如何构筑竞争壁垒等一系列经营问题。这些问题在企业设立之前就应该有所思考，需要创始人与企业核心团队共同研究，制订可行的计划并努力去完成。

8.1 设计商业模式

怎么理解商业模式？可以说创业企业以产品服务为抓手，以商业逻辑为牵引，将内外部资源整合起来，在持续满足用户需求的同时实现企业利益最大化的经营方式就是商业模式，它是一个系统的设计。

商业模式就像一串珍珠项链，是通过商业逻辑把运营企业涉及的每一个重要部分有机地串成的一个持续获取收益的用户服务体系。这些重要组成部分包括：企业的价值主张、目标用户、销售渠道、用户关系、核心业务、合作伙伴网络、成本构成和收入来源等。通俗地说，商业模式就是企业依据商业逻辑构建的以盈利为目的的运作方式，即通过商业形式、商业渠道向目标用户提供的产品和服务，目的是保证企业持续获取收入和利润。更通俗地说，就是企业怎么持续赚钱。因此，商业模式实际上包括盈利模式。

8.1.1 盈利模式的类型

盈利模式是商业模式的重要组成部分，是企业获取收入实现盈利的方式方法，可以分成三种类型。

（1）直接型盈利模式是指将企业的产品服务直接或通过中间渠道售卖给用户，其目标用户也是付费的客户。变通的方式还有免费提供一部分浅层服务吸引用户使用，以引导更深层服务的直接收费，具体形式有前置收费、服务中收费、后置收费等。例如，售卖华为、小米等的实体产品；阿里云、腾讯邮箱、华为云等云计算服务；慈铭体检、瑞尔齿科、木北造型等连锁服务；中信书店、湛庐阅读等线上书店；金山办公软件、爱剪辑等工具软件，以上都是采用的直接型盈利模式，如图 8-1~图 8-3 所示。

（2）间接型盈利模式就是将免费服务进行到底以聚拢和黏住用户，进而将该

图 8-1 直接盈利模式示意图 1　　图 8-2 直接盈利模式示意图 2

图 8-3 直接盈利模式示意图 3

用户群体的衍生价值转化为对其他客户群体收费提供的资源（如广告、流量引导、其他业务收费等）。这个模式的特征是用户和客户处于分离状态。例如，人们经常提到的把免费业务做到极致，具有某一方面鲜明特色和客户价值的门户网站，像新浪、搜狐、凤凰财经、今日头条等资讯平台。只要服务能够吸引足够多的用户并形成平台效应，就有可能采用这样的间接盈利模式获利。这种模式最适合软件服务类的产品，因为它可以低成本复制，边际成本趋向于零，所以可以免费提供给用户。而硬件产品就不容易做到免费，除非把硬件和服务捆绑在一起，用免费硬件引导用户消费服务，硬件的用户与购买服务的客户有可能不是同一个人，此类产品勉强可以归为这类间接模式，如纯净水企业的买桶装水票免费送水机，电信运营商的承诺月消费额免费送手机等，如图 8-4 所示。

（3）混合型盈利模式则是将直接和间接商业模式混合使用，既有使用免费服务的用户，又有付费购买直接服务的用户，还将免费用户的衍生价值开放给愿意付费购买的第三方用户。像淘宝、天猫、京东、美团、携程等电子商务平台，它们既免费服务购物的用户，又从商家用户的销售额中提成，还收取一部分广告用户的费用，获利形式多样；腾讯视频、喜马拉雅、爱奇艺等视听网站，高德地图、百度地图等导航平台也类似。能够采用混合盈利模式的往往都是已经形成商家聚集效应、能够吸引广泛用户的商务平台，有收费业务也有免费业务，受众广泛，还可以为付费用户带来入驻平台后更多的价值和帮助，如图 8-5 所示。

创业企业选择盈利模式时要结合企业产品形式、服务效率、用户价值、业务关联方价值等方面综合考虑，目的是要通过产品和服务持续为用户和业务关联方最大化地创造价值，同时可以使用户增长速度和用户黏性更强，获取收入更有效

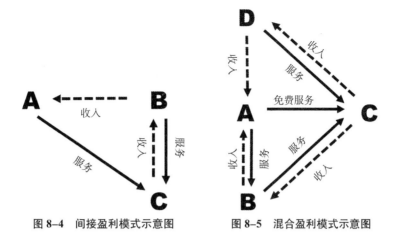

图 8-4　间接盈利模式示意图　　图 8-5　混合盈利模式示意图

率，成本更低，最终保证企业收益最大化。因此，设计盈利模式时需要重点考虑的因素是价值、规模、速度、效率、成本、收益。越简洁的盈利模式越有效，特别是在创业初期，复杂的盈利模式只会降低效率。创业企业早期很难采用平台型混合盈利模式，因为"罗马不是一天建成的"，平台也一样。

8.1.2　商业模式画布

商业模式是企业实现价值的运行模式，具体描述为企业以什么样的价值主张、通过什么样的渠道与合作伙伴、为哪部分客户提供哪些有竞争力的产品服务，其目的是使企业最大化地转化客户价值，获取收益、赢得竞争。为了能够把商业模式的主要内容描述清楚，这里提供两个非常有影响和直观的工具给创业者参考：一个是商业模式画布（business model canvas，BMC），如表 8-1 所示；另一个是精益创业画布（lean startup canvas，LSC），如表 8-2 所示。BMC 的概念是由瑞士人亚历山大·奥斯特瓦德（Alex Osterwälder）在 2010 年《商业模式新生代》一书中正式提出的，之后《精益扩张》的作者阿什·莫瑞亚（Ash Maurya）在商业模式画布的基础上提出了 LSC 工具。这两个工具对科技创业者规划自己的创业都非常有价值。LSC 是对 BMC 的传承，其差异在于 LSC 更通用，更适合不同规模、不同类型的企业，更侧重于全面和平衡，更趋于对企业得以存在的商业逻辑和状态的描述；BMC 则更侧重于初创企业的早期行为，更聚焦于客户需求的挖掘和解决，以及营造企业的核心优势，对初始创业者谋划创业更具指导性。

表 8-1　商业模式画布（BMC）

合作伙伴	关键业务	价值主张	客户关系	客户细分
在服务客户的过程中，哪些伙伴可以为创业者提供帮助或者强化创业者的产品与服务	针对目标客户提供的产品服务	阐明创业者的产品服务为客户带来的独特价值	创业者与客户之间的关系是一次性的还是持续性的，如何增强黏性、增加复购率	目标客户
	核心资源		渠道通路	
	在服务客户的过程中，创业者掌握了哪些关键资源		通过哪些有效途径接触并获得客户、服务客户	
成本构成			收入来源	
人力管理成本、基础设施成本、产品开发成本、生产成本、获客成本、销售成本等			从哪里获取收入、收入构成、客单价、单品毛利、利润	

表 8-2　精益创业画布（LSC）

问题	解决方案	独特卖点和价值主张	门槛优势	客户细分
客户最需要解决的问题 1、2、3……现有方案存在的问题和缺陷	产品服务最主要的功能、方式等	一句话阐明产品服务为什么值得购买	让竞争对手难以模仿或超越的优势	目标客户 早期用户 哪些可成为早期用户
	关键指标		渠道	
	量化验证，应该考核哪些指标		哪里能高效接触到用户	
成本			收入	
人力管理成本、基础设施成本、产品开发成本、生产成本、获客成本、销售成本等			收入来源、收入构成、客单价、单品毛利、利润	

画布中央是企业的价值主张，左侧是业务，右侧是市场。画布左侧包括创业者准备提供的关键业务，以及支撑开展关键业务所具备的核心资源、开展关键业务时创业者能联络的合作伙伴、企业为提供这些关键业务所需花费的成本。画布右侧是企业明确的服务对象，以及希望与这些服务对象建立什么样的关系、接触这些客户的渠道通路、企业所能获取的收入来源。这个工具的好处是让创业者在一页纸上清晰明了地阐述自己的商业模式，也可以轻松地审视商业逻辑，从中发现问题和风险。在描述过程中，创业者需要用最简洁的语言概括它，抓住商业逻辑的本质。BMC 的描述顺序如下：

（1）客户细分。设计商业模式首先要确定企业准备为哪个群体或哪种类型的机构提供价值。初创企业尽量要将目标客户细分，这样会使目标更明确，更便于准确地把握客户需求。提供的产品服务越有针对性，企业存在的价值就越大。

（2）关键业务。关键业务是企业为目标客户提供的产品和服务，是在对目标客户真实需求研究的基础上形成的产品或解决方案。

（3）价值主张。价值主张是企业希望给目标客户传递的独特价值，是客户从企业产品和服务中可以获得的益处，也是引领企业前行的目标方向。

（4）核心资源。核心资源是企业为客户提供产品服务所依赖的关键资源，是企业的核心生产力，包括人、财、物等各方面企业的重要资产和能力。

（5）客户关系。客户关系是创业者希望企业与目标客户之间形成的关系，即维系客户的方式，包括如何避免一次性关系？如何产生和保持客户黏性？如何提高客户的复购率等。

（6）渠道通路。渠道通路是企业有效接触目标客户和将价值提供给客户的通道，是线下店铺还是线上商店？是代理商还是线上平台？哪个是最有效的通路？

（7）合作伙伴。合作伙伴是企业在向目标客户提供产品、服务的过程中可以强化企业产品价值、为实现重大阶段目标提供帮助的主要合作伙伴、供应商等。

（8）成本构成。在企业运营过程中所有的成本，包括人力成本、生产制造成本、原材料成本、仓储物流成本、营销成本、售后服务成本等。

（9）收入来源。企业以哪些方式获取收入，如产品直接收入、会员收入、佣金收入、广告收入等，各主要收入的占比是怎样的，以及客单价、单品毛利、利润分析等。

通过上面的描述，创业者可以清晰地理解如何服务客户，如何获取收益，这是创业之初的商业模式 A。在企业经营了一段时间后再重新审视各项内容，可以发现其中的一些关键因素出现了瓶颈或者发生了变化，需要重新调整并找出更好地获取收益的商业模式，也就是商业模式 B。随着深入经营、不断地克服阻碍商业模式良性运转的瓶颈问题，企业成立之初设想的商业模式 A 往往都会有所变化，最终可能稳定在商业模式 B、商业模式 C……，创业企业在创立之初应尽早验证商业模式的有效性，并随着市场的变化和对客户的深入理解调整自己的商业模式到最佳状态，但创业企业应尽量避免频繁变换商业模式，因为这会使经营处于不稳定状态，难以发挥最高效率。

从表 8-2 可以看到 LSC 中的部分内容与 BMC 相同，两者相同的部分都是企业要考虑的、最基本的问题，即客户是谁、产品是什么、价值是什么、怎样盈利。BMC 兼容性更强些，大企业也一样适用，都是先说清楚经营的几个基本问题，再说清楚怎样保证有效地服务客户，最终落脚点是盈利。而 LSC 更适合指引初创企业的行动，它们之间不同的地方在于 LSC 将 BMC 中的"合作伙伴""核心资源"和"客户关系"改成对初创企业更为重要的"问题""关键指标"和"竞争门槛"，最终的落脚点是竞争，是初创企业走向成熟必然要走好的第一步。创业者根据 LSC 可以将各部分内容串起来，清晰地表述企业服务于谁、为什么服务、怎样服务、卖点是什么、通过什么渠道服务、如何控制财务平衡、追求什么样的指标、能建立什么竞争优势，从而顺利进入下一个成长阶段，这就是初创企业侧重表达的商业模式。需要指出的是，画布工具涉及的各项内容对初创企业来说是要在实际经营中验证的，有可能创业者预想的与实际情况有出入，某些环节可能出现运行上的瓶颈，需要创业者根据验证结果及时调整优化，以找到最有效的商业模式。追求精益创业就是使创业过程中的每一步都是精心设计和目标明确的，不浪费任何时间和资源，从而提高创业的效率和成功率。下面将根据它的逻辑顺序逐一说明。

（1）客户细分。前面曾经论述过如何进行客户细分和给用户画像。对于初始创业者来说，明确谁是目标客户和服务对象是成功创业的首要问题，对他们的划分和识别越清晰，越有利于理解和发现他们共同面对的痛点问题，从而顺利开展后续一系列的经营工作。在细分的客户群体中再进一步识别哪些是能够接受新产品的早期天使用户，这是创业者最重要的目标用户群体。从他们身上，创业者可以通过实际的使用体验了解如何才能让新产品满足他们的需求，通过反复打磨，使产品、服务更加成熟，更好地吸引更多的用户。

（2）问题。创业要解决的主要任务是目标用户所面临的共性问题。发现问题需要创业者在对行业有深入了解的基础上具备敏锐的商业嗅觉。问题对应需求，需求程度有强有弱，发现真正刚需是创业者的"真功夫"。创业者可以列出这部分目标客户急需解决的三个最重要需求，再看看现有的产品、服务是怎么满足这些需求的，有哪些致命的缺陷和问题。

（3）独特卖点和价值主张。针对目标用户亟待满足的需求和现有产品的问题，阐明创业者的价值主张、创业者可以给用户带来的核心利益、能够引起用户心动的价值点（这个价值点应是唯一的）。

（4）解决方案。列出针对用户需求的产品解决方案，包括可验证的产品指标和大致的完成时间。

（5）渠道。渠道是能接触到目标用户的通道，包括线上平台、线下代理商、直营店等。创业需要解决怎么建立和利用这些渠道与目标用户接触的问题。

（6）成本。在运营企业和打造产品的过程中都有哪些成本支出，固定成本、变动成本各是什么。

（7）收入。企业靠什么获取收入，可获得多少收入。总体上用户得到的价值应该大于企业从用户那里获得的收入，企业收入应该大于企业为此支出的成本，这样商业模式才可成立。因此，企业经营有一个盈亏平衡点，过了这个点则可以持续盈利。很多创业企业的盈亏平衡点很靠后，之前始终处于亏损状态，这将考验创业者的融资能力。创业者一定要让企业"烧"到挣钱的那一天，否则挣钱"造血"的能力有限，仅靠持续的融资"输血"维持企业长久的发展是不正常的，早晚有一天会因"爆雷"而终结。

（8）关键指标。列出可以衡量商业模式实质进展的关键指标。例如，完成哪些可检验的产品指标，何时获得第一批用户、第100个用户、第1000个用户，或者何时获得第一笔收入，什么时候获得第一个100万元等。

（9）门槛优势。为避免竞争者抄袭、模仿甚至超越，企业可以为竞争者树立门槛、门槛多高、有什么"护城河"、"护城河"多宽、企业的核心优势是什么等。

LSC呈现的是初创企业的商业逻辑和商业模式。因为初创企业刚刚进入市场，一切接触和反馈都是全新的，所以这些事先的规划需要实践验证，需要一个根据用户需求迭代完善的过程。

8.1.3 商业模式不是一成不变的

初创科技企业商业模式的成熟完善需要经历几个阶段：第一步，核心任务是解决方案与用户需求的匹配，这一阶段通过产品、服务的试销售使解决方案更加贴近客户需求；解决好这个问题之后，第二步的核心任务是产品与市场的匹配，这一阶段通过扩大产品服务的生产与销售满足更大规模用户的需求；解决好这个问题后，第三步的核心任务则是扩张，是解决企业与资本的匹配问题，这一阶段企业需要通过丰富产品线、借助资本的力量实现更大规模的扩张以满足更多用户群体的需求。在这样一个循序渐进的自我完善过程中，初创企业将从稚嫩逐步走向成熟，如图8-6所示。

商业模式是企业系统的运转方式，是企业服务用户、获取收益的重要手段，

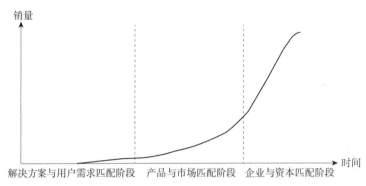

图 8-6　企业成长不同阶段的商业模式重点

无论处于什么时期，无论侧重解决的是什么问题，无论是采用直接、间接还是混合的获利形式，其目的都是令企业在服务好客户与最大化获利之间建立高效协同，如图 8-7 所示。因为商业模式系统在不同的发展阶段侧重解决的核心问题不同，所以需要在用户关系、合作伙伴及资源渠道等方面不断调整以满足各阶段的中心任务。在最初的解决方案与用户需求匹配阶段，重点在处理用户需求和解决方案的关系上，需要解决用户是否愿意埋单、使用的问题；在产品与市场匹配阶段，重点需要放在处理渠道、合作伙伴的关系上，解决让更多用户埋单、复购，实现

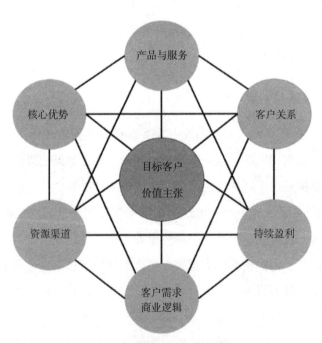

图 8-7　商业模式系统运转示意图

更大规模销售的问题；在企业与资本匹配的扩张阶段，重点则需要放在打造门槛和处理成本、收入的关系上，解决盈利和更高质量成长的问题。因此，商业模式需要与企业不同发展阶段的核心任务和目标匹配，这是衡量商业模式有效性的标准，在市场的实际检验下，一旦发现效果不佳就要及时调整。

有时企业规划的具体产品只是一个服务用户的工具，由它串联起来的整个商业模式系统才是完整满足用户需求的"产品"。例如，开发一款老年健康管理的微信小程序，除采集和预判一些必备的健康指标的功能以外，可能还得整合一些医生资源到上面，同时必须在微信平台上开展服务，可能还要联合养老机构向老年人推荐使用和培训，服务收益可能是从老年用品厂商的广告中获得，因此，这实际上是一个完整的系统在为老年人服务。

8.2 制订商业计划，设定阶段目标

对于初创科技企业来说，设计商业模式固然重要，但要让商业模式有效运转起来更重要的则是执行，商业计划就是创业企业按商业模式经营运作的行动指南，企业经营得好坏取决于商业计划制订和执行得好坏。商业计划包含所有经营工作计划，涵盖创业企业的人、财、物、产、供、销方方面面，具体到与人相关的各类岗位招聘，与事相关的产品开发和投放市场及后续验证，再到验证后逐级放大生产或规模服务，再到建立销售渠道、合作伙伴关系，选择原材料供应商等经营工作。

（1）分解任务，设定目标。创业者相当于最大的项目经理，其需要将各阶段企业整体商业任务分解为若干个子任务并制订相应的计划和目标。设定工作目标的好处在于可明确团队努力的方向，提高工作效率。对于初创企业来说，工作目标越明确、计划越具体、检视周期越短越有效，越有利于创业者统筹把握创业节奏。初创企业首先需要结合产品开发路线图分解各项任务，明确阶段目标和里程碑。对于各项早期工作，创业者可以将目标尽量分解得小而密，不要分解得大而虚。例如，制订每个月要实现的主要工作目标。有些创业者因为对工作缺乏信心，往往将目标制订得大而虚，如仅按年制订计划目标，或者只为目标定性而不定量，虚得无法审视评估，这是早期创业者应该尽量避免的。

初创企业既要围绕产品开发这条主线工作，也要有序展开其他经营工作，如向

早期天使用户试销或试发产品、筹备产品的生产、组建工程实施团队、落实产品产能扩张、组织售前支持和售后服务团队、接触和选择供应商、初步接洽销售渠道等，可以根据企业业务特点进行相应的准备。创业者要像音乐指挥一样带领整个团队和谐地演奏"创业进行曲"，明确每一项工作的责任人和量化目标，争取创新产品早日面世，正式投入市场大潮当中。

（2）调整商业计划。企业建立的头两年是创业的关键期，因为产品的开发、生产、销售等所有经营环节都经历了春夏秋冬一个完整的周期，各方面的问题都会暴露，特别是市场销售等问题可能随季节变动而影响企业现金流的健康度。因此，创业者要时刻关注资金问题，在不利结果出现之前做好应对，采取融资、贷款、调整商业模式、加大销售力度、减少不必要开支等任何手段都可以，要未雨绸缪，做好预判和准备，谨慎跨越"死亡谷"。

在遇到重大阻碍和困难的时候，创业者可以适当调整完成目标的时间或目标本身，但不应遇到阻力就轻易地改变。那些经过认真、客观研究设计制订的重要计划、目标必须得到坚定执行。与此同时，创业者还应抓住表象问题点，加强分析阻力背后的本质原因。如果发现影响目标顺利实现的原因是自身产品或商业模式设计不到位，则创业者必须及时调整相应的方案，重新制订计划目标。如果市场发生不利变化，那么创业者要及早终止当前商业计划，另作规划避免"一条道走到黑"。

8.3 将产品投放市场，验证商业模式

8.3.1 量产产品

一个全新的产品从设计到量产，再到实际应用，包括从产品生产到交付，进、销、存、生产方式及工艺流程等诸多方面都有可能存在问题，创业企业很难事先全面把握这些问题，故创业团队需要按照事物发展的客观规律，在问题被一步一步放大的过程中发现、解决之，在摸索中完善自我。通过逐级放大，进行方案的可靠性、稳定性、一致性验证，同时关注效率与质量，包括生产效率、仓储物流效率、原材料供应及其质量、最终产品的质量与一致性等。

有形产品的生产制造要在实验室阶段积累的制作经验基础上设计一套适合规模化生产的方式与工艺流程，需要研究各环节的效率协同，研究哪些原材料、组

件需要外包生产，针对生产要求和质量标准制定本企业的采购标准和检验指标，选择符合标准且能稳定供货的原材料和组件供应商，通过试验性生产发现影响稳定性及效率的问题、影响良率的关键因素，摸索最佳的控制方式方法。无形的软件产品或服务产品重要的是理顺业务流程，解决产品中的缺陷问题和用户使用不便的地方，进行压力测试，以保证产品服务在大规模并发流量产生时不至于崩溃等。这些工作哪一项都不能被忽视，强行量产必将损失惨重。

不同的行业企业在生产管理方面所关注的点不尽相同。例如，流程行业和离散行业就有明显区别。流程行业如化工、医药、钢铁等类企业一般偏好设备管理，因为这类企业需要运用一系列的、按流程顺序布局的特定设备，这些设备的状况将极大地影响产品的质量；离散行业如机械、电子等类企业生产线的排布，以及工序都是影响生产效率和质量的重要因素，这类企业更关注标准化、看板及零库存管理。

现在关于柔性生产和精益生产的理念和方式与传统的大生产方式不同，特色是更符合市场的变化和客户多样化的产品需求，可以满足企业"小批量""多品种"的生产要求，核心理念就是通过对系统结构、人员组织、运行方式和市场供求等方面的整合优化，使生产系统能很快适应不断变化的需求，最终达到生产各方面最好的结果。计算机及自动化技术是柔性生产的物质技术基础。柔性生产在广度上是包含精益生产的，也就是说精益生产是柔性生产的一种。它们之间的差异在于：精益生产更强调消除生产过程中的浪费，而柔性生产则更关注生产与市场之间的关系；精益生产多是流程式生产，而柔性生产则更加强调生产的模块化。从某种意义上说，柔性生产是比精益生产流程更短的流程，就是将整个生产流程浓缩到一个很小的生产模块当中。除了实体生产，柔性生产往往也采用虚拟生产模式，就是利用其他企业资源共同满足市场需求，而不仅是使用自身资源生产。

案例 8-1：缺乏生产工艺及产品稳定性验证即组织大规模生产销售

K 公司创始人冯博士是材料方面的专家，其开发出了一款全新的液晶膜材料，并将其应用于可调节明暗度的新型遮阳板产品。产品经实验室生产出来后广受目标客户欢迎。为抢占市场、快速实现收入，冯博士决定直接安排量产。

因为实验室小试阶段的主要生产设备基本能够满足量产的产能需要，所以冯博士决定直接将小试的工艺路线用于大规模生产，在添加了一些边缘设备后就向原来的上游膜材料供应商下了大规模的采购订单。一切似乎都进展得比较顺利，但到生产出成品后发现每个批次的良率都不一样，从 60% 到 75%，又低又不稳定。经过一段时间的生产后，生产经理发现了几个主要问题：刮胶装置均匀性不够、工人手工切边精度不一致、每一批次的原材料性能指标都有差异，综合起来导致最终良率无法控制和提升。于是冯博士与生产团队加班加点设计新的解决方案，调整了液晶配方，加装了自动化的裁切设备，重新挑选合格供应商，经过近一年的努力终于将生产良率稳定在一个可以接受的水平。但新的问题又出来了，之前生产的产品好不容易销售出去了，一些严寒地区的客户使用了半年后发现液晶有失效现象，于是大规模退货，直接造成数百万元的经济损失，再加上之前因为企业没有明确采购专项技术指标而导致当初大规模采购的不合格原材料无法退货，又造成 100 多万元的经济损失，两项加起来损失数百万元。

案例启示：

不按照生产规律办事、跳过生产放大的中间验证环节、盲目追求"大跃进式"的生产销售可能会产生严重的损失，这是典型的"欲速则不达"。

8.3.2 验证商业模式

创业就是在未知中摸索前进道路的挑战过程。创业者产品设计得再好，如果没有可行的商业模式将其用户价值转化为企业收入，那也是失败的。确定有效的商业模式对创业企业而言是一个探索的过程，不是一成不变的，因此，创业者需要对最初设想的商业模式进行实际的验证，针对不同阶段的核心任务目标评估其有效性，根据暴露的问题及时进行调整优化，直至获得相对稳定和满意的结果。

评价商业模式是否有效要看其市场认可度，任何一个商业模式的终极目的都是让企业更多更好地在市场上挣到钱。市场认可度是指用户对企业产品或服务提供价值的认可程度。如果创业使用的是直接型商业模式，市场认可度就是愿意用货币支付产品服务价值的客户的数量。如果使用的是间接型商业模式，那么市场认可度则是真实使用产品、服务的用户群体得到的衍生价值的大小。说得更直接些，就是能吸引多少愿意购买衍生价值的客户。例如，一个美食点评平台，虽然众多的用户在免费使用其美食点评和订餐导引服务，但这些用户所产生的流量具有衍生的广告价值和其他增值服务价值，可以吸引大量的广告主购买广告投放服务，或吸引其他服务商购买相应的增值客户数据。用户越多，使用越频繁，其衍生价值就越大，市场认可度也就越高。

创业者需要在经营初期重点关注商业模式的市场认可度，发现经营遇到阻力后要及时研究商业模式中出问题的环节，有针对性地拿出调整方案，在不断打磨中得到最有效的商业模式。

案例 8-2：枭龙科技商业模式的转变

枭龙科技在工业市场上一开始采用定制的方式做 AR 眼镜应用项目，一个一个地谈客户。当时企业只有 30~40 人，仅能同时做一两个项目，成长速度十分缓慢。经过反思，枭龙科技团队认为这样的商业模式必须改变，要从做项目改成做产品。后来经过实践他们探索出两条路：①将解决方案标准化，通过公网、私有云把 IP 开放给客户自己开发。②与行业龙头平台商合作实现本行业产品标准化。因为平台商本身就做系统，比枭龙科技团队更明白 AR 怎么用，枭龙科技团队只需对接好需求、把硬件嵌入系统中即可实现产品化转型。枭龙科技团队集中做设计，追求轻量化，通过纳米光栅波导的批量化制备形成了自己的核心技术与核心器件，结果证明这个模式选对了，不少龙头媒体都与枭龙科技团队合作，现在记者们人手一个融媒体眼镜。

案例启示：

科技创业有很多发展模式，创业者可利用核心技术做产品，也可利用项目的方式做服务。做标准化的产品有利于拓展市场，用定制化项目的方式则可能会限制企业的成长速度。

8.4 营销，开拓目标市场

市场竞争是初创企业需要认真对待的经营问题，除打造产品和设计商业模式需要考虑竞争外，企业的营销策略和计划同样需要考虑竞争，需要在创业愿景和企业经营战略指引下制订务实的营销策略和计划，其中，产品价格策略是营销策略的重要组成部分。

8.4.1 初创企业的产品定价策略

产品价值链如图 8-8 所示。

图 8-8　产品价值链

价格是产品的一部分，创业者需要结合市场竞争情况对新产品进行适当的定价。定价策略在实际市场竞争中起着十分重要的作用，新产品定价必须与企业的营销计划和战略目标配合。很多互联网企业的产品由于其边际成本随着用户的增多是下降的，所以为快速获取用户、占有流量而经常采用免费定价策略推广，希望一旦有了较大流量再从广告商那里间接获取收入。本身有硬成本的科技产品一般不会采用纯免费定价策略，充其量可能采取产品免费耗材收费的策略。同时大企业与初创企业所采取的定价策略也不尽相同。下面重点介绍初创企业对有硬成本的科技产品的定价问题。

初创科技企业应考虑在生存的基础上获取更多的用户。由于缺少参照，初创企业在为其新产品定价时总会有很多顾虑：如果定价过高，很可能导致产品滞销；如果定价太低，销售收入很可能弥补不了成本。因此，初创企业对新产品定价时更应该实现如下几个目标。

（1）使产品被用户顺利接受。无论新产品多么不同凡响，其价格都必须在潜在客户可以接受的范围内。

（2）保持市场份额增长。如果新产品销售成功，那么随之而来的将是无数竞争者蜂拥而至。初创企业必须加大销售力度，努力保持市场份额不被竞争对手挤占，因此，创业者需要不断评估并及时调整产品价格，辅以有针对性的广告促销手段，持续保持理想的市场份额。

（3）使企业获利。初创企业为新产品制定的价格原则上应高于成本。大企业有时为了打垮竞争对手往往会在一定时期采用低于产品成本的定价策略，把对手挤压垮以后获得垄断地位再抬高价格获取利润，或者并不抬高产品价格，仅把产品作为大量获客的工具，再从客户流量中挣钱，如滴滴出行采用的就是这种策略获取了垄断地位。初创企业通常没有这样的资金实力去赔本销售，市场对一个产品的反应也往往是降价容易涨价难。为了让市场接受产品，初创企业往往倾向于过低定价，这实际上不是好的策略。

初创企业常用的定价方法包括以下几种。

（1）撇脂定价法。初创企业在进入竞争不激烈甚至是暂时没有竞争的蓝海市场时，经常采用撇脂定价法，就像"撇去"牛奶上一层厚厚的油脂一样。如果新产品是针对价格不敏感的高消费群体，那么可以采用这种定价策略，以弥补高昂的研发费用和市场营销成本，这种定价法有助于树立企业产品高质高价的形象。撇脂定价法的优势还在于可以为初创企业在未来竞争相对激烈的情况下调整产品价格留有足够的余地。

（2）渗透定价法。如果初创企业是向高度竞争的市场推出新产品，在市场中可能会有众多类似产品相互竞争，那么使用渗透定价法成功的可能性比较大。为了让潜在用户迅速接受新产品，初创企业需要以比产品单位成本略高的价格将之推向市场，使企业相较于竞品形成价格优势，在短时间内达到较高的销售额。薄利还可能遏制其他竞争者的相似产品进入市场。

渗透定价法通常用于价值相对较低且市场不存在同类高档产品和差异化产品。新产品进入市场的过程常伴随大量的广告投入及促销、打折、特卖等活动，创业者必须认识到，渗透定价法是一种长期定价策略，在顾客接受新产品之前，企业的利润可能很低，如果渗透定价法起作用，那么新产品会很快占领市场，销售额会快速增长。这种方法的目标在于可以尽快渗透市场，实现高销售额，该方法的不足之处在于受低价吸引的顾客往往缺乏忠诚度。

（3）沿需求曲线滑动定价法。滑动定价法是撇脂定价法的一种变通方式。在这种方法下，初创企业最初先为产品制定一个较高的价格，随着技术进步、生产规模扩大后成本降低，企业可以抢在竞争者之前逐步降低价格，以此迫使其他竞争者失去对市场的期望，保护企业自身的市场地位，如图8-9所示。手机等消费电子产品就是采用这种滑动定价法的典型范例。在最初投放市场时手机新品价格被定得很高，随后由于其他竞争企业的跟进，价格会被很快调降下来。滑动定价法是一种短期定价策略，初创企业为了进一步扩大市场份额，在后期也可能主动降低价格。

（4）满意定价法。有些初创企业在新

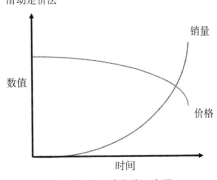

图8-9 滑动定价示意图

产品上市后会本着适中原则为产品制定一个不高不低的价格，兼顾企业、中间商及最终用户的利益，使各方都感到满意。这种定价策略就是满意定价法，其价格介于撇脂定价和渗透定价之间。满意定价法的优点是其价格既能让用户顺利接受，又能保证企业和中间商从中获取合理利润，使多方都感到公平和满意；缺点是营销策略相对保守，缺乏攻击性，不适合竞争激烈的市场环境。

不同市场中的产品定价策略往往差异极大。

在现有存量市场，由于竞争对手多，创业者通常可以根据产品与竞品的差异化情况用"渗透定价法"定价，使价格比竞争对手略低或者持平，但将产品比竞争对手做得好，也就是所谓性价比高。依赖中间渠道销售的产品出厂价格到最终用户的购买价格会有差距，产品定价一般要考虑市场的接受程度、竞品的价格、中间商的利润、销售模式及创业者自己的成本，合理确定新产品的出厂价格。

在增量市场和蓝海市场，产品定价重点要考虑客户的接受程度和利润。创业者可以采用"撇脂定价法"将产品的价格定得相对高些，追求更多利润。如果市场销售需要依赖中间渠道，则创业者要充分考虑渠道商利益，给他人留足利润空间。医疗产品的定价就属于这种情况。在需要培育才能逐步成熟的蓝海市场，中间商的作用不可小觑。有些创业者在这类产品的定价上只考虑自己的局部利益，没有留足中间利益，导致中间商动力不足、产品销售缓慢，因此失去了很多商机。

一些产品会与后续服务紧密捆绑，有时企业会希望采用快速抢占市场的策略，创业者可以将产品和服务分开定价，产品价格可以制定得相对低些，甚至接近或低于成本，虽然产品本身不赚钱，但企业可以通过后续的服务产生利润。考察一些互联网模式创新类的产品服务可以发现，其经营情况好坏的重要指标是流量，是预期的用户数、用户使用信息、用户转化率、用户黏性、用户留存率等指标，一些可以直接产生收益的服务还要看客单价等。这些数据最终反映在商业上是可能换取的广告收入或用户衍生价值的变现能力。在企业获得垄断地位之前，为快速获取用户，产品通常采用免费或者低于成本的价格。有很多创业团队在这方面有认识误区，觉得规模就是价值，出于竞争的需要不管换取流量的成本有多大都要一味地扩大用户规模、抢占地盘。这种烧钱的模式一旦"输血"跟不上就会立刻"歇业"。像OFO小黄车最初的商业模式就出现了这类问题。任何一项创新最终都要回归商业的本质——盈利，或者有本事抗到盈利的那一天。总之要看在多长时间内能形成一个收入大于成本的生意。

创新产品定价的好坏直接影响创业企业的经营和商业价值的实现，这体现了创业者对市场的把握、对竞争策略的选择及对企业未来价值的思考。

8.4.2 初创企业的品牌策略

企业经营存在不同的层次，最初是经营产品，进一步是经营客户，再进一步就是经营品牌。企业经营策略中品牌策略是十分重要的，初创企业因为从零开始，所以市场对其品牌认知是零。但这不代表初创企业不需要考虑品牌问题，相反，从一开始将产品推向市场的时候就要有品牌意识，策划好企业和产品的品牌形象。这样做的目的是更好地销售产品和获客，同时也为企业后续扩张奠定品牌基础和认知积淀。当然，品牌形象的好坏与最初的产品特点及用户体验高度相关，因此，初创企业一开始最需要关注的是两件事：为企业起好名字，做好产品品牌策划。

为初创企业及产品起个易记、易传播的名字是品牌策略的第一步。企业名与产品品牌名可以相同，也可以不同。若产品服务品类相对集中，那么可以为企业和产品选择一致的名称，这样有利于集中推广资源，推广效率更高，认知效果更好，对产品品牌的保护也可以更强。很多知名的企业都是采用这样的策略，如海尔公司的海尔电器，中科曙光公司的曙光服务器、曙光高性能计算机等。但有些企业产品品类相对多元，这样就不适合统一命名，如字节跳动公司的抖音、今日头条、西瓜视频、飞书、悟空问答等产品；腾讯公司的微信、QQ、QQ 邮箱、财付通等。企业的名字起得好坏直接关系企业的营销效果和营销成本，除了要寓意好、形象、无歧义、易记、朗朗上口，还应该符合人们的书写习惯。

初创企业在产品正式面世前需要做好最基本的品牌策划，包括统一品牌名称、制作企业和产品的 LOGO、统一视觉形象，更重要的是做好自我文字表述，描述清楚企业愿景是什么、解决什么问题、价值主张、产品和服务、优势和创新、联系方式和官方网站等。产品品牌设计对初创企业来说是最重要的，产品的品牌、功能介绍、说明书、包装、广告语等一系列要素都要以打动客户为目标而设计，清晰地传递企业的价值主张。

初创企业首要的任务是先活下去，再考虑活得好一些。因此，在品牌营销推广方面，企业一定要把钱花在"刀刃"上，把营销力量集中在产品的推广和有效获客上，不要做大而空的宣传和纯形象的广告。无论是对企业还是对个人，企业都要善于利用网络信息时代的各种平台工具。需要建立自己的官网和官方微博，同时在一系列主流搜索平台和互动媒体上以统一的品牌名称做好企业的描述，如百度知道、百度百科、搜狗百科、维基百科、互动百科、新浪微博、微信小程序、微信订阅号、贴吧等。在手段上需要制造一些话题，在一些互动媒体上讨论，捕捉一些热点事件进行话题营销；善于讲好故事，拉近与潜在客户的距离；善于利用微信朋友圈、微信视频号及抖音、快手等社交媒体进行软性宣传；在一些有针对性的渠道做适当广告；在主流搜索引擎上不定期做搜索引擎优化（search engine optimization，SEO）等。总之，初创企业虽然规模小，但为了更好地获客和销售，还是需要去做有针对性的营销推广的，酒香也怕巷子深。

案例 8-3：马蜂窝旅游网更名

"蚂蜂窝旅行网"在运行了 7 年后正式更名为"马蜂窝旅游网"。在更名前该企业没少吃输入法的亏，客户通过输入法搜索"蚂蜂窝"时直接弹出的是"马蜂窝"，为了准确搜索到"蚂蜂窝"，客户不得不花很大力气寻找"蚂"字，这一问题给客户带来极大的困惑和不便。为了不流失客户，该公司没少花钱在正本清源上。7 年后终于还是顺其自然地将企业名改为"马蜂窝"。

案例启示：

创业者对企业的命名需谨慎，企业名或者产品名是创业者重要的营销工具，其既要反映企业价值理念，又要有利于客户认知，有利于在市场中传播。

案例 8-4：北京凌宇智控科技有限公司创始人张道宁关于企业战略的感悟

我创业 4 年后才悟到战略方法论，要看 10 年、想 3 年、做 1 年。我对 10 年的看法始终没变，即大方向上 VR 是未来，交互等是 VR 的标配；做好企业的 3 年规划就够了，想 3 年是把握节奏；制定一年的里程碑，高频微调，早期是定技术与产品的里程碑。要知道在什么阶段会有什么样的竞争对手与合作伙伴，这是动态变化的，对手之间是竞合关系。战略不是你想做什么，而是你现在不得不做什么才能使你的企业发展得更好。有些事必须得干好，如果从某一天之后市场上都是你的技术了，或者某个竞争对手就要追上你了，那么你必须推出新技术，推出下一代产品，这就是不得不做的事。你要知道未来企业可能会死在哪儿，然后尽量避免。做战略前先要问清自己的用户需要你吗？行业需要你吗？为什么是你能做好？

8.4.3 初创企业经营重点与风险防范

1. 追求快速扩张

科技创业企业在初期的重点工作是产品创新，定型后的重点工作则是实现快速扩张。产品创新是解决好用户的需求问题，是企业耕耘市场、获取用户的工具。在解决了产品问题后，最重要的就是让市场接受、用户认可，实现快速扩张。初创企业要想在市场上站稳脚跟，必须想尽一切办法获取用户、实现销售，只有业务跑起来才意味着企业真正抓到了用户的需求点，才有可能使企业生存下来。如果能使增长速度再快一点，在细分市场上抢占更多的份额，则可以令企业占有优势地位，不给竞争对手留下超越的机会。只有拿到了细分市场的第一，企业才有更多的话语权，融资才能有更高的溢价，才能借助风险投资的加持更大规模地扩张和成长，也才能吸引更多优秀的人才加盟，令企业成长得更好、更扎实，这就形成了一个正向循环。"天下武功唯快不破！"因此，增长速度和用户规模是初创企业最重要的追求目标，企业只有在持续奔跑中长大才有更好的未来。

创业企业如何实现快速扩张呢？传统的业务可能做不到指数级的增长，因为产品要一个一个地卖，客户要一步一步地积累，但与数字和互联网紧密结合的创新业务则有希望实现指数增长，因为用户通过网络获取产品服务更便利了，用户的积累也更容易了，因此在设计产品服务的模式上需要充分利用数字经济、网络经济的优势。

无论是线上还是线下，获客都是有成本的，创业者不要怕"烧钱"换取用户增长，只追求利润对处于成长期的创业企业来说是不可取的。创业者需要有节制地将更多的资金用在有效扩大市场规模上。但扩大规模不能走极端，不能不问自身能力一味地"烧钱"，这样做的后果只会让企业死得早些。因此，创业者必须随时评估扩张中的问题，及时调整商业模式而不是不问效果地盲目砸钱推广，要追求一个动态平衡，在保持生存必需的前提下尽量多地在扩大市场规模上投资。创业者也不能僵化地不顾市场变化一味追求扩张，在需要收紧的时候就要减慢速度、练好内功，做好转型调整，能够做到张弛有度的创业者才有可能跟上行业发展的节奏。对于那些根本无望获得风险投资支持的创业企业而言，创业者更要量力而为，以追求正向现金流和早日盈利为经营目标，毕竟"活着"才有一切。

2. 保持业务发展以应对风险

为了能够使企业业务真正贴近市场并持续保持生命力，创业者必须经常性地走访或接触典型客户，了解他们的实际情况和真实想法，不要脱离一线，因为业务人员出于自身利益的考虑要么可能夸大困难、要么可能夸大预期，这样很容易使企业经营被一线业务人员左右，从而得不到对市场的客观认识和真实的数据，创业者若依此做出决策自然是错误的。

随着企业的成长，员工人数将快速增加，产品线也在快速增多，新的市场问题会随之出现，管理问题也会凸显。但只要保持发展就有能力解决"成长的烦恼"。发展才是硬道理，发展意味着希望，意味着容易获得更多的融资，意味着有更多的资源和手段解决各种问题。发展会令团队感觉"有奔头"，管理上出台一系列的制度也会让大家认为是为了适应未来的需要，引入更多高端人才也更容易。发展会使更多小企业难以企及的大企业愿意参与合作，从而解决更多市场扩张带来的难题。一旦发展变得缓慢甚至停止，一系列本来不大的经营管理问题就会被放大，解决不好就会造成人心涣散甚至分崩离析，令企业难以为继。因此，创业者应对经营管理风险的有效手段就是想方设法保持产品销售增长和收入增长。

3. 现金流断裂是初创科技企业最致命的风险

初创企业在发展的道路上往往不会一帆风顺，在真正做到自收自支地活下来之前，可能会出现一系列的风险，主要包括：产品开发遇到难以克服的困难时不能按时完成的开发风险；产品生产制造不稳定、不符合质量标准的生产风险；销售、获客达不到预期目标的市场风险；人心涣散、骨干离职的管理风险；现金流断裂的资金风险等。这些风险直接造成的影响是拖长企业获取收入或获得融资的周期，导致资金上只出不进，资本金很快会被消耗殆尽，然后就可能使员工人心惶惶、各奔东西。因此，经营中最重要的问题是维持现金流，最大的风险是现金流断裂，这是决定企业生死的大问题。可以说大部分创业企业在成长的过程中都多多少少遇到过资金匮乏的问题，一路走来，创业者都在为资金问题费尽心力。成功的创业者都是有能力解决资金问题的"高手"，都会未雨绸缪地做好安排或者在需要时凭借资源、能力及时获得资金。那些融资能力弱的创业者在发展的道路上确实会遇到更多的坎坷，坚持不了就是失败。有些创业者对此认识不足，会说企业没钱了可以向投资人融或者向银行贷。殊不知，不是每一个创业项目都可以得到投资的，另外，早期的创业企业由于没什么有价值的资产可以抵押，所以向银行贷款也仅能得到一些小额的信用贷，根本不足以应付企业现金的缺口。因此，这里要提醒这类创业者早做打算，控制好支出，即使有条件融资也要早动手，因为从接触投资人到真正资金到位短则几个月，长则半年、一年，一定不能等到现金流快断了的时候才想到去融资，那时一切都晚了！

为防范资金流断裂的风险，在没有取得市场收入的早期阶段，很多创业者的经验是采取"小步快跑"的融资原则，结合每一个里程碑目标安排融资节奏，每一次融资都会有明确的业务进展和下一步的明确目标，最好是在有产品样机或MVP开发出来的时候融天使投资，因为投资人喜欢在一个确定的产品基础上判断其未来发展。

还有一些企业在新产品开发、销售不顺利的情况下会利用研发团队的技术能力承接一些当下能产生收入的项目，或者代销一些别人的产品以维持企业现金流。总之，创业者必须时刻关注企业现金状况，做到未雨绸缪。

8.5 企业核心竞争力的培养

基于对竞争对手的系统分析，创业者应该有针对性地提出自己的产品价值主张，并针对主要竞争对手的优势、劣势，差异化地设计产品解决方案和相应的商业模式。在这个过程中，创业者要有意识地识别哪些环节可以形成自身的核心竞争力，并随着经营的深入逐步构建自己的"护城河"或"门槛"，防止竞争对手复制、模仿、超越。对科技创业企业来说，保证商业系统有效运转的各个主要环节几乎都有可能形成自己的优势。具体在哪些环节培养优势最有效则要看企业的差异化市场定位是什么，要看业务类型和业务特点适合在什么地方构筑壁垒。创业者通常可以考虑在以下方面培养自身优势。

（1）技术与经验的不断积累。持续不断地开发、改进与创新技术，通过专利、工艺和专有技术诀窍等方式实施保护。这对于以创新为生命线的产品型科技企业或以技术体系为服务保障的服务型企业来说比较适合。

（2）管理和过程把控。形成一套科学、严格且可执行的有机管理体系，保证输出高品质的产品或服务（如海底捞）。

（3）用户使用习惯的培养。通过切中用户需要的高质量服务以增加用户对产品、服务的依赖性，抬高用户退出的成本（如微信）。

（4）渠道和战略伙伴的支持。与一些重量级的业务伙伴建立独家或排他性质的合作，拉大与竞争对手的差距。

（5）资质和牌照的屏障。在有些需要特殊资质才能经营的领域努力获取资质、牌照，获得政策保护（如拿到药品或医疗器械的注册证、获得军工资质或保密资质等）。

上述只是一些启示，创业者需要根据自身企业的特点和业务类型灵活选择最有效的手段构筑核心竞争力和竞争门槛，形成人无我有、人有我强，无法被轻易复制的竞争优势。创业者在规划创业时就应该有意识地思考，并在创业过程中有针对性地强化之。

8.6 成长，创业者的角色转换

8.6.1 创业企业的成长历程

企业的成长历程与自然人非常相像。人从出生到死亡，其全生命周期中要经历婴幼儿阶段、少年阶段、青年阶段、成年阶段、中年阶段、老年阶段，企业也是一样，创业者设立企业开始即意味着"法人生命"的诞生，企业全生命周期一样要经历生老病死的成长历程，如图8-10所示。只不过作为"人的集合"的企业与人的个体成长结局稍有不同，企业生命进入衰老阶段后不一定必然走向死亡，有可能走向"重生"，在企业团队的努力下有可能在一个更高的层次上成功转型，获得二次成长的机会，得以将生命延续。因此，一些团队能缔造基业长青的"百年老店"，而个体的人再努力也没有这个机会，从自然的角度看必定走向死亡。

企业成长全周期S曲线如图8-10所示。

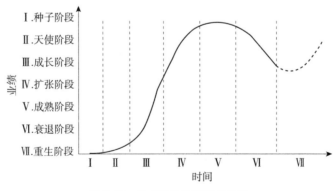

图 8-10　企业成长全周期 S 曲线

8.6.2 创业者不同时期的角色转换

创业者在科技创业企业中往往是一个集"技术人员＋产品经理＋销售经理＋

人力经理+CEO+企业精神领袖"于一身的复杂集合体，随着创业企业的发展壮大，创业者在不同时期所表现出来的角色侧重点也应随之改变，只有这样与时俱进，才能使企业真正健康地成长。

初创科技企业在一开始最重要的任务是打造符合市场需要的创新产品，在这个阶段，创业者最主要的角色侧重于"技术专家+产品经理"，这是企业创始人最主要的职责。随着产品被正式投放市场及经营的深入，企业获得了第一批客户，首次从市场上获得了收入，此时企业的重要任务就是扩大市场规模。为了摸索更有效的销售模式和直接感受市场反应，创业者此时的角色重点就从"首席产品经理"转向了"首席销售经理"。随着企业经营规模进一步扩大，创业者需要管理的部门和人员也逐渐多了起来，整个企业的经营进入"快车道"，一系列管理问题也会自然地暴露出来，此时创始人的角色就回归到CEO的职责上，他需要带领核心团队做好企业治理和战略规划，整合资源扩大合作，使企业快速、健康地发展。待企业进一步成长到有一定规模和实力时，创业者可能需要聘请有丰富大型企业经营管理经验的高级职业经理人担任CEO，此时他的角色将被转换为企业家和精神领袖，在更高层面率领企业朝更宏伟的目标前进。

实际上创始人始终是企业最终的责任人和管理者，只是在不同的时期其职责的侧重点不同而已，做好这个角色转换考验的是创业者的综合素质和能力。有些创业者可能是技术出身，始终找不到职业经理人和企业家的感觉，始终用技术思维经营管理企业，这样就很难使企业成功。在人格特质上，技术人员喜欢亲自上阵做对的事情；职业经理人善于从对的事情出发，发现问题和解决问题；而企业家则善于在发现问题的基础上发现机会、做对的事情。因此，这三类人的特点要集于创业者一身并不容易，创业者需要有意识地在实践中学习、磨炼与成长，并随着企业发展主动平衡各个时期的角色侧重点。能够将之运用自如的创业者都是非常成功的企业家。

本章要点

➢ 商业模式就是系统调动企业资源在为用户创造价值的过程中使企业持续获利的经营方式。

➢ 商业模式画布（BMC）和精益创业画布（LSC）是创业者设计企业商业模式的有效工具。

➢ 商业模式在创业企业发展的不同时期所侧重解决的问题和调动的资源不同，需要在动态的发展中求得稳定与成熟。

➢ 创业之初需要制订明确可执行的商业计划和阶段目标，不怕小而密，就怕大而虚。

➢ 产品投放市场后需要进行一系列的验证，包括产品客户价值验证、产品价格验证、生产工艺流程验证、商业模式验证等。

➢ 根据市场竞争情况制定企业经营策略，做好产品定价，制定企业品牌和产品品牌策略，做好营销推广，重点关注如何获客、留客、销售和复购等问题。

➢ 企业成长的全生命周期与自然人极为相似，都要经历从婴幼儿到老年直至死亡的自然过程，所不同的是企业作为"法人实体"有可能在衰落阶段成功转型获得"重生"，因此才有"百年老店"的存在。

➢ 在企业成长过程中随着阶段任务的变化，创业者本身的角色重点也要随之调整，在技术人员、产品经理、销售经理、CEO、企业家和精神领袖等不同角色之间适时地转换。科技创业者需要在不同成长时期平衡运用技术人员、职业经理人和企业家的三种能力。

主要概念

商业模式，商业模式画布，精益创业画布，商业模式市场认可度，商业计划，营销策略，价格策略，撇脂定价法，渗透定价法，满意定价法，沿需求曲线滑动定价法，品牌策略，企业全生命周期

思考题

1. 企业的商业模式指的是什么？
2. 商业模式画布涵盖哪些内容？
3. 精益创业画布与商业模式画布在内容和侧重上有哪些区别？
4. 盈利模式都有哪些类型？
5. 商业模式在企业的不同发展阶段是一成不变的吗？
6. 在什么情况下需要调整商业模式？
7. 初创企业制订商业计划应该注意什么？
8. 创业企业经营初期阶段要做哪些实际验证？

9. 创业企业初期经营的重点是什么?

10. 新产品定价有哪些方法?分别适用于哪些情况?

11. 初创科技企业通常会存在哪些经营风险?最大的风险是什么?

12. 创业企业可以在哪些方面营造自身竞争力?

13. 企业发展会经历哪些阶段?创业者在不同阶段的角色侧重点是什么?

第 9 章　撰写商业计划书

学习目标

1. 了解商业计划书的作用及不同创业阶段需要准备的商业计划书。
2. 理解商业计划书在不同创业阶段的内容构成及侧重点。
3. 掌握天使期的商业计划书的撰写。

思维导图

本章导学

9.1　商业计划书的作用

商业计划书（business plan，BP）是对一个企业及其业务发展计划的全方位描述，更多的时候用于企业融资，有时也会用于企业参加各种创业大赛或申请相关机构的支持。对于创业企业来说，商业计划书反映的是创业者的愿景、创业设想及具体行动，因此商业计划书可以帮助创业者梳理思路、明确方向、制定行动指南；可以帮助潜在投资人了解创业企业及业务发展现状和未来计划，为投资人评估项目的商业可行性和投资可行性提供参考依据。

从企业发展的客观规律上说，投资人对不同发展阶段的企业所关注的问题是不一样的。这里再次引用"创业树"的概念，如图0-1所示。在创业企业这棵"创业树"从一棵幼小树苗成长为参天大树的过程中，尽管它是一个完整的生命系统，所有的要素都不缺，所有的要素都要关照，但不同时期所面对的成长问题是不同的，不能用一成不变的模式应对其成长过程中所面临的所有挑战。商业计划书就是对一棵"创业树"在不同阶段的成长描述，包括成长历史、成长预判及内生动力因素和外在"土壤、空气、阳光、水"等的系统描述。

种子期（幼儿）——企业尚未成立或刚刚成立，业务处于策划和启动阶段。

关注重点：人的方面，关注团队经验、构成和能力匹配。事的方面，更关注创新、展望、计划、行动。

天使期（婴儿）——企业已经有了成型的产品，或者产品服务已经被投放市场，商业模式处于摸索完善阶段。

关注重点：人的方面，关注团队的能力、经验和协调性。事的方面，更关注创新产品、客户、业务门槛、未来前景。

成长期（少年）——企业产品和商业模式得到市场的积极反馈，销售或客户有了较快的增长。

关注重点：人的方面，关注团队的稳定性和战斗力。事的方面，除创新和前景外，还要关注销售、商业模式、竞争。

扩张期（青壮年）——企业产品基本定型，商业模式被市场验证可行，开始大力拓展市场并追求盈利。

关注重点：人的方面，关注团队的全面性和执行力。事的方面，更关注利润、市场占有率、利润率。

成熟期（中年）——企业业务稳定增长，拓展新的业务领域，着手强化管理、提高效率、降本增效。

关注重点：人的方面，关注团队的活力和创新力。事的方面，关注行业地位、投资与并购、内部孵化。

衰退期（老年）——企业业务增长乏力或者萎缩，管理问题严重，人员流失。

关注重点：人的方面，关注团队的心态和经验。事的方面，并购重组，关注形成的核心资产和行业价值。

重生期（涅槃）——企业业务转型，寻找新的增长机遇。

关注重点：人的方面，关注二次创业的求变意识和综合能力。事的方面，相当于新一轮的天使期，关注如何利用原有积累，关注创新业务及其前景。

可以说商业计划书是伴随一个创业企业成长历程的非常重要的商业文件，在不同的发展阶段企业要制订不同的商业计划书，用不同的内容侧重呈现企业的过往、现状和下一步的计划。商业计划书是企业融资的媒介，更多的时候被用于向投资人执行融资路演。路演（road show）借鉴自股份公司在首次上市发行股票（IPO）时集中向某些意向投资人定向介绍企业情况的宣讲方式，被引申用在所有向潜在投资人系统介绍融资项目的活动中。

不同阶段商业计划书的写法是有区别的。在初创阶段，由于企业重点是找对创业方向和目标客户群并打造适用的产品和服务，具体营销数字是空白，且天使投资人关心的也是这些问题，所以商业计划书重点要放在这些围绕人、产品和市场等方面的表述上；在快速成长阶段，企业面临的是如何强化企业自身的核心竞争力、如何快速抢占市场，以及能否持续增长等问题，风险投资人关心的也是这些问题，同时企业已经历经了一段时间的经营，期间都取得了哪些关键的成果，这些内容都是此阶段商业计划书表述的重点；待成长为一个有一定销售规模的实体时，企业将要面临的是如何巩固自身的核心竞争力和获取领先的行业地位，并进一步扩大规模实现更高盈利的问题，还有可能要规划 IPO 上市计划、利用资本市场的加持来使企业更好更快地发展的问题，那些大型私募股权投资基金或产业投资基金会关心这些问题，因此这个阶段的商业计划书要重点反映对这些问题的计划设想、更加可验证的数据支持、企业规范性运作的相关情况和过往取得的成果等情况。

有些创业者不重视商业计划书，认为实际做事最重要，需要融资时直接呈现结果就好了，确实也有些个性很强的创业者就这样也融到了资金。但这属于个案，绝大部分创业企业还是要靠商业计划书这个"敲门砖"才能成功获得投资。因此，撰写商业计划书是创业者的基本功，也是成功创业的重要工具。即使不融资，它对梳理创业思路、有条不紊且重点清晰地安排创业计划也是非常有帮助的。相反，如果没有商业计划书的指引，创业者可能在一开始凭着自己的商业嗅觉和经验使小型企业运转起来，但很难在企业规模再大一些、面临的问题成倍地增加后仅凭直觉做事了，创业，始终需要系统地规划、设计企业的未来成长计划。

9.2 撰写商业计划书

本书第5~8章实际上是对创业企业商业计划书涵盖内容的分项阐述，本章则是在这个基础上告诉读者如何将企业的商业计划用书面形式系统地表达出来，形成"有血有肉"的商业计划书。撰写商业计划书是企业最高层级的管理事务，特别是在企业创立初期和成长期，企业创始人需要亲自参与，组织专门的团队撰写。无论在哪个阶段，撰写商业计划书时都应该将"创业树"体系包含的所有内容阐释清楚，无非早期阶段主要靠"说"，中期阶段既靠"说"也看"做"，后期阶段主要看"做"，也参考"说"。创业者可能在企业创立之前就事先写好一份商业计划书，也有可能为了融资而撰写商业计划书，这与创业企业的融资需求有关，并无固定之规。但无论企业处于哪个阶段，出于融资或者参与创业大赛的目的，商业计划书一定要尽量将创业者已经取得的成果逻辑清晰地充分展现出来。

本节关于这部分内容的重点将放在撰写真正开始市场化融资的天使投资阶段的商业计划书。市场化融资指创业企业不是从身边的亲戚、朋友、熟人或者政府支持创新的职能部门融资，而是向之前从来都不了解它们的市场化投资机构或个人融资，这些投资人构成一个投资市场，相当于创业者将创业企业这个"产品"卖给投资市场的客户，这就需要创业企业有自己鲜明的"卖点"。

下面针对创业企业早期几个阶段逐一阐述如何撰写商业计划书。

9.2.1 种子期的商业计划书

1. 种子期商业计划书的撰写要点

在创业企业成立前后的种子期，撰写商业计划书的主要作用是给创业者和团队编写行动指南或给种子轮投资人（可能是创业者的亲戚、朋友、领导等熟人，在这里称其为非市场化投资人）的书面文件，由于整个项目尚停留在设想和创意方面，所以重点应放在对目标客户的调查研究、挖掘需求、业务逻辑、创新产品的设想和经营规划上，没有更多数字支撑（即使有也不会令人信服），更多的是通过有重点地表述"创业树"体系涵盖内容，逻辑自洽地阐述创业设想的可行性，即发现了谁的什么问题、为什么值得去解决、希望通过什么创新方式解决问题，以及在一些时间节点的计划目标安排等。因为种子轮投资人以创业者的熟人为主（也包括一些支持创新的政府职能型专项基金），他们或是看中和相信创业者本人（团队）的理想抱负、能力和已积累的工作经验，或是出于亲情和帮他人实现理想抱负的情怀，看到创业者有令人心动的创意和工作基础及相对比较系统的调研和思考就可以了。在这个阶段，商业计划书的目的是把创新及其市场化落地的可能说清楚，即设想做什么、意义如何及实现可行性如何。

商业计划书要点如下。

（1）项目概要（项目概括及其亮点）。

（2）需求分析与市场（为谁做、为什么做、研究细分市场与发现痛点）。

（3）产品与服务（准备做什么、创新点在哪里、核心技术、产品卖点）。

（4）竞争与优势（对标是谁、具备什么基础、如何能赢得竞争）。

（5）经营及业务工作重点（计划怎样做、量化阶段目标）。

（6）团队（合伙人及骨干的经验、背景）。

（7）融资计划（自有出资金额、方式及占比，融多少钱，出让多少股份，怎么使用，后续融资时间与计划）。

（8）预测与展望（第一阶段的预期结果及财务预测、第二阶段的融资设想等）。

2. 种子期商业计划书的撰写示例

第一步：搞清楚目标客户，明确相关场景下的客户痛点或痒点，描述客户需求。

例如，在治疗晚期癌症患者时，相对有效的方法是免疫治疗，激活患者的免疫系统，利用T细胞识别、清除肿瘤。但单独使用PD-1等免疫治疗方法时临床应答率低于20%，非肿瘤特异性造成某些患者的治疗效果不佳，要找到增大免疫应答的有效治疗手段。

第二步：清晰地描述产品及主要的创新点、可能的竞争对手。

例如，推出一款免疫治疗助推剂（纳米前药）以助力精准免疫治疗。创新点在于将免疫识别、免疫调节、免疫治疗和纳米技术结合起来，使肿瘤部位有效富集，精准可控释放，与anti-PD1联用可使对肿瘤的抑制力显著提升。

第三步：做好产品开发计划和经营计划。

例如，①临床前研究：包括哪些工作，何时完成。②临床申报：何时开始。③临床研究：哪些工作，大致多长时间。

第四步：整合完成，撰写商业计划书。

先撰写商业计划书除概要外的其他各部分内容，前三步的目的是抓住"事"的核心，撰写时不容易含糊。随后再说清楚"人"的情况，包括团队的背景、经验、能力匹配与分工，最后提炼项目概要，把项目亮点说清楚。

案例9-1：达必克新药开发公司的商业计划书

请扫描右侧二维码，获取案例内容。

案例点评：

（1）本项目在成立企业之前的研究工作都是依托学校和政府的资源进行的，在起草商业计划书时正准备成立企业，属于种子期融资。

（2）商业计划书结构清晰，内容相对完整，有愿景，亮点提炼清晰明确。

（3）产品创新点描述得不够具体，只强调了创新带来的结果和形成了多少专利，没有在形成突破的关键环节展开。

（4）业务计划表述得不够详细。要逐项分解企业现阶段的主要任务，目标和时间节点要明确，否则无法落地。

（5）应该明确核心创始人如何分工，尤其要体现对新药研发及临床申报核心工作的职责划分和能力匹配。

（6）融资方面首先要说清楚各创始人对企业的出资，是货币、知识产权还是其他方式，是实缴还是认缴。技术上因为是依托学校资源开展的研究，所以还应该说明在将成立的企业中如何处理学校的知识产权。

（7）因为现阶段没有收入来源，企业只有靠融资一条途径经营，一定要保证到下一个节点目标实现前有足够的资金，因此使用资金的计划需要更加细化且归类全面，满足企业运转和临床前所有的实际资金需求。同时需要再延伸一步，结合下一个节点目标做好新一轮融资的预估。

（8）企业现阶段的重要节点目标应是使新药顺利获批并开始临床研究，下阶段目标是通过各期临床研究，直至新药获批上市。对未来的预期与展望应是对各阶段的目标、风险及其可行性做评估。该商业计划书的这部分内容描述得过虚，没有可操作性，缺乏药品上市后的市场表现数据依据，没有说服力。

9.2.2 天使期的商业计划书

初创科技企业真正的市场化融资一般是从有了产品样品或最小可用产品，甚至是初步定型产品之后开始的。因为这个时期创业者已经将自己的创意或者创新产品具象化了，而不是仅停留在纸面，故此时更容易接受市场的检验而不是仅接受熟人的使用评价。这时的企业也从种子期刚刚组建的萌芽阶段发展到了有团队、有产品、开始有市场行为的较为成型的阶段，此时的市场化融资被称为天使期融资。

有些创业者认为商业计划书格式内容都大同小异，为图省事，从网上搜索一个商业计划书的模板下载下来填写就行，也不清楚适不适合此阶段的融资，简单地认为内容越全越好。殊不知，不同发展阶段的商业计划书是不能共用一个模板的，有些内容（如 PEST 分析、SWOT 分析、财务分析、短期/中期/长期战略发展规划等）在这个阶段写起来会很吃力，勉强写出来的也都是"八股文"，空洞无物，是毫无依据的"拍脑门"内容，对融资没有一点好处，反而会让投资人觉得项目很"虚"。实际上，是这些创业者没有理解天使阶段商业计划书的写作精髓，它应该重点反映创业者想做什么和已经做了什么，针对目标客户的业务逻辑及方案可行性，特别是创业者的产品已经做到了什么程度、投资亮点是什么。如果写得磕磕绊绊或者写得很空很虚，全是拼凑，那说明创业者至今还没有搞清楚自己想做的事情及商业逻辑。好的商业计划书应该越写越清晰，越写越觉得自己做对了。

天使投资人在这个阶段最为关注的还是"人"和"事"，由于是市场化融资，天使投资人很有可能事先不认识创业者，所以对"人"，即创业团队的了解就要通过商业计划书开始。但仅凭商业计划书肯定是不够的，他会通过很多手段去了解创业者及其团队，因为所有事情都是人做的，如果人不行，事情再好也是零。因此，商业计划书关于"人"的部分一定要把团队的客观情况和经验、实力写清楚，要反映团队与项目的契合度，并把团队的股权分配情况呈现给投资人。另外就是

"事",这是创业者对项目的总体描述,它要目标明确、商业逻辑清晰、重点突出、涵盖全面、言之有物,读完让人产生思路清晰、未来可期的良好感觉。

1. 商业计划书分项撰写说明

1)项目概要(相当于"电梯路演",即在短时间之内把融资项目及其卖点说清楚,概要虽然被列在商业计划书的第一部分,但撰写时最好将后面的内容都完成后再行概括,不做分析,只说结论)

细项内容包括以下几点。

(1)一句话概括。创业项目和创业者的优势,项目亮点是什么(也就是创业企业的卖点)。

(2)市场背景、趋势、问题(为什么做这个项目)。

(3)目标客户、场景、痛点、痒点、产品服务、产品卖点(用什么产品解决了谁的什么需求)。

(4)业务逻辑、市场空间(这个问题为什么值得解决)。

(5)创新点、竞争优势(为什么创业者能做好)。

(6)商业模式、执行计划、阶段目标(怎么做)。

(7)企业的整体商业目标和愿景等。

这部分内容是对商业计划书的凝练和升华。要在一页纸的范围内把事情说清楚,要让读者形成整体概念,而且还要让读者产生兴趣,这是一件非常需要字斟句酌的事情,创业者表达的每一句都不是废话,都要言之有物,因为投资人是否有兴趣继续读商业计划书就看这部分的介绍是否抓住了他的眼球,吸引投资人的一定是创业者对事情的把握和清晰的逻辑,一定不是浮华的辞藻、晦涩的术语和时髦的概念。

2)需求分析与市场(为谁做、为什么做、为什么值得做)

细项内容包括以下几点。

(1)行业市场背景、发展趋势。

(2)目标客户、业务场景及其痛点、痒点等问题。

(3)市场规模及其成长性。

这部分内容反映的是创业的大背景,是创业之初就应被反复调研和分析的市场内容的概括,也是实施创业的主要原因,包括创业者对行业、发展趋势的认知,聚焦的行业切入点现状和对存在问题的分析,聚焦的目标客户群体,发现在什么样的场景下痛点是什么,存在着哪些现实和潜在的需求,需求频次怎样,是否属于常态化的,市场是已经存在的还是需要培养的,市场增长速度是快是慢等。这其实就是创业者对目标客户的画像和对目标市场的整体评估。关键是要通过描述引起读者的共鸣,所以引证要充分、数据要权威、调查要客观,不能是臆测的。

有时创业者也做了一定的实地客户调查,但选择的客户样本量有限且代表性并不充分,就以此做出结论是没有说服力的。有时全新的客户需求被发现以后难以通过大量的客户调查验证,需要通过一段时间实实在在的经营用数据的增长量和增长速度说话。因此,对全新市场和已然存在的现有市场的表述是不同的。对现有市场的表述需要引用权威的研究报告和数据,如行业协会的年报、各类公认的市场研究机构发布的分析报告、上市企业公开披露的市场数据等。这里需要强调的是应避免文不对题的、大而虚的市场描述。有时创业者本身的产品服务很具体,但引用了一个概念更宽广的市场数据以表述其经营的市场也同样具有广阔的前景,如本身就是一个做某类特殊功能芯片的企业,却引用国际和中国半导体市场的规模和增速证明产品的市场前景,这就显得很虚,说明创业者没有真正研究透细分市场的情况,虽然大类上符合这个领域,但细分市场不一定有同样的表现。还有一些情况是商业模式采用间接型的设计,所服务的对象是产品的用户,不是埋单的客户,这时需要分析用户的情况和规模,因为这是收入的基础,要把用户的特点和画像描述清楚。

3)产品与服务(做什么、创新点、卖点)

细项内容包括:①产品或服务描述(最好配图)。②核心技术与主要创新点。③产品主要卖点。④产品开发路线图及已取得的成果。

这部分内容是写针对目标客户的需求而开发的整体解决方案及具体可销售的产品。应该先阐述清楚业务逻辑、针对目标客户的刚性需求、为什么这样设计解决方案、客户从中能得到什么、企业从中能得到什么。解决方案有可能是有形的产品,也可能是无形的服务,还可能是综合的产品/服务体系。无论采用哪种形式都一定要描述清楚产品的特点、功能、创新点、卖点等。同时,要介绍清楚目前产品的进展、已经做到了什么程度、下一步的产品技术研发规划等,有产品图或用户界面就应尽量呈现出来,让投资人一目了然。

创业者在描述产品和服务的时候一定要站在客户的角度思考表述的方法,思考客户都希望听到哪些"干货"才能做出购买决策,于是向客户推荐产品及其卖点的方法就清晰了。例如，打造一款芯片类产品，不能仅罗列该芯片的各种性能指标，还要清晰地告诉用户它的使用价值，也就是介绍如何能让下游产品获得好处，包括提升性能、降低功耗、提高效率或降低成本等。

有些创业者是做平台服务的，如做 SaaS 服务等的创业者在介绍产品时喜欢描述大而虚的架构，而不是针对客户的具体服务和价值做介绍，殊不知平台只是一种工具或模式，充其量属于技术支撑，不是产品描述。客户并不关心 SaaS 形式，关心的是能得到什么服务和怎么使用这项服务，关心的是他能得到的客户价值。客户不会因为创业者是做 SaaS 的自然就具有优势，如果创业者连自己的产品都描述不清楚，那怎么向客户推销？创业者由于商业模式设计得比较复杂，如 B2B2B 或者是 B2B2C，涉及几类商家，自己都搞不清楚谁是用户、谁是客户、谁是合作伙伴了，对自己的产品服务自然也就难以描述清楚了。

4）竞争分析（核心竞争力、竞品比较）

细项内容包括：①竞争格局及主要竞争对手。②竞品对比分析。③企业核心竞争力。

这一部分主要阐述行业格局和市场竞争情况，需要创业者清晰地细分市场上的主要角色和主要竞争对手，同时基于产品服务比较与竞争对手之间的优劣差异。做分析最重要的是找准竞争对手，首先要清楚用户和客户到底是谁，谁在跟创业者抢夺客户。有时创业者的商业模式设计得相对复杂，最后连自己都分不清谁是客户、谁是中间渠道商了。举个例子，创业企业 A 是提供人工智能和大数据解决方案的企业，它利用技术优势帮银行 B 解决一些关键的业务问题并为其搭建一个服务平台，因此银行 B 可以据此向用户 C 提供一款全新的服务，那么虽然创业企业 A 也服务了用户 C，但它的直接用户和付费客户应该是银行 B，间接服务的是用户 C。因此，创业企业 A 在分析竞争对手的时候重点要针对可能为 B 这类银行客户提供相似或替代性服务的企业展开研究，而不是去研究针对客户 C 这类终端客户的竞品情况。

在做竞品比较时最好用表格的方式一目了然地对比关键指标，对指标的选择很重要，要直接关联客户需求的核心痛点和行业普遍关切点。如果比较项并不是客户真正关心的，那说明创业者的产品并没有抓住客户要害。在做这部分竞争分析的时候还要注意提炼创业企业的核心竞争力，有没有行业"护城河"或行业"门槛"，技术上都形成了哪些专利或知识产权等。

5）商业模式与运营（怎样做、商业模式、计划目标）

细项内容包括：①商业模式。②重要客户及合作伙伴开发计划。③产品生产制造工作计划。④销售计划（客户/用户数量、销售金额等）。

这部分内容主要介绍创业者开发产品服务的具体业务计划和目标，以及产品投放市场后的一系列工作计划和目标，包括准备采用什么样的商业模式服务好目标客户。

编写天使阶段商业计划书的运营部分时，在描述清楚商业模式之后，重点是介绍各项业务工作计划目标和已经取得的经营成果。例如，产品开发计划和阶段工作目标、产品生产或规模化服务的计划安排及希望实现的目标、投放市场试销的初步计划目标。成果方面还应包括已经建立的重要合作伙伴关系及重要的天使用户的情况，以及从中可以得到的关键支持有哪些等。

关于目标的制定，要结合企业实际的人力情况和资金情况，本轮融资的资金安排及业务上期望实现的目标结果进行综合考虑。这个阶段创业者就是一个项目经理，需要把企业经营的各项主要任务拆解成若干子任务，并一一制定相应的时间目标和任务量化目标。例如，产品开发、生产或服务的量化目标，销售渠道或大客户建立的量化目标，推广数量或试销收入的量化目标等。如果在产品有了一定销量后融资，则要更加客观地做好销售计划，以合理的增长而不是毫无依据的倍数设目标。制订任务计划目标时一定要尽量细化，至少按季度甚至是按月制订，稳步推进，避免只制订一个年度计划目标，因为这样无法实现过程监控，最终会使目标流于形式，实现目标的可能性自然大大降低。由于天使阶段产品刚开始可能只有少量销售，所以衡量该阶段经营成果的重要依据不是销售，而是各项业务工作能否按计划开展，因此计划目标的可行性就很重要，千万不要为数据和增长曲线好看而夸大数据给自己造成被动。

6）团队（核心管理层的分工、经验能力的匹配度）

细项内容包括：①核心管理团队背景分工。②顾问。

这部分重点介绍创业企业的核心管理团队，以创始人为主，包括其他合伙人及重要岗位的管理者。主要介绍的内容包括岗位分工、个人的学历、专业、从业经历，重点介绍所负责岗位的从业经验和业绩，每个人的优势和特点。创始人的介绍更应该全面，除了以上这些，最好还介绍创始人的创业背景、创业初衷及与其他人的共事经历等。总之，要让投资人通过这部分内容对创业企业核心团队产生与项目高度匹配的初步认识，基本思想是要通过这部分介绍客观地反映团队的整体实力和创业匹配度。如果企业聘请了与业务相关的顾问，那么要对他们的背景、经历及其业绩、影响力等方面做描述，要特别说明他们在哪些方面对企业有重要帮助。

7）融资计划（要多少钱、期望给多少股份、怎么使用）

细项内容包括：①企业设立时间、初始投资规模、现有股权结构。②融资金额及期望给予投资人的股份比例。③融资资金使用计划分解。④下一轮融资的预计时间与金额。

这部分内容要根据第五部分"商业模式与运营"所制订的计划目标估算资金需求，结合企业现有的资金情况再加上为防范下一轮融资不顺利所需要的预留资金估算本轮融资总金额。可以根据开发产品、开拓市场、维持团队、购置设备等运营企业所需花销分解资金使用计划，这里要注意的是融资金额既不能少到不够支持业务计划，也不能过多，以免在这个阶段过多地稀释创始团队的股份，毕竟天使阶段的企业估值不会很高。与此同时，创业者还要给出下一轮融资的大致启动时间，以保证企业在现金流健康的情况下持续发展。

8）预测与总结（合乎逻辑，近期目标可行，远期有愿景）

细项内容包括：①财务预测（1~3年）。②企业的综合目标及愿景。

这一部分内容主要根据前面制订的业务计划对未来一至三年的经营结果进行业务和财务预测，包括产品初步定价、用户数、产品销量等业务指标和成本、收入、利润等财务指标，特别是第一年的预测要尽量做得客观可信，第二、第三年的预测要做得合乎逻辑，相对可行。

最后是整个项目的总结，给投资人一个企业未来几年的总体成长预期，描绘创始人希望把企业打造成一个什么样的企业。

2. 商业计划书案例及点评

案例 9-2：自闭症儿童康复服务项目

请扫描右侧二维码，获取案例内容。

案例点评：

（1）这个项目已经进行 2 年左右了，之前没有接受过市场化的投资，处于天使融资阶段。该企业在干预治疗儿童抑郁症方面开发出一套领先且较为系统的技术方案,效果得到了一定的验证,有自己的核心技术优势。

(2)商业计划书涵盖了天使阶段大部分应有的内容,但在产品和运营部分描述得不够清晰。企业选择"ToC 旗舰店 +ToB"的商业模式,但没有阐释清楚自营 ToC 服务与 B 端客户 ToC 服务之间的利益关系,也不是连锁加盟模式,公司到底以赋能 B 还是服务 C 为主?主要收益点在哪里?商业模式和业务逻辑不够清晰。因此在运营方面的计划也不会清晰,目标可行性也会受到质疑。

(3)由本案例可知,商业计划书仅在形式上写全是远远不够的,要想取得吸引投资人的好结果还要有魂,背后要有清晰的商业逻辑和在这个逻辑贯通下的内部驱动和外部支撑(人与事)。

9.2.3 成长期的商业计划书

经过天使阶段的融资发展后,创业企业的产品通常已初步得到了客户的认可,通过努力取得了一定的市场销售业绩,也对市场的竞争格局和客户的真实情况有了更直接、更深入的理解,企业创始团队制订了下一步快速抢占市场的业务计划,企业进入成长期。此时,企业业务收入还不足以支撑自身快速发展,靠银行贷款也十分有限,因为企业还没有足够的有形资产可以抵押,靠专利等无形资产质押贷款的量级也十分有限,于是需要股权融资,适当稀释原有股东的股份换取发展资金的支持。一部分发展较快、有较高竞争门槛、有广阔发展空间的创业企业可以向专业的风险投资基金融资,因此需要准备好商业计划书。此阶段的商业计划书与天使阶段的商业计划书在表述上虽然都是将"创业树"体系涵盖完整,但其侧重点应该放在开拓市场的计划目标和可行性上,与此关联的是靠什么样的商业模式实现这一目标?之前形成的产品优势和竞争优势有哪些可以支撑实现这一目标?第一年的计划目标有哪些可行的保证措施?企业对未来两三年的总体规划是什么?以及团队的相对完整性如何等。总之,这个阶段的风险投资不仅要看企业的产品是什么、有什么竞争力,还要看销售怎样、对客户的服务怎样,这是要用数据说话的。而且下一步能否继续快速扩张要看企业的商业模式能否支撑,财务预测能否经得起推敲。

因此,成长期创业企业的商业计划书要比天使期的商业计划书在内容上更丰富、更有数据支撑、具备更多的确定性。

1. 成长阶段商业计划书的主要内容

(1)项目概要(简要概括项目定位、客户、产品与服务、已取得的成绩、项目亮点等）。

（2）需求分析与市场（行业背景及发展趋势、目标客户、场景与问题、客户需求、市场规模与前景等）。

（3）产品与服务（产品与服务的描述、创新点、客户价值与卖点、商业逻辑等）。

（4）核心技术与研发（已形成的专利、版权、研发取得的进展与规划等）。

（5）竞争分析（市场格局和主要竞争对手、竞品优劣比较、企业竞争"门槛"或"护城河"描述等）。

（6）商业模式与运营（通过什么商业模式服务客户、实现盈利，营销策略，整体运营计划、措施等）。

（7）核心管理团队（合伙人及主要管理团队背景介绍、团队分工等）。

（8）企业基本面（企业成立时间、注册资本、现股权结构、历次融资情况、员工人数、历史沿革及重大事件、获得的各种资质证照、过去几年的财务数字、已取得的销售成绩等）。

（9）融资与资金使用计划（融资金额、欲出让份额、资金使用计划等）。

（10）财务预测（未来一到三年的预期销售目标或服务目标以及成本、收入、利润预测等）。

（11）总结与展望（企业愿景、中长期综合目标）。

2. 商业计划书撰写案例及点评

案例9-3：将模式识别与AI技术应用于养殖保险

请扫描右侧二维码，获取案例内容。

案例点评：

（1）该项目采用"人工智能+SaaS"服务的方式助力大牲畜养殖保险产业更加便利透明并实现监管可追溯，有服务模式创新，确实为客户带来了效率的提升和成本的降低，技术上有多项专利，在融得天使投资后业务发展迅速，故着手进行A轮融资，属于成长期的风险投资项目。

（2）商业计划书不一定要采用统一模式，但要全面涵盖模板内容。该商业计划书有自己的风格特点，对比核心内容，其在描述客户痛点和表述对应的解决方案、收费模式、业务现状、发展计划等方面相对清晰，但没有站在客户角度描述场景化的使用，读者难以对产品服务形成直观概念。同时，其缺少开篇的项目摘要和亮点介绍，缺少企业核心竞争力方面的明确表述，在企业历史沿革方面也缺少必要的内容，包括天使融资金额及投资主体、企业现有股权结构及注册规模、历年的成长数据和大事记等。企业融资后的业务计划缺少时间节点和量化目标。

（3）企业越往后发展越要将已经取得的成果和亮点表现在商业计划书里，要用更多确定性的内容让投资人看到企业的商业逻辑、发展前景、优势、成长，看到一个发展的主脉络，否则即使做得再好但表述不全、不清晰，商业计划书投递出去也将会石沉大海。

案例 9-4：NOLO VR，北京凌宇智控科技有限公司

请扫描右侧二维码，获取案例内容。

案例点评：

（1）该商业计划书的演示文稿被用于中国"互联网+"大学生创新创业大赛现场路演，由于赛制限制做了相应的简化，PPT整体控制在20页以内，去掉了项目摘要，由于参赛并无融资需求，所以没有融资计划、资金用途说明，以及财务预测部分。

（2）该项目将实际成果和经营业绩有机融入技术、产品、商业模式、竞争、已获融资等各部分，用事实说话，条理清晰，从整体上传递出了自信和气势。

本章要点

➢ 商业计划书是伴随企业成长的重要商业文件，不仅只在融资时才有作用，对初创企业梳理商业思路也有很大帮助，创业者要亲自负责撰写。

➢ 不同阶段的商业计划书内容侧重不同，不能用同一模板表述。

主要概念

商业计划书，市场化融资，路演

思考题

1. 商业计划书有什么作用？创业者可以请他人代为撰写吗？
2. 不同阶段的创业企业用统一的模板撰写商业计划书可行吗？为什么？
3. 天使阶段的商业计划书应侧重哪些内容？

第 10 章　借力外部资源

学习目标

1. 了解创业需要依赖的外部条件。
2. 理解选择适当的营商环境对创业的重要性。
3. 掌握孵化器、创业大赛等外部创业资源的作用。

思维导图

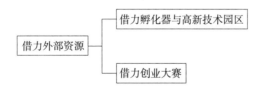

本章导学

初创企业的生存发展不仅取决于企业内部的良好运行，还取决于对外部资源环境的有效利用。外部资源和环境包括局部营商环境、业务合作资源和资金筹措渠道等。成本和效率、人才招聘的难度是初创企业需要优先考虑的问题，选择最适合的办公地点和环境可以让企业成长得更加顺利。

10.1　借力孵化器与高新技术园区

营商环境指一个行政区域内可以影响企业经营的各种外在因素的集合，包括政策、制度、地理、人文、交通、实体类型与分布、服务等。对于一个初创科技企业来说，营商环境的好坏对其生存发展会产生重要的影响，好的环境将加速创业企业的成长，因此创业者要善于选择与自己业务需求相一致的创业环境，最好是选择一个同行或上下游相对集中的区域创业，这样会提高效率、享受区域优惠政策。最初的企业注册地与办公室地点的选择就已经决定了创业者是在一个什么样的环境下创业，因此要统筹考虑，不要过于随意。

选择创业企业的注册地和办公地可以从以下几个角度思考。

（1）场地面积足够满足业务需要，成本可负担，对现金流影响小。创业之初创始团队一般需要集中在一起办公，紧锣密鼓地研发创新产品，争取尽早将产品投放市场，并早日面向真实客户提供服务。这就需要有一个满足要求的合适场所，某些做有形产品的初创企业还需要考虑仓储空间，因此物理场所的功能性和成本就是创业者首先要考虑的。

（2）人才是否好招聘。办公地周边交通是否便利？生活配套是否齐全？住宿条件与成本是否可以接受？交通便利比较有利于招聘人员，否则企业就需要考虑周边房屋租赁市场及生活配套设施，无形中增加了成本。有时候创业企业业务所需的人才相对集中在某些地区，如芯片设计制造行业的人才就集中在北京、上海、深圳、南京、苏州、成都、西安等少数科技发达的城市，在其他地区从事芯片领域的人才可能很少。因此创业者需要事先根据业务特点通盘考虑。

（3）企业办公地需要有基础的行政服务，可以让初创企业提高效率或降低成本。例如，是否有会计记账服务、人力资源服务等，可以令初创企业在最初不需要分心于行政方面的事务，集中精力开发创新产品、拓展业务。

（4）办公地与注册地需要有更丰富的业务服务，以帮助企业扩展接触面。例如，投融资服务、专业咨询服务、业务对接服务、项目申请服务等。很多有特色、有竞争力的孵化器都会在这方面为初创企业提供丰富的选项，如有些孵化器可以帮助企业对接上下游的行业大企业资源；有些孵化器甚至还有配套的天使投资基金或合作的基金，经常组织在孵企业的项目路演；很多有行业特色的孵化器还可以促进创业团队之间的交流、合作；有些孵化器可以帮助初创企业申请专利、认定高新技术企业、申领政府课题等经费支持。不同的孵化器在这些服务上存在很大差别，创业者应该认真甄别，结合自身需要选择最合适的孵化器。

当然创业者也不一定非要在孵化器内开启创业，也可以选择其他更有利于自身长远发展的地方。高新技术园区是一个高科技企业相对集中、政策优势明显的办公地，它们由各级政府设置的专门管理委员会负责管理运营。由于各地方经济的资源禀赋和规划重点不同，高新技术园区和开发区出台的鼓励政策和管理办法也不尽相同，特别是在税收返还力度和项目经费支持等方面会有一些差别。初创科技企业要根据自身的业务特点和发展规划选择入驻适当的园区。

选择入驻高新技术园区创业，更多的是那些希望借力政府搭建的平台整合资源发展自己的、有较强研发实力的高科技创业企业，它们在园区的帮助下能更高效地开发专利、软件、版权等知识产权，利用园区提供的公共服务平台研发、测试创新产品，避免因独立购置昂贵设备而产生高昂的费用。因为高新技术园区聚集的企业不仅有初创科技企业，还有很多具备一定规模的科技企业，所以综合办公成本相比孵化器会高很多。资金比较稀缺的初创企业还是要慎重选择，因为它们最重要的工作是集中资源尽快将产品投放市场、产生收入，之后可以再考虑入驻高新技术园区获取进一步的发展支持。选择入驻高新技术园区还有其他好处，如可以提升企业形象，增强企业吸引力，更容易招聘到有能力的优质员工，可以得到高新技术园区组织的各种培训机会和交流机会，更加容易开阔视野等。

案例 10-1：芯片设计公司的落地选择

尤博士是从美国硅谷回国创业的芯片专家，准备创办一家物联网芯片设计公司，创业之初面临公司选址问题。由于是芯片创业，很多科技园区都欢迎尤博士将公司办在它们那里。尤博士重点从下面几个维度对所接触的南京、无锡、济南、西安、合肥、成都、重庆等地相关园区做了分析比较。

（1）地区创新创业环境。

（2）半导体专业人才招聘难易程度、省内大学有无对口专业。

（3）所在地区有无晶圆厂、封装测试等上下游企业。

（4）园区资金政策及支持力度。

（5）园区人才政策及支持力度。

（6）园区交通便利程度。

（7）园区办公条件。

其中资金支持、专业人员招聘和产业配套等方面的资源对芯片设计创业影响比较大，经过考察，有些地区虽然对芯片设计企业支持力度比较大，但专业人才相对稀缺，公司从外地引进人才成本既高也不稳定。经过综合评价，尤博士最终选择了成都，理由是成都在（1）~（6）维度方面都很令人满意，办公条件虽然没有济南、南京、西安等地大和新，但在半导体专业人才方面更有优势，既容易招聘且成本还相对低，而且周边也聚集有若干家封测企业，政府的重视程度也更高，除给予几百万元资金支持外，还可以用建公共平台的方式为公司添置许多研发需要的昂贵设备，配套的高管公寓和资金支持应有尽有。这些支持条件对一个初创公司顺利起步是非常宝贵的。因此，尤博士将公司地点选在了成都。目前经过几年的快速发展，公司已经成为小米、歌尔声学等的合格供应商。

案例启示：

科技创业者在创业初期应多接触各种创业园区，选择最有利于业务开展的地方注册企业，争取最多的支持。环境选择得好有助于创业顺利起步。

10.2 借力创业大赛

在国家"大众创业，万众创新"的号召下，年轻人的创业热情十分高涨，各级政府部门和机构也纷纷组织创业大赛推动创业的发展。有些创业者担心参加大赛耽误时间、拖累创业，也有些怕将自己的创业想法曝光引发别人的抄袭。其实这些担心是不必要的，经过认真市场研究且有自信的创业者参加有影响力的大赛的好处大于为此的付出，哪怕不是作为参赛选手而是作为观众也要参与其中，想创业但还没准备好的人更应如此。有影响力的创业大赛能够吸引众多投资人参与，可以为创业者积累很多对今后融资有帮助的人脉资源。

对创业者来说，有影响力的创业大赛带来的好处是多方面的。

（1）可以接触众多投资人，还可从中感知投资人对创业项目的态度。

（2）可以增加企业的曝光度，与潜在的合作者建立联系。

（3）拓展业务关系，发现与创业项目有互补价值的业务合作伙伴。

（4）开阔视野，向更优秀的创业者学习，在业务、管理、商业模式等方面得到更多的启发。

（5）激励创业者系统地梳理商业计划，全面审视项目的优势、劣势和商业逻辑。

凡事都有两面性，竞争门槛不高的创业企业参赛确实也存在被潜在对手抄袭或模仿的风险，但是无论参不参赛都有这种风险，这将倒逼创业者更加努力地做有独特竞争力的创业。

目前，在国内已经形成一定影响力和规模的创业大赛确实不少，其中由国家层面组织的主要有教育部牵头组织的"中国国际互联网＋大学生创新创业大赛"、人力资源和社会保障部牵头组织的"中国创翼创业创新大赛"等。各省市为推动本地创新创业的发展，也纷纷投入资源组织有一定影响力的省级创新创业大赛，这些大赛在组织力度、配套的奖励措施和服务资源、投资人的参与度等方面都有可圈可点的地方，对创业者来说是很好的创业交流平台。其中，与高校关系最为密切、影响最大、参与人数最多的是"互联网＋"创业大赛，自2015年起每年举办一届，截至本书写作时已经组织了七届，参与的学校和学生逐年增多，参赛项目由几十万个增至几百万个，其中不乏有巨大发展潜力的领先科技创新项目。各高校积极组织专业的投资人对报名参赛的创业团队进行辅导，有很多参赛项目在比赛之前就已与投资人签订了投资意向，产生了很好的推动创新创业的效果。科技创业者可以充分利用这样的交流平台展示自己、向更优秀的人学习，使创业的路"越走越宽"。

本章要点

> 科技创业企业在设立选址时应综合考虑营商环境的影响。

> 选择有实质服务和行业资源的孵化器和科技园区入驻对初创科技企业顺利起步帮助巨大。

> 参加有影响力的创业大赛是帮助创业者快速成长的有效方式。

主要概念

营商环境，孵化器，高新技术园区

思考题

1. 正式注册企业时创业者应该考虑哪些外部因素？
2. 初创科技企业可以借助哪些外部资源？

第 11 章　融资，为创业插上天使的翅膀

学习目标

1. 了解科技创业企业的融资方式与途径、不同阶段股权投资的特点和关注点。
2. 理解天使投资等风险投资基金的运作方式和决策依据。
3. 掌握与天使投资人打交道时需要做好的各项准备工作。

思维导图

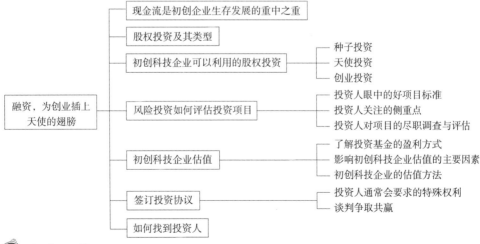

本章导学

11.1 现金流是初创企业生存发展的重中之重

资金就是企业的血液，血液能流动生命就存在，血液断了企业就将面临生死危机。因此，资金问题是初创科技企业在成长过程中始终要面对的重要问题。靠盈利获取资金就是"造血"，靠贷款或融资获取资金就是从外部"输血"。无论用哪种方式，企业自始至终必须保持其现金流（"血流"）不断，因此作为创业者，要持续不断地关注企业的资金问题，做好预判，根据企业的营销和成本支出的实际情况随时调整资金的使用，在资金能力范围内做事，提前做好"输血"预案，及时补充资金缺口。在这方面可以看到很多反面的案例，如有些融了几千万元甚至上亿元资金的企业，昨天还在大张旗鼓地宣传造势，一副业务风生水起的样子，今天就宣布裁员甚至破产了。例如，"悟空单车"因激烈竞争不得不持续"烧钱"补贴客户，原计划在市场上投放300万辆共享单车，但最终因资金链断裂而不得不退出市场；再如，"订房宝"主要面向临时性、非全天的酒店住宿者，商业模式是将4星以上酒店每晚6点后未订出的空余客房以极低的价格卖给客户，虽然拿到了东方富海、浙商创投等基金的上千万元风险投资，但由于客户需求过于低频、入不敷出，最终倒闭。这些"血淋淋"的例子表明，无论什么样的创业，即使是高科技企业、即使拿到了风险投资，只要找不到有效的商业模式、无法维持现金流为正，终会以失败告终。

资金问题也是创业企业健康发展的关键问题。一个创业企业即使产品、商业模式、市场都对也不意味着就能成功。如果缺乏发展资金特别是在创业初期始终处于一种资金匮乏的状态，那么将会延缓产品推向市场的节奏、降低获得优质客户的可能。创业者因为缺乏资金，不敢在最需要丰富经验的人加盟的时候及时拓展业务团队，不敢把大量的资金投到业务扩张上，因此会造成恶性循环，越缺钱越做不大销售、越获得不了收入越缺钱。

前面提到了创业者在创业初期的两大核心任务——"找人""找钱"，本章重点探讨如何"找钱"。在创业早期，企业应先从外部输血开始，利用各种可能的渠道获取资金。股权融资是早期创业很重要的融资方式，对创业者来说它本质上是"卖企业未来"，让投资人相信和接受创业者现在所做事情的重要意义及企业的美好未来，然后投资获取股权。债权融资就是利用企业可抵押、质押的资产发债，也就是向银行等金融机构贷款。初创科技企业由于可抵押、质押的资产有限，因此可获得的资金规模不大，如果可以利用企业申请的专利等无形资产向银行质押贷款，或者质押创始人个人的资产向银行申请信用贷款等。在企业有了稳定客户和较大规模收入的情况下，可以利用稳定的销售合同向银行等金融机构申请供应链金融贷款，甚至有可能在自身业务对上下游客户形成优势地位的时候利用这种特殊优势延缓对上游客户的付款时间、向下游客户收取预付款等手段解决资金周转问题。

案例11-1：电源管理芯片设计公司生死关头时创始人的决策

王博士与几个朋友创建了一家芯片设计公司，主要产品是模拟类电源管理芯片。在创业之初融了500万元的天使投资，一开始一切都很顺利，产品被按计划设计出来，但之后在推向市场的过程中公司遇到了意想不到的困难。芯片的销售有其特殊性，首先要能进入下游客户的新品设计中，其次还要经历一系列的验证测试，之后客户才能根据其市场情况批量订货。这个周期至少要几个月、半年，有时甚至会更长。

由于下游客户本身的产品市场发生了变化，拖了多半年后王博士的第一款产品才赢得客户少量订单，预期收入大幅降低，本来应该持续投入研发的第二款、第三款产品也没钱去做了，企业现金流非常紧张，人心开始浮动。但创始人王博士对自己的技术优势、产品方向及市场充满信心，始终坚信自己对趋势的判断是正确的，只要挺过这段艰难时刻就会迎来转机。幸好他还有另外一套属于自己的房产，于是在征得家人同意后，他义无反顾地将其抵押给银行，贷款几百万元全部投进公司维持团队不散，自己则一分薪水不领，并继续坚持在产品研发上投入资金，直至推出了多款有竞争力的芯片产品。在此期间，王博士一边加强销售，一边加强与潜在投资人的联系。投资人看到了企业的技术优势和王博士坚韧不拔的精神，决定投资1500万元，终于帮助公司度过了艰难时刻。后面公司发展进入快车道，终于迎来了市场爆发的春天。

案例启示：

（1）创始人必须持续关注企业现金流，提前做好融资等各项准备。

（2）融资不能"临时抱佛脚"，要不间断地迭代技术、拓展市场，令业务始终保持发展，期间要保持与潜在投资人的联系和信息更新，以有利于及时融资。

（3）创始团队的信心和意志是企业渡过"死亡谷"最强大的支撑。

案例 11-2：张道宁的融资及其感悟

北京凌宇智控科技有限公司张道宁认为：关于融资，我认为创始人要会"讲故事"。我自认为"讲故事"的能力是一种天赋。有些人自己对所做的事都没信心，但会"讲故事"的人换个角度讲就有可能给他"说哭"。"讲故事"的能力本质上是找角度的能力，是把事情赋予意义的能力，甚至是有一点"吹牛"的能力。特斯拉刚成立的时候，马斯克希望全世界没有燃油车，甚至不需要有转向盘，他找到了疯狂的愿景。优秀的人会赋予事情伟大的意义，当你赋予它伟大意义的时候，就会吸引优秀的人才与你共事，就可以把未来的伟大价值折现，找到干成这个伟大事情的路径。莲花资本的邱浩曾说过：再牛的投资人也是二流人才，能把事情干成的创业者才是一流人才。如果你说不过二流人才为你投资就不是一流创业人才。投资人是伯乐，优秀的资本追逐优秀的人才，天使轮是投"人"，A 轮投"产品与技术"，B 轮投"赛道领先性"，C 轮投"赛道领先地位的巩固"，上市前基金投"从容上市"。

11.2 股权投资及其类型

初创科技企业最主要的融资方式是股权融资，因为企业在发展初期销售收入很少，自有资产也很有限，没有什么可以用于抵押的，因此，能从银行获得的债权性贷款是十分有限的，但初创科技企业有的是技术、专利、软件著作权等无形资产，还可能有令人憧憬的未来，所以利用增资扩股的方式吸引投资人进行股权投资是相对可行的融资方式。

"股权投资"（equity investment）本质上是一种权益投资，是以货币资金为主、其他有形或无形资产为辅换取企业相应股份的一种投资行为，其主要目的如下。

（1）获利，包括从企业利润分配中获得的股利，也包括因企业发展使股权增值，通过股权转让（退出）而获得的资本利得。

（2）通过投资换取企业较大份额的股份，从而控制企业的资产和经营权。

（3）通过投资获得与企业更紧密的业务联系。

获取企业股份的方式可分为以下两种。

（1）以双方共同接受的价格投入资金令企业增资扩股，从而成为被投企业的新股东，这种投资方式的特点是被投企业本身可以获得发展资金。

（2）以双方共同接受的价格购买被投企业原有股东的股份，从而成为被投企业的新股东，这种投资方式的特点是被投企业的原有股东获得了股权转让的资本利得，但被投企业本身并没有获得资金。

本章将股权投资分成两种类型。

（1）不以股权退出为主要目的的股权投资，也可以被称为战略性投资。投资人的目的可能是长期持有企业股份而获得稳定的股利；也可能是控制被投企业的经营，使其与自身形成战略协同；还可能是控制被投企业的资产，将其资产收益并入自己的企业。

（2）以股权退出获取增值收益为主要目的的股权投资，可以被称为风险投资，也叫创业投资。这类投资又可以按照投资企业的不同发展阶段划分，从初创期、成长期、扩张期、成熟期到衰退期，分别有种子投资、天使投资、风险投资（A轮、B轮、C轮……）、私募股权投资（PE）、并购投资等，如图11-1所示，其对应的投资基金有天使投资基金（angel capital）、创业投资基金（venture capital）、私募股权投资基金（private equity capital）、并购投资基金（merger and acquisition capital）、二级市场的私募基金或公募基金等。私募与公募指的是投资基金的资金募集方式，一般一级市场投资基金主要是通过私募的方式募集资金，二级市场投资基金则是两种募集形式都有，很多资金是公开向投资者募集的。

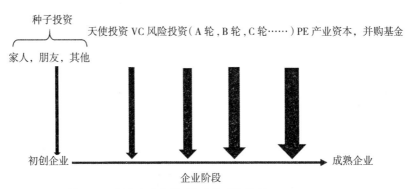

图11-1　创业企业成长过程中的融资类型

这里要注意的是，虽然上面列出了这么多类型的股权投资形式，但不代表每一个创业企业都能融到投资，每一种投资都有它的条件和标准，创业企业是否能够符合这些标准则要看企业发展的具体情况。通常情况下，大部分企业很难符合标准，那么这些企业是不是就没有股权融资的机会呢？答案也是否定的。股权融资最重要的不仅是看投资人的目的，也要看创业者有没有相对应的价值。如果投资人看中创业企业的市场价值和成长性，那么他可能在处于成长阶段时投资创业企业，在创业企业发展成为大企业或者上市 IPO 时退出从而获利；如果投资人看中创业企业的稳定盈利能力，那么他可能会投资以图长期利润，当然他也要评估投资回收期，看看这笔投资是否值得；如果投资人希望将创业企业的业务或资产并入他自己的企业，那么他可能会投资控制创业企业的股份甚至全部买下，但是这类投资人往往不是以上所指的大部分以股权增值退出为目的的投资机构，有可能是资金充足、在投资组合中有长期稳定收益需求的机构，或者是某个希望转型的企业，再或者是行业内对创业者的核心能力有觊觎的企业等。总之，创业者要把创业企业做出特色和价值才会有投资人感兴趣。如果企业既没有持续的高利润，也没有核心技术或资产价值，增长也乏力，只能勉强维持生存，那么也就没有什么股权融资的机会了。特别是那些早期的创业企业，如果没有什么特点又发展平平，未来也没有什么可期待的价值，若想股权融资那就只有靠亲人、朋友的友情赞助了。

本书重点讨论初创科技企业的成长与融资，这里把重点放在种子投资、天使投资、早期风险投资（也叫创业投资，这里被统称为风险投资）方面。这里引用图 11-2 说明一下企业成长与风险投资的关系。虽然能得到风险投资支持也不一定就意味着创业成功，但风险投资确实能够帮助和加快创业企业走向成功。因为风险投资人或基金不仅可以给予创业企业资金，有些投资人在创业企业所处行业拥有丰富的资源和人脉关系，往往还可以给予创业企业业务上的帮助，这对初创企业来说是十分重要的。因此得到风险投资支持的初创企业一般会比没拿到风险投资的企业成长得要快。但这也不是绝对的，有时风险投资人对创业企业干预得过多反而会影响创业者的正常发挥，这就像男女朋友谈结婚一样，双方都要彼此选择，觉得对自己的胃口才能"谈婚论嫁"。

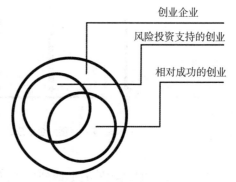

图 11-2　可获风险投资支持的创业企业占比示意图

11.3 初创科技企业可以利用的股权投资

初创科技企业在从设立到成长的早期发展阶段，创业者根据自身的发展需要可以进行多轮股权融资，按照轮次由前到后分别有种子投资、天使投资、早期风险投资或创业投资。

11.3.1 种子投资

种子投资只是一种叫法，其实质是在创业企业刚刚设立的时候就参与的股权投资，对创业者来说叫种子轮融资，是创业的第一个里程碑。由于企业刚刚成立，创业者没有更多确定性的数据作为依据，主要凭创业者的经历及其描述的创业设想融资。因此，这个阶段的融资金额一般不需要很大，只需根据创业者的需要和可稀释股份的比例融资，少的几万元，多的上百万元，主要用于人员、场地、必要设备的开支和产品设想的初步落地。

种子投资的主体一般以高净值的个人为主，有一少部分投资企业或孵化器会涉及种子阶段的投资。种子期的投资主要投"人"，投资出发点通常是：①讲情怀，支持有理想的年轻人干一番事业。②讲亲情、讲友情，支持家人或朋友干事业。③看未来，希望孵化出一个有行业影响力的大企业。

11.3.2 天使投资

天使投资通常是在创业企业运作了一小段时间、按计划取得了一定业务进展的时候开始介入的早期股权投资，对创业者来说叫天使轮融资，本质上也是风险投资，是业务发展的第二个里程碑。这个时候创业企业比刚设立时多了一些确定性的东西，如有了可工作的产品原型，或者开始将服务标准化等。这个阶段投资人主要考虑"人与事"是否值得支持。投资人希望创业企业的产品与服务可以迅速标准化并被市场充分认可，用户扩展迅速，企业的价值可以随之快速提升，这样可以在未来适当的时机将企业股份卖掉（全部退出或部分退出），以获得超额的收益（资本利得）。

天使投资的主体一部分是各行各业的高净值人士，如企业家、大企业高管、律师、医生、艺术家等，另一部分则是专业投资基金。除了专业天使基金，大部分天使投资人也能够看得懂项目，对未来能够有自己的专业判断。当然，也有一部分个人天使与种子期投资类似，主要是出于个人的情怀、经验和好恶。

11.3.3 创业投资

创业投资（或早期风险投资）主要指在创业企业的产品或服务已经投放市场、经历了一段时间和市场检验、业务进入高速成长时进行的股权投资，对创业者来说有时叫 A 轮融资。创业投资希望看到创业企业有很强的市场扩张能力和增长速度，逐步在赛道上抢占领先地位。之后，随着企业不断发展迎来新的里程碑时还可以做 B 轮融资、C 轮融资……，巩固企业在赛道上的领先地位，直至上市前的融资。这些轮次的投资都属于风险投资基金或私募股权基金的投资范畴。风险投资人的投资目的与天使投资人类似，都希望被投企业通过若干年的快速发展实现价值增值，从而可以在有限的时间内增值退出股份，进而获取超额收益，这是风险投资基金和私募股权基金的商业模式。

创业投资的投资主体一般以创业投资基金为主，有少部分企业也可以做这个阶段的投资。特别是大企业的战略性风险投资有可能出于对业务布局的考虑寻找与自己业务有关联、有核心竞争力的高科技企业，用创业投资参股模式投进去，并不追求控股地位，只利用自己的资源渠道或业务协同帮助企业快速发展。创业投资或风险投资模式对创业企业来说是有期限的投资，不会永久陪伴企业成长，其通过投资获取的股份是一定要退出的，这个周期少则三四年，多则六七年，企业的战略性风险投资可能会长一些，因为风险投资基金大部分都是有存续期的私募基金，必须在存续期内完成所有投资项目的退出交割。

有些创业者对创业投资的性质并不了解，认为你投资给我了，我们就都是股东，大家同进退，按股权比例分享权利和承担义务，不能有特殊的要求，企业没钱了所有股东就按比例分摊。这种看法是对创业投资这种以股权退出为获利方式的投资形式的误解，有此想法的创业者要么很难融到钱，要么融到钱后早晚也会与投资人发生分歧甚至冲突。

这方面有很多真实的案例，有些创业者为了能尽快融到钱，一开始什么条件都答应，但在一些不好的情况发生时就后悔了，特别是在企业发展不如预期甚至走下坡路、不得不以低估值融资时，创业者就会对创业投资当时签订的一些保护权益的条款产生抵触心理，如创业投资经常设立的反稀释条款就是在企业按低于创业投资进入时的估值融资时，会损害创业投资人的利益，创业投资人会要求企业按同样低的估值条件重新计算其占有的股份或者由创始股东予以补偿，这时创业者就会心生抱怨，觉得对其不公平，甚至以企业融不到资金就会死掉逼迫投资人同意放弃补偿的要求，最后两败俱伤。这里奉劝有这种想法的创业者要么不要融这类创业投资的钱，要么就理解并接受这种合作条件。

案例 11-3：枭龙科技的融资与发展

2015 年初，史晓刚从华为辞职创业，顺利获得深圳亿觅科技种子轮投资，并用了近半年的时间组建团队，着手开发 AR 眼镜原型机，从外观、结构、硬件、光学、系统、驱动、界面设计到应用程序等方面全部自主设计研发和集成。同年 5 月，史晓刚正式成立枭龙科技，并用可以点亮的原型机展示了团队的产品和技术实力，获得创势资本 500 万元的天使投资。在经过开发消费类 AR 眼镜产品的挫折后，史晓刚决定调整方向做行业 AR 眼镜，这就需要与行业巨头合作才能更好地发展。2015 年底，在天使投资人的协助下，立讯精密出于对战略布局的考虑投资了枭龙科技。立讯精密是苹果公司的供应商之一，对行业的理解比较深刻，可以提供产业资源，也可以成为客户，对企业的业务发展和吸引人才方面带来了很大帮助。2016 年 9 月，京东方看到了枭龙科技团队在光波导 AR 眼镜方面积累的专利和技术优势，作为领投人投资 5000 万元，枭龙科技因此被纳入京东方的 AR/VR 战略布局。这些战略融资加快了枭龙科技的成长步伐。2019 年，枭龙科技与北京日报合作成立合资企业，共同推出融媒体眼镜。

枭龙科技的发展还得益于史晓刚的母校北京理工大学的支持。2020 年底，枭龙科技与北京理工大学联合建设博士后科研工作站。由于每年都有政府科研项目的经费支持，枭龙科技联合了更多的合作资源，形成了较为良性的发展趋势。目前，枭龙科技仍然在通向成功的路上前行。

案例启示：

硬科技创业起步艰难，得到行业龙头资源的支持对企业发展有很大帮助，但企业需要用自身的科技实力和产品实力做好支撑，做出自己的鲜明特色，证明自己的价值。

11.4 风险投资如何评估投资项目

对于初创科技企业来说，如果种子轮融资更多地靠创始人个人魅力和熟人关系来融资的话，那么天使轮融资和 A 轮 VC 融资则更多地靠市场化资本运作融资。融得好、发展得顺利，之后才有机会融后面轮次的风险投资和私募股权基金。因此，本章重点探讨天使投资人和早期风险投资人对初创科技企业的评估原则和通常做法，创业者对此了解得越多越有利于融资。当然，这并不是引导创业者去本末倒置地做针对风险投资的创业，而是要专心把业务做好，在此基础上重视和妥善处理投资人关注的问题，增加初创科技企业的融资成功率。需要提醒创业者的是，天使投资和风险投资支持过的初创企业只占全部创业企业中很小的比例，所以得不到天使投资和风险投资的支持也不代表创业不能成功，但能够拿到投资确实能够加快企业的发展。科技创业者需要善于借力天使投资和风险投资发展自己。

概括地说，天使投资人和早期风险投资人最看中的就是两个要素："人"和"事"。看"人"是进一步考察创始人、合伙人、核心团队；看"事"是进一步考察核心技术、产品、商业模式及市场。这里又要用到"创业树"完整、形象地阐述投资人对创业企业的考察，如图0-1所示。初创科技企业的发展就是这两个主要因素在相应土壤环境下交替影响、有机生长的结果，在先天和后天两种因素的共同作用下，机缘成熟才有可能成长为一棵果实丰盛的参天大树。

树的生长是从种子被埋进土里开始的。创始人就是创业树的种子，是创业企业这棵树苗生长最关键的因素，所有的想法与计划都源于他/她，他/她的经验与综合素质是保证后续成功的关键。随着种子在土里发芽和生长，创业树开始逐渐长大，各个枝杈也变得粗壮有力，逐渐从树苗成长为小树。这时创业企业的"人"越来越齐全，"事"也从想法逐步变成现实，从打造产品服务到接受真实客户的市场检验，一步一步走向成熟。早期投资人在这个过程中就如同在众多的种子和树苗之中选育优质种子和优质树苗的园丁。

投资人追求的是投资到"对的人""对的事"，那么什么是"对的人""对的事"？投资人的基本观点是一致的，就是能够把一个初创小企业做成有行业影响力的大企业的"人"和"事"。因为只有这样的"人"和"事"才能支持这类风险投资的商业模式，即在初期以相对低成本的投资获取创业企业股份，在企业取得市场成功、其股权增值后卖出股份而获得高额收益。那么可以再进一步地设问，什么样的"人"可以带领企业从小到大、从弱到强并最终走向成功呢？什么样的"事"可以支撑企业快速成长呢？对科技风险投资来说，投资就是投"未来"，投"未来企业家"。

11.4.1 投资人眼中好项目的标准

投资就是要找到"对的人"和"对的事",两项因素的有机结合就是"好项目"。

1. "对的人"就是能成为"未来企业家"的创始人及其核心团队

创始人("未来企业家")应有明确的创业理想和愿景,有希望成功的强大内驱力和行动力,做人讲诚信,有商业头脑,有包容心和不计较局部得失的心胸格局,对业务理解深刻,有丰富的行业经验和宽广的视野,对结果负责,敢冒风险,善冒风险,做事果断,遇挫折不消沉,善于总结调整,有领导力,人际交往能力强,善于"找人找钱"等。本书第1章对成功创业者应具备的特质有更加详细的描述,那些特质都是投资人希望看到的。但人无完人,创始人不可能每个方面都很突出,上面重点提到的特征是投资人最关注的。这里进一步强调创始人的融资能力,统计表明融资能力强的创业者成功的机会更大,很多投资失败的项目除了项目本身发展出了问题,与创业者的个人融资能力弱也有很大关系。投资人虽然有可能帮助创业者融资,但这不是其必须承担的义务,最终还是要靠创业者本身的努力。

合伙人要与创始人一样具备创业者素质而不是打工者心态,价值观应与创始人基本一致,能力突出并能与创始人互补。创业初期创业者可能无法立即寻找到合适的合伙人加盟,但随着企业逐步做大,团队中一定要有能独当一面的合伙人,这样才能形成有强大执行力的管理核心。

团队骨干成员要认同创始人和企业的价值观和文化氛围,具备企业发展需要的业务能力,企业也要有能鼓励他们取得成绩的有效激励政策。

随着企业从小到大,在创始人的带领下,企业需要靠机制和渴望成功的创业文化凝聚成为一个能战斗的、有协调效应的、配置完整的团队,这才是能够驱动企业从弱到强走向成功的、值得投资的团队。

2. "对的事"就是能代表"未来"的"事"

"未来"首先是一个符合十年以上大趋势的"事",是在足以支撑几个上市企业体量的朝阳赛道上的创业,需要企业以当下为基础不断地创新,发现有足够规模的客户刚需并持续用创新的产品服务满足客户需求,在快速成长中树立竞争门槛,不断在以下几个方面拓宽自己的"护城河"。

(1)产品新颖、有门槛。企业的产品及其关键技术应符合行业的发展趋势和方向,拥有明显的创新并保持持续的创新能力,在专利或专有技术和工艺等方面有令对手难以复制和超越的较高技术门槛并可以不断迭代更新。产品和服务被市场验证是可接受的，甚至是渴望得到的。

（2）商业模式有效。可以有效获取客户并快速形成规模，可以使企业规模化地获取收入和利润。

（3）业务成长迅速。企业拥有并不断积累关键的商业资源和稳定的重要客户，能够形成较宽的业务"护城河"，企业服务的客户或销售额呈指数级快速增长，不断扩大市场占有率，有望成为细分行业的冠亚军。

（4）现金流管理能力强。有充足的现金流或有能力从各个渠道筹措资金，而不是仅靠股权融资这样一种单一渠道，企业整体发展稳健而快速。

总之，要看几个方面的潜力：创新及门槛、市场规模、增长速度、获利能力。即在一个有前景的市场上通过对产品服务的快速迭代和对商业模式的不断摸索，能够实现稳定而快速的市场扩张并最终实现盈利，在这个过程中不断积累资源并形成有效保护自己的较高竞争门槛。这样的"事"是值得投资的。

11.4.2 投资人关注的侧重点

按照创业企业发展的客观规律，先"人"后"事"，初创企业随着团队逐步到位，创业的规划也在一天天落地并取得成效。随着业务的推进，创业企业要解决的问题逐渐发生变化。概括地说，天使阶段创业企业的主要任务是打造创新产品与服务，并初步接受市场检验，实现一定量的销售，平稳渡过"死亡谷"，天使投资人的主要使命就是支持这样的任务圆满完成；早期风险投资阶段创业企业的任务则是打造有效的商业模式并实现销售的快速增长和市场扩张；创业投资基金的主要使命是支持企业圆满实现这样的扩张。因此，天使投资和风险投资创业投资对项目的评估判断侧重点会有一定的差异。

1. 天使投资的侧重点

天使投资是最早的市场化股权投资。由于初创企业确定性的信息很少，可参考的东西不多，评估项目好坏更多的是依赖天使投资人的经验、对"人"的判断和对行业的认知，因此他们相对而言更重视对"人"要素中"创始人"、对"事"要素中"赛道""创新""产品"及"潜在市场"的判断。因为这些要素是创业项目起步阶段最核心的要素。其中，最关键的是"人"，是创始人，是他/她组建骨干团队，是他/她将创业的设想一步一步落地。他/她的为人、素质、经验、能力、资源决定了创业项目能否做大做强。创始人重要的能力之一是"会讲故事"，给团队"讲故事"是为了更好地赋予事情以价值；给投资人"讲故事"是为了更好地"卖企业""卖未来"。在"事"的方面，创新产品的成功开发是创业企业能够吸引天使投资的重点，有前景的赛道和较大规模的市场空间是保障创业企业可以做大的重要因素，独到的、有门槛的创新可以保障创业企业有做强的竞争力。这些"人"与"事"的因素决定了创业企业在拿到投资之后有机会快速成长，顺利的话就有可能得到更大规模创投基金的关注和投资，这类创业对天使投资人来说就是可投资的项目。

可以说，天使投资就是要发现极具创业特质的"人"和他/她所规划并得到部分验证的、有前景的"事"。与后面阶段的创业投资相比，天使投资更需要凭创始人的"说"和部分的"做"判断项目的可行性和可投资性，因此较为依赖天使投资人的经验积累、行业认知和对"人"的敏锐判断，与此同时还需要具备一定的行业资源给投资项目加速，用于提高投资的成功率。

2. 创业投资的侧重点

创业投资是天使投资之后的市场化股权投资，这个时期创业企业团队成员往往会比初期创建时要整齐了许多，有了更多经营性人才的加入，产品、服务已投放市场一段时间，有了一定的销售收入，下一步就是想办法实现销售的快速增长。因此，以支持创业企业进一步扩张为使命的创业投资基金在判断投资项目时比天使投资关注的内容又多了一层，相对更重视对"人"要素的完整性及其关联的执行力的评估，对"事"要素中的"商业模式"及其关联的资源渠道、"市场"及其关联的市场占有率的评估。此时，创业企业的商业模式和已实现的销售数据就成了被关注的焦点，创业企业要用实际的业绩证明商业模式的有效性、用可行的未来发展计划展示自己的前景，如果这些要素都符合创业投资的标准，那么拿到投资后创业企业就有望进一步快速扩张，有可能得到更大规模风险投资基金的关注与投资，成为对创投基金来说可投资的项目。

创业投资就是要发现有清晰的奋斗目标、有执行力的创业团队和有较高竞争门槛、成长较快且有前景的创业项目，与天使阶段相比，创业投资不仅要看创始人怎么"说"，还要看团队怎么"做"和已经做到了什么。因此投资人需要加强对行业竞争格局和发展趋势的研究，以判断项目是否能够有机会快速扩张，是否有机会成长为行业头部企业。

对聚焦于中后期投资的更大规模风险投资基金和私募股权基金来说，创业投资就是要看创业企业的扩张规模和进一步的成长性及盈利潜力，看看该企业是否已经具备了一定的行业领先地位，是否有望在几年之内上市。

11.4.3 投资人对项目的尽职调查与评估

投资人一旦有兴趣对项目进行投资，一般情况下会与项目创始人商谈出一个投资框架，也叫投资意向书，其内容包括主要的投资条款和一些特殊约定。之后还需要对项目企业进行相对系统的尽职调查。

尽职调查是金融投资术语，也叫审慎调查，指投资人对投资标的内外部进行的客观调查与分析研究，目的是发现影响投资决策的因素，重点是风险和价值，可为投资决策提供系统的研究支撑。

尽职调查的主要内容包括：团队尽调、业务尽调、法律尽调、财务尽调。这只是按照尽调的侧重进行的大致分类。其中，团队尽调主要面对创始人、合伙人、高管、关键技术或业务人员、员工整体情况、薪酬与激励机制等。业务尽调主要面对技术、产品、服务、采购、生产、销售、商业模式、重要合作、内部机构设置、发展计划、融资资金使用计划、外部市场、行业竞争情况、行业走向等方面进行研究。法律尽调主要是对企业总体情况及历史沿革、股东情况及股权结构、企业章程、股东会董事会决议、股权激励设置等重要内部管理制度、各类证照、注册文件、劳动合同、采购合同、销售合同、合作协议、有无诉讼、担保等方面的审查。财务尽调主要是对包括企业的财务报表、验资报告、审计报告、往来账目、库存管理、销售数据、纳税情况、负债情况、或有债务、资产情况、现金流情况以及财务预测等方面的审查分析。

尽职调查采取的方式有人员访谈、实地考察、审阅文件、研究行业信息、内部研究磋商等。

尽职调查依据的原则有从疑点问题出发、讲求证据；实事求是、客观公正、避免主观色彩；抓大放小、重点突出、逻辑清晰。

以上是对尽职调查的一般性介绍，投资人通过较为全面系统的调查分析可以梳理出客观真实的项目企业发展脉络和潜在的价值与风险，据此做出是否投资的决定。对于天使投资和创业投资等早期风险投资来说，由于所依据的确定性信息相对较少，企业业务也处于发展变动之中，因此尽职调查不追求面面俱到，而是会根据各自使命对尽调内容有所侧重，但总体把握的精神是一致的。

1. 天使投资的尽职调查

天使投资往往更侧重于团队尽调和业务尽调，在法律和财务方面则因为企业经营时间不长，形成的数据和文件不多，所以审查过往签订的合同、协议及往来账目、票据、财务报表的工作较为容易，工作量不大，重点会放在对"人"的评估和对业务的尽调上。根据天使投资人对项目的意向程度，有时尽调工作在商谈投资意向的同时就开始了，不一定会按串行的顺序展开。

对"人"的评估重点会放在企业创始人身上，除了通过当面的正式交流了解其创业想法、愿景、动机、计划，还会通过貌似漫无目的的聊天了解他为人处世的原则和习惯，通过与其熟人（朋友、同学、同事、合作伙伴等）的交流进一步了解创始人的情况，甚至还会做家访，拜会他/她的家人，了解家庭及其对创业的支持情况。无论采用什么办法，目的都是在短时间之内了解创始人的真实面貌，看其是否符合投资人期望的标准。对于创业企业合伙人及团队骨干的评估也会有相应安排，主要是通过面谈和观察，有时还会采用不打招呼的"突袭"看企业运转的真实情况及团队配合的情况，系统地了解创业企始人的能力、性格、配合度等真实情况，综合判断该项目是否值得投资、风险在哪里。其中对"人"的评估往往是天使投资人或天使基金的合伙人亲自去做，这样才能有直接的感受和把握。

业务尽调是对"事"的评估，主要是与创始人及其核心团队围绕企业的商业计划进行深入的交流，了解其对业务的掌握程度和对市场、客户的了解程度，并看创始人对企业发展的规划设想是否系统、业务是否聚焦、目标是否清晰。通过与技术和产品团队的交流及查看专利、软件著作权、版权等资质证明文件，了解企业技术现状、水平及发展潜力，必要时还会咨询技术专家和业内专家的意见。通过与企业客户的访谈交流甚至是与竞争对手的接触，了解企业产品与服务的市场评价和竞争优劣势。天使投资人会带领其助手完成这些尽职调查工作，与此同时，他们还会系统地了解细分行业的发展趋势和竞争情况，做好行业研究，结合对创业企业的尽调情况审视项目的亮点、优势、劣势、发展前景及实现下一个成长目标的可能性、存在的风险等，综合评判是否值得投资。

2. 创业投资的尽职调查

创业投资的尽职调查相对天使投资而言更趋向平衡，是对创业企业的团队、业务、法律、财务等方面进行全方位的考察、研究与分析。因为此阶段企业的发展又进了一步，特别是有了较多的销售量和业务往来，商业模式也实际运行了一段时间，可评估的东西比天使阶段多了许多，因此对团队、业务的尽调比天使投资时更加全面，更加看重已经做到的结果和计划去做的可行性，采取的具体方法与天使投资类似，但对法律和财务的尽调会更加细致，以确保企业后续的发展是在一个健康的基础上进行。因为尽调的工作量比天使阶段增加很多，所以这些工作往往是靠创投基金的项目团队集体完成，负责此项目的基金合伙人会亲自领导。创投基金根据其使命会将评估的重点放在企业扩张能力、速度和核心竞争力的形成上。

11.5 初创科技企业估值

创业企业能够成功融资的一个重要因素就是合理估值。本来创业项目发展得很好，团队也出色，又有核心竞争力，前景也不错，明明是非常好的投资标的，但投资人与创始人交流过后还是不投资，这是为何？原因就是创始人对自己企业市场价值的现值评估不切实际。企业市场价值就是其全部资产（包括设备、厂房等全部有形资产和知识产权、商誉等全部无形资产）的市场价值，也可以被理解为企业未来的收益及按与取得收益相应的风险报酬率作为贴现率计算的现值，即未来现金净流量的折现值。如果是上市企业，经营上相对稳定，那么其市场价值比较容易计算，即为每股股票的市场价格乘以发行总股数。与上市企业市场价值有关的重要指标为市盈率（price earnings ratio，P/E 或 PER），指股票价格除以每股收益的比率，或以企业市场价值除以年度净利润。假设 P/E 为 50 倍，意味着股民给出的股票价格愿意以 50 年静态回本为代价，表示对企业未来价值的一种期望程度。而非上市企业就没那么容易用公式计算其市场价值了，特别是初创企业，主要靠交易双方的协商和共同认可。而且需要指出的是企业的市场价值不是一成不变的，随着经营的不断深入和管理的成熟稳定，其价值也会增长。

11.5.1 了解投资基金的盈利方式

创业者需要事先了解投资基金的盈利方式才能更好地商谈融资以增加融资成功率。这里需要把投资基金看成一个特殊的企业，其商业模式就是在创业企业市场价值相对低的时候投资获取其股份，之后随着企业快速成长，市场价值增值，就可以在后几轮融资的适当时点以高市值卖出其持有的股份来获利，愿意购买股份的往往是定位在后面阶段投资的更大规模的投资基金或大型企业集团。条件允许的话，投资基金也可以等创业企业上市或被大企业并购，如果上市后再卖出股份就是直接卖给二级市场的基金或股民了，当然那时也是投资基金获利最为丰厚的时刻，是投资基金对其投资项目所期望得到的结果。如果投资后创业企业发展得不好，则其市场价值可能增长得很缓慢甚至缩水，对投资基金来说这个项目就投资失败了。

为保证投资基金在存续期之内（通常是3~7年，少量是9~10年甚至更长）能获得较高的综合回报，投资人不会只投资一个项目（鸡蛋不能放在一个篮子里），往往会做多项目的投资组合。在这个投资组合中，如果有少数几个项目能上市，那么所带来的投资回报可能将足以抵消其他投资项目失败造成的投资损失。

越是早期投资风险越大，成功的收益也可能越高，这符合高风险高收益的原则。天使投资是市场化股权投资中风险最大的，投资成功率往往不会超过10%，但其往往也是最需要投资人具备耐心的，根据成长的客观规律，一家企业从初创到成长为上市企业至少要7~10年的时间，因此天使投资可以陪伴创业企业更长的时间以获得较高的股权增值，它们通常会追求可以在几年内带来十倍以上甚至几十倍、上百倍回报的投资项目。

正因为如此，投资人大部分情况下不会认可超出其能接受的估值范围的企业估值，因为获取股份的成本过高将压缩其在单个项目上的获利空间，创业企业发展的不确定性带来的失败风险会大大降低投资获利的可能，即使最终勉强获利也可能弥补不了在其他项目上的损失，对投资人来说这就不是好的单项投资。

11.5.2 影响初创科技企业估值的主要因素

如何才能对创业企业进行合理估值呢？知己知彼才能百战不殆，创业者除了要了解天使投资等早期风险投资基金的盈利方式、期望值，还要清楚自己的特点、业务需要、融资策略及行业的发展格局、趋势和对标竞争对手的发展情况，综合起来才可以对企业进行合理估值。影响估值的主要因素有以下几方面。

1. 创业企业自身因素

（1）创始人及核心团队的背景、经历和业务能力。创始人是创业企业的灵魂和领袖，企业的成功与否与创始人的关系最为密切。创始人过往的经历、职业履历、承担过什么样的工作或任务,有什么成功的业绩都会影响投资人对企业未来的期望值,同时企业核心团队的经验、技能、配合度、过往业绩等也会影响投资人对企业现在与未来的判断,进而影响企业的估值。

(2)知识产权。已经获批的专利(特别是发明专利)和在申请的专利对于企业估值是有正面影响的。当然,具备正面影响的因素也包括软件著作权、妥善保护的专有配方或专有技术等。

(3)特殊资质。有些业务是需要特别审批的,拥有许可资质将对企业的估值起到相当大的正面影响。

(4)有形资产。初创科技企业虽然有形资产不多,但一些必需的特殊设备等关键资产也是影响估值的因素。

(5)重要的合作协议。如果企业与一些行业内有影响力的企业有实质的业务合作关系并签有合作协议,那么可以对估值加分。

(6)客户的数量和质量。获取客户的能力是初创科技企业非常重要的成功要素,如果已经拥有相当数量的客户,而且还有一批稳定而重要的客户,那么说明企业产品已被市场认可、获客能力较强,对企业估值有相当大的正面影响。

(7)成长速度。初创科技企业在早期最关键的指标就是成长速度,如果每月都有较大的活跃用户和付费客户量的增长,客户使用频率较高,或者复购率较高,则可以为投资人预测未来更高水平的增长和获利提供正面依据,对估值有很大的影响。

(8)收入水平。销售收入是证明企业获得市场认可的重要标志,如果收入水平较高,则对企业估值会有加分。

2. 创业企业外部因素

(1)行业特征。不同的行业有不同的估值逻辑,传统的行业与互联网信息技术等新兴行业的估值有较大的区别,因为互联网行业通常可以达到指数型增长,故其企业估值一般比传统行业要高。另外,同一行业或相近行业上市企业的市场表现也是重要的参考。

(2)竞争格局。市场上存在哪些竞争对手、对方是什么量级的、竞争门槛是否足够高、有没有比竞争对手明显的优势都会影响企业估值。

(3)细分市场规模。细分市场的潜在规模和增长势头都会影响企业未来的发展前景,自然也会影响企业估值。

（4）有无投资人竞争。如果同时有多个投资人表示愿意领投，则投资人之间会形成竞争态势，会对企业估值有比较大的正面影响，说明创业企业炙手可热。但是创业者也需要注意不要被投资人感兴趣的表态"忽悠"，毕竟感兴趣和实际投资是不同的。

11.5.3 初创科技企业的估值方法

估值是一门"艺术"，成熟企业的估值方法众多。

企业估值受多种因素影响，可以说企业估值不是"科学"，而是一门"艺术"。类似欣赏一件艺术品，不同的人有不同的欣赏眼光，对艺术品的价值自然也有不同的评判，关键是交易双方要达成共识。相对成熟的企业由于已经形成很多确定的数据，如历年投入的资金、已经实现的销售收入和利润、客户每年的增长数量等。已经做到的数据可以证明很多东西，可以作为未来的收益预测依据，因此用财务上的一些计算方法对其估值会相对容易和客观一些。常用的估值方法有市场法、收入折现法、市销率法、市盈率法、市净率法、历史成本法、同类企业类比法等。合作方根据不同的目的会采用相对应的估值方法，如上市前融资，可根据企业当年或上一年实现利润情况，参考同类型上市企业的平均市盈率，采用市盈率法给予一定的 P/E 倍数作为企业估值。这里有一点需要强调，单纯为估值而估值是没有意义的，只有在交易中企业估值才有实际意义，而且估值一定是交易双方最终妥协的结果。有时可以看到一些企业或者科研单位花钱请权威的评估机构或会计师事务所对某项技术或项目进行估值，拿着权威的估值报告与潜在合作伙伴或投资人谈合作，这样做只是抬高了自己不切实际的期望，对促进合作没有什么好处。

上文阐述的影响因素对交易双方的期望都会起作用，但对投资人来说，因为接触了解过的企业众多，在对企业的估值上会更有信息优势，相对会更占主动地位。创业者首先要明确自己到底需要多少资金，不是越多越好，而是够用即可，这就要看创业者制订的商业计划是否清晰可行，对未来几年的发展目标是否明确。创业者需要依据目标制订阶段融资计划，一定不要为三年后才能实现的目标一次性搞定所需要的资金，最好是小步快跑，期间设定一些重要的业务里程碑，每次融资只为达到一个里程碑，这样就可以把每次的融资额压缩到比较实际的地步，降低融资的门槛，而且每次都有实际的业务进展，每次融资都有适度的增值可以减少对创始人股份的稀释，用实际业绩相对提高企业的估值水平。创业者可以用这个节奏融资，结合市场竞争情况和自身的优势尽量为投资人展示企业已经获得的成果及未来成长的潜力，争取相对高的估值。

天使投资人有一个比较有效的估值方法是"类比法"，也就是参考类型、体量接近的企业的估值水平，或者现在没有可比的企业但按创业企业发展速度预期未来3~5年后可以做到的市场规模，就会相对容易找到规模和业务可类比的企业，看看其现在的市值是多少，倒算过来得到创业企业当前的估值水平。投资人往往会用多种方法测算，并结合行业普遍的天使期企业估值水平综合得出创业企业的估值。这些都是很主观的估值，但是无论怎样估值，对初创科技企业来说，保证第一次成功融得天使投资是最重要的，它奠定了创业企业后续融资的估值基础，也决定了后续融资的难易程度。

创业者可以根据近期的资金需求确定融资金额，将估值掌握在不过分稀释原有股东股份的水平（通常将天使投资在企业的占比控制在10%~20%为宜，这也间接确定了企业估值区间）。例如，创业者以增资扩股的形式融200万元天使资金，如果可以让其投后占股比达到10%，将原有股东股份占比缩至90%，则企业整体投后估值即为2000万元，投前估值为1800万元（200万~2000万元）。

早期融资不要贪图高估值。

为增加融资成功率，创业者在早期发展阶段对企业估值必须足够理性且不要贪图高估值。原因有二：①初创科技企业在天使和创投阶段第一要务是生存发展，由于坚持高估值而丢掉融资机会可能会抑制创业企业本来很好的发展势头，甚至就此错失发展良机，之后甚至可能因资金紧张会出现生存危机。②即使勉强以高估值融得投资也会为下一轮融资增加难度，因为下一轮融资一定要以高于本轮估值才可被投资人接受，否则会触发反稀释条款，但企业业绩又很难在短期内实现质的变化，要么拖长融资周期，要么不得不维持较低估值融资，否则企业发展就会继续因缺钱而磕磕绊绊，因不敢放手开拓而丧失时机。

天使投资人对大部分投资项目的估值通常会落在一个范围内，差不多在1000万~5000万元人民币（个别会突破这个范围），超过这个范围融资就会变得困难。投资人的这个估值范围也不是纯粹拍脑袋想的，因为天使投资根据其性质和操作模式一般只在被投企业中占据小股，通常在10%~25%，少数会达到30%，这样既可使创始人保持控股地位，又可在一定程度上保证早期投资的未来利益，不至于使其在企业的股份因后续几轮融资被稀释得微乎其微。另外，天使投资人往往不只投钱，还会为初创企业提供各种业务上的资源和帮助，在企业估值上也会考虑这方面带来的价值抵扣。初创企业在天使阶段资金用途一般是人员开支、研发费用和必要的设备采购费等，大部分轻资产的初创企业的资金需求通常少则100万元、多则500万元。根据这样的融资量和天使投资在企业中期望占股的比例范围，初创企业的估值水平在1000万~5000万元就成了通常意义上的估值参考，这也是投资人从身经百战的经历中得出来的。初创企业估值的中位数大约为3000万元，但是例外也不鲜见，这要看创业者团队的经验丰富程度、背景"豪华"程度及创新程度，业务是轻资产还是重资产、是否是资本密集型、业务门槛及项目的稀缺性等，还要看有多少投资人在竞争。

对创业者来说，早期阶段的融资以能够尽快拿到发展资金为主要诉求，估值水平不应作为首要考虑因素，只有拿到钱，"丰满"的理想才不会面临"骨感"的现实。

案例11-4：数字医疗影像科技企业因高估值带来融资被动而错失发展良机

早在6年前，Q公司就与多家三甲医院影像科合作，利用其丰富的一手CT数据开发出一套精度很高的肿瘤CT三维影像诊断系统，并顺利申请了软件注册权，希望为肿瘤的早期诊断提供数字技术支撑。公司创始人杨博士毕业于美国顶尖大学计算机专业，团队核心成员还有医学方面的专家。企业推出这套软件系统时市场上还没有明显的竞争对手。

杨博士认为产品前景可期，为了进行接下来的临床实验，他在天使轮5000万元投后估值的基础上开出的融资条件是按投前估值1亿元融资1000万元。杨博士通过各种渠道花了半年时间接触了几十位投资人，结果没有一位投资人愿意接受这么高的估值，有几家基金只愿以6000万元的投前估值考虑投资，由于这个估值接近天使轮的估值，故杨博士拒绝了，拖了一年多没有结果。由于没能成功融资，杨博士只有靠企业有限的自有资金进行后续研究和开拓市场，进展十分缓慢。又过了一段时间，市场上出现了很多竞品。此时杨博士找到之前愿以较低估值投资的基金，表示愿意接受之前的条件，但时机已过，投资人不再认为企业有明显的优势，用各种理由婉拒，企业的融资机会越来越少。后来飞利浦、通用电气、联影等传统影像设备厂商不断完善影像信息化系统、影像云平台、智能影像诊断，实现了影像一体化的全产业链业务覆盖，Q 公司只得转型做其他业务，丧失了发展的最好时机。

案例启示：

（1）对于一个初创科技企业来说，在最需要用钱加速发展的早期阶段不要太在乎高估值，能及时拿到宝贵的发展资金最为重要。能否把握时机加速发展、快速抢占市场、形成壁垒，对初创科技企业来说至关重要。

（2）创业早期追求高估值对后续融资不一定是好事，早期投资人的利益可能会拖累创始人，会使之无法做到以企业的发展为唯一考虑的因素。甚至创业者可能与早期投资人签有反稀释条款，在低于上一轮估值融资时创始人还要用自己的股份或自有资金做出补偿。

11.6 签订投资协议

投资就像男女朋友谈婚论嫁一样，绝不是"你缺钱我给钱"这么简单，一定要看相互的吸引力和感觉。对投资人来说，决定给创业者投资一定是被他/她的鲜明特点吸引，相信在他/她的带领下团队一定能做出一番事业，对创业企业有成功的期许。而对创业者来说，合适的投资人一定也是让他/她感觉舒服的，不仅能够带来资金，还会带来需要的资源和帮助，相互有信任感，不会事事都干预，这就是一个好的投资合作状态。但是再好的状态也需要有"亲兄弟明算账"式的约定，尤其当投资人往往是创业企业的小股东时，如果没有一些特殊的约定把"丑话"说在前头，则小股东的利益很容易在后期融资时被侵害。因此投资人在正式投资打款之前会与创业者签订一个比较全面的投资协议，要求一些特殊的权利以尽可能保证其投资的安全性、灵活性，希望创业企业能够按照双方事先认可的方向健康发展。创业者需要对其有所了解而不要感觉突兀和不可接受。

11.6.1 投资人通常会要求的特殊权利

投资人存在不同类型，特别是在早期的天使投资阶段，有很多天使投资人参与其中。随着创新创业在中国的普及发展，近些年也出现了许多以天使投资为主要目的的专业天使投资基金，他们属于机构类型的天使投资，与个人投资相比，其在操作层面上有着很大的不同。个人投资通常不追求面面俱到，只是对大的方面和自己特别关注的地方有所要求；而专业天使投资基金与后续更大规模的创业投资基金、PE 基金本质上是一样的，都更加追求规范和对风险的防范，这也是对基金出资人负责任的做法，毕竟基金管理的是别人的钱，不能像自己的钱那样投输了也无所谓。下面概括的是这类机构投资者通常在投资协议中需要增加的保障条款。

优先购买权（right of first refusal）：指在投资人事先同意的前提下，如果企业的创始人或其他股东拟向股东以外的人或机构转让其所持有的企业全部或部分股份，那么投资人在同等条件下将享有优先受让全部或部分拟出售股份的权利。这个约定是为了保证投资人在持续看好企业前景的情况下保持足够多股份的安排。

优先认缴权（right of first offer）：指企业在发行新股时，投资人可以按照原持有股份数量的一定比例优先于他人进行认购企业股份的权利。这个约定也是为了给投资人一个持续看好企业前景而增持股份的安排。

优先清算权，又叫清算优先权（liquidation preference）：指投资人有权在其他股东之前按照事先约定的价格获得企业清算价值与其投资的对应部分，有时甚至约定至少拿回投资本金和一定年化利率的资金占用成本。这个约定是对投资人在企业经营出现问题或违规不得不终止清算时尽量减少投资损失的一种安排。

优先分红权（dividend preference）：指当企业分配股息或利润时，投资人享有优先于其他股东取得股息或利润的权利。这个约定是企业给予投资人的一种利益保证，可能是创始人为顺利推动融资而表现的一种姿态，也可能是投资人争取的利益保证。

知情权，又叫信息权（information right）：指投资人有随时了解和获取企业财务状况、对外投资或股权变动等重要敏感信息的权利。这是投资人为能随时发现企业在经营过程中出现的重大变化和可能危害股东权益的情况的一种安排。

共同出售权（co-sale right），也叫随售权（tag along right）：指企业首次公开发行股票之前，如果创始股东或其他普通股股东拟向第三方转让股权，那么投资人有权选择按照拟出售股权的股东与第三方达成的价格和协议条款向第三方全部或部分转让其所持股份，并且该转让优先于拟出售股份的股东。这个约定是为了防范创始人或主要股东因在上市前丧失对企业的信心而减持自己的股份变现或转换实际控制人等不利于企业顺利发展的情况发生而自保的一种安排。

反摊薄条款，又称反稀释条款（anti-dilution provision）：包括棘轮条款，指在企业降价融资（down round）时投资人为防止自己持有的股权价值贬值而采取的保护措施。完全棘轮条款是指如果企业后续发行的股权价格低于本轮投资人当时适用的转换价格，那么本轮投资人的实际转化价格也要降低到新的发行价格。由于我国《公司法》不承认优先股，所以在具体操作时一般采用被投企业补偿或原始股东补偿的做法。这个约定是投资人为防止其股份在新融资中被恶意贬值的必要安排。

对赌协议（直译为"估值调整机制"，（valuation adjustment mechanism，VAM）。指投资方与融资方在达成投资协议时，对未来不确定的情况进行约定：如果约定条件出现，那么投资方可以行使对自身有利的权利，用以补偿高估被投企业价值的损失；否则融资方就可以行使另一种对自身有利的权利，以补偿被投企业价值被低估的损失。这个约定是在投、融资双方对企业估值产生一定的分歧但又具备合作意向的情况下相互妥协的一种安排。

拖带权（又称强卖权、强制随售权或领售权，tag along right）：指如果企业在约定的期限内没有上市，或双方事先约定的出售条件达成，则投资人有权要求创始股东和自己一起向第三方转让股份，创始股东必须按投资人与第三方达成的价格和条件，按与投资人在被投资企业中的持股比例向第三方转让对应股份。这个约定是投资人保证在不利情况出现时自己在企业中的股份更有利于卖出的一种安排。

回购权（redemption rights）：指投资人在特定情况下要求企业或创始股东以特定价格购回其持有的股份的权利。投资人要求的特定价格一般为投资人的股本投入加一定的溢价。这个约定是投资人在企业出现不利于继续健康发展或无法在约定的时间内上市的情况下保证自己的投资可以退出的一种安排。

可转换债券（convertible bond）：是债券持有人可按照发行时约定的价格将债券转换成企业的普通股票的投资方式。这是美国投资人做早期投资时经常采用的一种对自己相对安全的投资方式，也是将企业的估值延后到下一轮正式融资时再确定的一种安排。在约定的条件出现前投资人对企业的投入是一种债权，当约定的条件出现时（如后续融资确定时）投资人可以选择按一个折扣价格将债权转换为企业股权，也可以选择收回债权。

除了上述权利，投资人为保证创业企业按既定的商业计划执行和发展，通常还会要求在企业董事会上拥有董事席位，并且会要求在一些重大事项的决策上拥有一票否决权，如对外投资、转移专利等重要资产、授予期权、超过一定金额的资本支出等。

11.6.2 谈判争取共赢

在单项投资个案中，前面所描述的投资人的特殊权利并不是必须被全部满足的，具体取决于创业者与投资人谈判地位的强弱关系。如果融资项目优势明显且稀缺，有若干投资人同时在竞争，那么投资人对投资条款的权利要求就会得到相对灵活的处理。对于天使投资来说，对赌协议有时不一定要体现在投资条款中，因为此时创业企业的不确定性对双方来说都太大，不好对赌。另外，选择可转债融资也会简化投资条款的约定内容，可以加快融资协商的进程，但在我国，天使投资还是以直接投资为主。

经验证明，创业企业一定要在资金相对充足的情况下尽早接触投资人，尽早协商融资事宜，这样对创业企业有利，不会令创业者因过分担心企业现金流马上要断裂而处于谈判的下风，草草签下不利于自己的"城下之盟"。

绝大多数融资不像某些宣传炒作的那样，所谓"与投资人喝个咖啡"就决定了的。融资是一个相对漫长的过程，从项目路演到投资人感兴趣深入研究，到尽职调查和协商投资条款，再到签订投资协议和实际打款，这是一个需要花大量时间完成的过程，创业者需要做好充分准备。为了融资，创业者有时会感觉被"扒了层皮"般痛苦，但这是值得的。

另外，创业者不要太过在意这些投资条款的特别约定，实际上这是几乎所有财务投资人的通常做法，除非你不要投资，而且这些约定并不是恶意的，主要出发点是为了保护投资人作为小股东的基本利益和保证企业能够按照投资时与创业者达成的共识发展。能够拿到投资对创业企业来说是十分幸运和有重要帮助的。

需要指出的是，比较负责任的融资需要投、融资双方相互考察，而不是只有投资人考察尽调创业企业。创业者也需要对有意向的投资人进行必要的考察研究，了解其真假、行事风格和优势、可以提供的资源和帮助等，以判断是否适合自己。经过投、融资双方的坦诚交流与协商，最终才能达成投资协议，开启共赢的合作历程。

案例 11-5：A 基金投资框架协议

样例文本如下：

A 基金与 B 企业
关于 B 企业的投资框架协议
日期：　　年　　月　　日

本投资框架协议仅供参与各方（投资方、目标企业、原股东）就本次投资及目标企业后续发展战略等事宜协商谈判之用，不构成相关投资或交易的要约、协议或承诺。协议各方应尽最大努力促成签订正式投资协议。

一、参与各方	
目标企业	B 企业 法定地址： 法定代表人：
原股东	"B 企业"目前在工商登记的全部股东（以下简称：原股东）
投资方	A 基金 法定地址： 执行事务合伙人委派代表：
	为保证有效制订目标企业未来的战略规划，并确保前期的相关尽职、准备工作的顺利实施，参与各方本着平等协商、合作共赢的原则，同意建立本投资框架协议
投资前提条件	按照同类股权交易的惯例，本投资框架协议的生效有赖于如下前提条件： （1）投资方顺利完成对目标企业的相关尽职调查工作； （2）投资方与目标企业及其原股东就投资方案、交易结构、交易估值及交易时间表等关键要素达成共识，并取得必要的内部投资审核批准，包括但不限于投资方内部投资决策机构关于批准本投资的决议； （3）目标企业董事会及股东会批准本次交易； （4）在各方签署正式投资协议前，目标企业经营保持正常，没有出现对目标企业的经营管理和估值产生重大不利的变化； （5）在本次投资尽职调查、谈判和执行过程中参与各方共同认可的其他投资前提条件
陈述和保证	按照同类型股权交易的惯例，目标企业、原股东须配合提供关于对目标企业及其子企业的标准陈述、保证和承诺，包括但不限于： （1）目标企业（及其子企业）经审计的合并会计报表和账户管理的准确性声明，并符合中国会计准则； （2）目标企业的原有注册资本无出资瑕疵； （3）目标企业对其资产（包括知识产权）和投资具备有效所有权并对权利瑕疵做出了说明； （4）目标企业及各关联企业之间没有未披露的对外担保，也没有未披露的对外借款或者贷款； （5）没有未披露的债务或诉讼； （6）目标企业原股东已经通过股东会和董事会决议同意此次交易； （7）目标企业须为本次交易的顺利实施提供充分、及时的支持和保障，包括但不限于：信息披露、尽职调查、管理层访谈、股权交割、工商变更等

续表

二、投资约定	
投资方式	投资方以增资方式投资入股目标企业，成为目标企业的股东。 目标企业本轮融资的投前估值××万元人民币，投资方投资的总金额为××万元人民币
三、权利及义务	
企业治理	目标企业完成此轮融资后，投资方有权任命一名董事（"投资方提名董事"）
董事会会议	董事会至少每半年召开一次会议。
优先购买权和共同出售权	在目标企业首次公开发行股份前，原股东出售或转让其持有的目标企业股权需要投资方的书面同意。若投资方同意原股东向第三方提出出售其全部或一部分股权，其应首先允许投资方自行选择：①以和拟受让方同等的条件购买全部或部分该等股权，或②以和拟受让方为购买股权而提出的同等条件等比例地出售投资方持有的股权。最终协议应包含通常的例外情况，包括向目标企业、原股东的关联方出售股权
反稀释条款	目标企业发行任何新股（或可转换为股权的证券票据）或进行任何增资，且该等新股的单价（"新低价格"）低于本轮股权的单价（如有注册资本增转、送红股等导致企业股本变化，本轮股权单价应相应调整），则作为一项反稀释保护措施，投资方有权以最新一轮融资或股权交易价格为基准的市场公允价格获得企业发行的股权（额外股权），或要求原股东承担反稀释义务，由原股东以最新一轮融资或股权交易价格为基准的市场公允价格向投资方转让其持有的股权，以使发行额外股权投资方为其所持的企业所有股权权益（包括本轮股权和额外股权）所支付的平均对价相当于新低价格，但经投资方批准的其他激励股权安排下发行股权应例外。 各方同意，如目标企业给予任一股东（包括同一轮股东及后续引进的新投资者）的权利优于本次投资方享有的权利的，则本次投资方将自动享有该等权利
优先投资权	在本轮投资后目标企业再次进行增资等融资行为，同等条件下投资方享有优先于其他投资机构的投资权利
股份回购权	当出现下列任一事件时，投资方有权利要求原股东回购投资方所持的全部或部分股权： （1）原股东出现重大诚信问题，如原股东在投资方对目标企业进行与本次投资相关的尽职调查及财务审计过程中所提供的资料存在隐瞒、误导、虚假陈述或涉嫌欺诈；目标企业出现投资方不知情的账外现金销售收入；投资方不知情的重大法律和知识产权诉讼；以及其他重大虚假陈述等； （2）目标企业未能在本次投资完成后的××年内于投资方认可的主要证券交易所上市（首次公开发行）； 在投资方发出股权回购书面通知当日起两个月内，原股东按投资前持股比例以现金方式付清全部股权回购金额。股权回购价格按以下两者最大者确定： （1）投资方按年投资回报××%（单利）计算的投资本金和收益之和； （2）回购时投资方股权对应的净资产
股权转让权	投资方有权在任何时候出售其拥有的部分或全部股权，企业原股东及其他投资方必须配合完成，拟售股权购买方为企业主营业务的竞争者除外，企业原股东有权以同等条件及价格优先购买部分或全部拟出售股权
企业的清算	当目标企业进行清算时，投资方有权优先于其他股东以现金方式获得其全部投资本金加上已经累计但是没有支付的股息，由目标企业所有的股东按照各自的持股比例参与剩余财产的分配。 清算事件包括：①企业拟终止经营进行清算的。②企业出售、转让全部或核心资产、业务或对其进行任何其他处置，并拟不再进行实质性经营活动的。③因股权转让或增资导致企业实际控制权归属于原股东和投资方以外的第三方的

续表

信息获取权	交易完成后，投资方有权按期获得或要求提供所有信息和资料，信息包括： （1）每月最后一日起30天内，提供企业每月度财务报表，含利润表、资产负债表和现金流量表； （2）每日历年结束后45天内，提供企业年度财务报表，含利润表、资产负债表和现金流量表； （3）每日历年结束后90天内，提供企业年度财务审计报告； （4）每日历年/财务年度结束后45天内，提供企业年度业务计划、年度预算和预测的财务报表； （5）在投资方收到财务报表30天内，提供机会供投资方与目标企业就财务报表进行讨论及审核； （6）按照投资方要求的格式提供其他统计数据、其他交易和财务信息，以便他们被适当告知目标企业信息及保护其自身权益。 基于报告和分析目的，投资方可以要求目标企业提供关于其经营、财务和市场情况的其他信息和数据，目标企业应尽可能提供，除非提供此类信息或数据会导致目标企业或其子企业作为当事方违反某种协议或合约

四、一般性条款

关联交易	对于目标企业的所有交易，原股东的关联方与目标企业及其任何一家关联企业的所有交易应当遵循正常商业原则。在对关联交易进行表决时，应由非关联股东参与表决，并获得超过半数非关联股东的同意。另外，在交易以前均须告知投资方，并履行企业内部必要的批准程序
规范性要求	投资方有权要求管理层配合，促使目标企业符合中国境内上市企业的各项规范性要求，包括企业章程、法律规范、财务规范、税务规范、内控规范及社保、环保等各类事项
排他性	于本投资框架协议签署后的××天内；投资协议签订后5个工作日至全部投资款到位期间，目标企业及其任何职员、董事、雇员、财务顾问、经纪人、股东或者代表目标企业行事的人士不得寻求对于目标企业有关资产或股权的收购融资计划，以及就此与投资方以外的任何其他方进行谈判。作为对应，投资方如果在投资协议签署日之前的任何时间决定不执行投资计划，应立即通知目标企业代表
竞业限制	目标企业承诺将与其核心技术人员及业务人员签订竞业禁止协议，约定其主要管理人员和技术人员在本合作期间不得以任何方式从事与目标企业相竞争的业务（包括但不限于自己从事或帮助他人从事的方式）。 目标企业的主要管理人员及技术人员因任何原因离开企业，自其离开之日起两年内，不得在与目标企业有业务竞争关系的其他企业内任职或自营、帮助他人从事与目标企业业务相竞争的业务。 原股东亦不得以任何形式从事与企业主营业务构成竞争关系的相关业务
保密性	各方同意该讨论或任何相关信息均不会透露给第三方、企业员工，除非各方为了估值和交易的实施，而将信息透露给股东、律师、会计师或其他专业顾问机构。 在相关各方适用法律的约束下，未经所有当事方的通知和同意，不得发布任何公告
费用和开销	为本次交易目的而发生的审计、评估等费用均由目标企业承担。 相关各方在本协议项下所发生的相关费用及税负由协议方各自依法承担
有效期	如无其他特殊情况，本投资框架协议将在签署××天后过期。投资方、目标企业、原股东承诺在本协议生效期内不得与其他潜在意向方洽谈本投资框架协议事项
合同的约束力	本投资条款对各方不构成法律约束力，排他性条款、保密性条款、费用和开销条款、有效期条款、争议解决条款除外
争议解决	本协议应根据中华人民共和国法律解释并受其管辖。因本协议而产生的主张或争议应提交××仲裁院并按提交时有效的仲裁规则进行仲裁

（签字盖章页）

A 基金

执行事务合伙人委派代表（签字）：

签署日期：

B 企业

法定代表人或授权代表（签字）：

签署日期：

（完）

样例说明：

这里引用的投资框架协议样例一般在企业处于融 pre-A 轮或 A 轮创业投资时较为常见，在融种子轮或天使轮投资时框架协议或正式投资协议有可能被简化，也有可能与此类似，甚至有些投资人都不签框架协议，直接签投资协议且条款相对简单，具体情况完全取决于投资人的风格和特点。

11.7　如何找到投资人

不同的投资人有不同的项目获取渠道。有的长期耕耘某个行业，在行业中有丰富的人脉资源和影响，通过他人的介绍和创业者主动联系获取一手项目资源；有的通过广泛接触的创业者人脉关系获取创业项目信息；有的通过自己投资过的项目创始人推荐而获取项目资源；有的通过策划或参加政府、行业协会组织的各类创业大赛和联络各类孵化器获取项目资源；有的主动深耕高校、研究所等科研单位，第一时间发现有意创业的团队和项目；还有的主动通过内部行业研究，发现并联络行业中有特色的创业项目等，不一而足。

对创业者来说，与投资人有关系的朋友、领导、同事等熟人的推荐是比较有效的接触投资人的方式。经验证明，天使投资人等早期风险投资更相信朋友推荐的项目，这是最有效的接触渠道，成功概率也最高。另外，参加创业大赛和各个孵化平台组织的项目路演活动也可以有效接触投资人。有时多参加一些行业展会或论坛等活动、增加行业曝光度也是有效接触投资人的方式，增加对行业相关企业的研究，看看哪些投资机构投了他们，主动联系也是一种接触投资人的方式。

创业者需要维护那些好不容易建立的、对口的投资人关系，即使他暂时没有投资意愿，但随着创业企业发展到某一时刻也许就有投资可能了，这就需要创业者经常做一些联络工作，汇报自己的最新进展。有融资经验的创业者往往感觉永远不缺投资人的关注，想融资时就能及时得到投资，这是因为他在不断接触和保持有价值的投资人关系。

本章要点

➤ 资金问题是创业者应该持续关注的大问题。

➤ 初创企业的创业者可从外界获得资金的融资手段不多，最重要的是股权融资，前提是"卖好企业未来"。

➤ 股权投资按投资规模和投资阶段从小到大、从前到后大致分为种子投资、天使投资、创业投资、中后期风险投资和私募股权投资等。

➤ 早期风险投资更看中"人"和"事"，特别是种子投资阶段"人"的因素最重要，天使投资更关注产品和市场，创业投资更关注商业模式和扩张速度。

➤ 企业估值是门"艺术"，影响估值的因素很多，投资人大部分情况下处于信息优势地位。

➤ 对初创企业的估值其实是交易双方的期望值在一定市场环境约束下妥协的结果。

➤ 创业者在初期不要追求高估值，应以及时融到资金为第一要务。

➤ 投资人获取企业股份有两种方式：一种是通过增资扩股的方式；另一种是原股转让方式。创业企业如果需要将投资用于发展，则需采用增资扩股方式把资金留在企业。

➤ 机构投资对于投资协议相对个人投资者而言更为谨慎，通常要求一些特殊权利以尽量保证其投资的安全性和退出的灵活性。

➤ 创业者在融资时也要对投资人进行必要的考察，以争取找到最适合自己的投资人。

➤ 创业者身边有投资人关系的亲戚、朋友、同事、领导、合作伙伴是比较有效的投资推荐渠道，有影响力的创业大赛也是高效接触投资人的平台。

主要概念

市盈率，投资组合，优先权，反稀释，随售，强卖，回购，对赌，可转债

思考题

1. 股权投资有哪些类型和方式？不同类型的投资分别有哪些特点？
2. 初创科技企业可以利用的股权投资有哪些？
3. 什么是增资扩股？什么是股份转让？创业企业如果需要将投资资金用于企业发展应该采用哪种方式融资？
4. 投资人对投资项目感兴趣的标准是什么？请说出几点。
5. 早期投资的几个阶段投资人分别看重哪些内容？
6. 投资人如何对项目进行考察评估？
7. 有哪些对投、融资双方都有影响的估值因素？创业者融资时更应看重什么？
8. 投资协议中通常会出现的特殊权利有哪些？
9. 创业者如何找到适合自己的投资人？

规避初创科技企业易出现的问题

与传统企业相比,初创科技企业的科技创新属性更突出,团队也更有创新能力,但其也存在弱点。

一、策划创业中的常见问题

1. 好高骛远,不切实际

创业者通常怀有一颗改变世界的心,尽管大问题看得挺清楚,但具体到实际操作则往往心大力小,不切实际。

2. 不认真调研市场,盲目进入

有些科研出身的创业者对市场不是很敏感,不重视市场调研,也不清楚市场上都有哪些竞争对手,不清楚这些竞争对手有哪些优势、哪些劣势,草率地以自己的科研成果为基础就开始创业了,客户也是想象出来的,主观臆断市场应该接受。这是典型的自己有什么就想让市场接受什么的思路,而不是市场需要什么自己做什么。

3. 玩模式追概念,业务没内涵

多年来,互联网和IT产业的快速发展造就了许多新经济模式的成功企业,也因此出现了许多新的模式和概念,如O2O、P2P、众筹、众包、共享经济、区块链、去中心化、元宇宙等,花样翻新,创业者往往以为只要跟上前沿自己也能像别人那样成功,或者自认为高人一等,看不起那些踏实创业的企业。这些只看到皮毛不理解本质的创业想法十分危险。

4. 理解不透业务上下游，上来就想做平台

互联网几十年的发展造就了很多成功的平台企业，如淘宝、京东、微信、携程等，各行各业大大小小的平台层出不穷，殊不知这些平台不是一天两天形成的，如果没有特殊的资源优势和长期的积累是形不成平台效应的，企业需要投入很多资金来培养用户习惯，绝不是初创企业有实力能做的，初创企业更应该把注意力放在做好产品服务、做透客户关系上，而不是贪大做平台。

二、组建团队时的常见问题

1. 股权平均、分散

有些创业者是与身边一些要好的朋友或同事一起策划形成创业想法的，团队中缺乏特别清晰的主要策划者和推动者，在企业的股权设置上"你好我好大家好"，平均分配，或者虽有差异但不是很大，这样做在创业初期回避了矛盾，但随着经营的深入，矛盾就开始显现了，大家各不相让，形成不了统一的决策，最终结果是要么勉强经营，要么大家各立山头。

2. 团队整体跨行业

有些创业者是技术出身，如做软件开发，创业之初拉了一些同事、同学一同创业，大家都是技术出身，只是研发分工不同，同质化严重，所规划的业务却是为另一个行业服务的，团队整体跨行业，对目标行业的理解只是皮毛，掌握不到行业的真谛，做起来自然不会顺利。

三、设计产品与商业模式的常见问题

1. 产品针对的不是刚需，市场研究想当然，客户接受动力不足

有些创业者有技术，也有很多创新的想法，总想尝试做一些新特的产品，他们从自己设计的产品出发对目标客户也做过一些主观的研究，认为客户应该需要，但实际做起来才认识到这不是客户的刚需，有它挺好，没有也无所谓，客户不愿为此付出太多成本，企业开发客户十分费力，效果也不好，收入无法长期"养活"团队。

2. 产品用户有限，市场狭窄

有些产品虽然是针对某类客户刚需设计的，但这类客户数量有限，只能形成很"小众"的市场，产品虽然可以满足他们的需求、利润也不错，但实现的整体收入规模不大，作为"生意"养活一个小团队还可以，就此"做大"的可能性几乎为零。

3. 门槛不高，模式容易被模仿

有些创业企业的产品、服务技术含量有限，"门槛"不高，模仿起来很容易，有些企业为防范抄袭也许申请了专利，但专利质量并不高，很容易就被绕过去。虽然业务有先发优势，销售效果也不错，但越是有利可图越会有人模仿，很快就会冒出无数个竞争对手，于是再想挣钱就很难了。

4. 业务链条过长，环节太多

有些创业者设计的服务模式比较复杂，需要多方配合才能完成，中间环节较多，难以把控效果和质量，用户体验不是很好，直接影响企业销售甚至企业形象。

5. 技术至上论

有些技术出身的创业者对技术情有独钟，对从市场、客户需求出发研发适度创新、有经济价值的产品缺乏意识，只习惯性地关注技术指标的高低和功能的强弱，认为只有技术先进才能赢得竞争。其实很多指标和功能对客户来说并不重要，还会造成产品的成本过高，令客户接受起来吃力，反而失去了应有的市场。

6. 什么都想做，力量不聚焦

创业者的创新想法多，感觉处处有创新、处处有机会，有了想法就想做一番尝试，结果要做的项目太多，每个项目都安排团队去做，分散了企业的力量和资源。这样的创业貌似多点开花，实际上哪个也做不深做不透，最终会一事无成。实际上初创企业最需要的是聚焦，是认准一个方向把事情做到极致。

7. 商业模式不理想，要么调整不及时，要么调整过频

初创企业的商业模式是需要被市场检验的，有时最初的商业模式在实际经营中并不理想，不是拓展客户费力，就是迟迟获取不了收益，这就需要创业团队善于阶段性地总结并发现问题，善于发现问题背后的本质原因，抓住关键要素，该坚持的努力坚持，该调整的及时调整。有些创业团队对商业模式的认识相对迟钝，一条道走到黑，直到企业钱快花光了才不得不调整业务模式；有些创业团队则相反，对商业模式太过敏感，稍有阻力就着手换模式，频繁变化，始终处在尝试、试验当中，对稳定的业务无所适从。

四、企业经营与管理中的常见问题

1. 忽视企业现金流和"造血"能力

现金流是企业的"血液",血断了企业也就失去生命了。初创企业本来获取收入的"造血"能力就弱,还没有太多的资产可以向银行抵押贷款、补充血液,即使企业账上还有一些现金,但很快就会被增加的"人吃马嚼"耗光,遇到这样的"坎儿"那些只关心业务扩张的创业者就有可能"过不去"了。而那些有经验的创业者则会对此十分重视,提早谋划保证现金流在企业正常拥有健康的"造血"能力之前延续不断,要么早早布局融资,要么控制人员扩张速度和不必要的支出、加紧实现批量的销售收入。创业者自己首先要坚信在不久的将来企业经营会实现好的转折、想尽一切办法挺过难关,甚至变卖自己的房产坚持到底,拥有这样精神和信念的创业者最终才可能获得成功。

2. 团队缺乏抗打击能力和耐力

创业之路是充满荆棘和挑战的,会不断冒出来各种各样的困难,要么产品的研发迟迟出不来结果,要么生产良率过低、一时找不到解决方法,要么迟迟打不开销路,要么融资反复被拒绝等,当出现这样的问题时有些团队会心灰意冷、丧失信心,有些团队则相互推诿、激化矛盾,不是共同想办法渡过难关,而是分崩离析、各自寻找出路,这样的团队很难成功。

3. 合伙人之间不合

有些创业企业一开始由几个合伙人共同创立,有时股份还分不出主次,最初大家有共同的目标,各司其职做事,一旦有了一定的成果,特别是涉及权利或利益的分配时,合伙人之间就有了不同的看法,都认为自己起的作用更大、贡献更多,谁也不想成为从属,争吵的结果要么是各自拉一个队伍各搞各的,要么是对簿公堂,最终所有人都是失败者。

五、融资时的常见问题

1. 自己还在岸上,想让别人先跳下去

有些大企业的高管看好了一个方向想创业,于是利用在职的有利条件拉同事一同做创业准备,描绘了一个动人的商业计划并着手融资,希望得到投资人的投资之后再辞职下海创业，这样既利用了"东家"的资源又给自己"上了保险"，一旦融资不成还可以继续打工。一切都貌似可行，殊不知这样的做法是融不到天使投资人的钱的，投资人是不会相信一个不敢切断自己后路并把全部身家都投入创业的团队的，这样的安排太过自我，实际上是对要做的事业没有真正的信心和决心。

2. 过分追求高估值

有些创业者太过自信，特别是一些从跨国企业离职或海外归国的创业者，他们往往认为自己视野和技术都是国际水平的，将来的业务也会有国际影响，即使产品还没问世、还没经受市场的真实检验也要追求高估值融资，结果到处碰壁，消耗了大量的时间和精力。毕竟高估值只是创业者的期望，谁也不能证明将来就一定能成功实现，倒不如以一个适度的估值先把宝贵的资金融到手，抓紧把项目启动起来，是金子总会发光，有了阶段成果再争取更高的估值也为时不晚。

3. 绕大圈子，半天说不清业务及价值

有些创业者对自己的业务到底有什么价值、能给谁带来价值、谁是真正的客户、自己的核心竞争力到底是什么、怎么获利等关键问题认识不清，也没有经过认真的研究和分析，只关注技术和产品，在融资时无法针对投资人的问题有效解答，绕半天圈子不直击问题核心，这说明他思路混乱、逻辑不清，没有真正吃透自己要做的事情，或者事情本身就没有真正的价值。

4. 过分纠缠发生概率很小的协议细节，耽误融资进程

有些创业者对投资协议中投资人防范风险的一些惯常条款过于担心，反复纠结于条款的细节表述，实际上这些条款生效的概率很小。在融资时，创业者完全可以抓大放小，把关键条款落实到位即可，尽早完成签约为上，否则无谓地把融资谈判过程拖得很长，反而会丧失发展业务的最佳时机。

上述问题只是笔者认为科技创业者在初次创业过程中经常会遇到的问题，从笔者的角度看，创业者应该做一个学习型的有心人，从其他创业者成功或失败的经验中学习，从竞争对手那里学习，从合作伙伴那里学习，从投资人那里学习，从自己的实践总结中学习，从经营管理类图书上学习，从一切可以令自己成长的人和事中学习。只有不断地学习、总结、思考、实践，才能在做人做事中尽快成熟起来，才有希望创业成功。

参 考 文 献

[1] 彼得·蒂尔，布莱克·马斯特斯. 从 0 到 1：开启商业与未来的秘密 [M]. 高玉芳，译. 北京：中信出版社，2015.

[2] 克莱顿·克里斯坦森. 创新者的窘境 [M]. 胡建桥，译. 北京：中信出版社，2010.

[3] 斯科特·安东尼. 创新者的转机 [M]. 胡建桥，译. 北京：中信出版社，2010.

[4] 克莱顿·克里斯坦森，迈克尔·雷纳. 创新者的解答 [M]. 李瑜偲，林伟，郑欢，译. 北京：中信出版社，2010.

[5] 汤姆·凯利，乔纳森·利特曼. 创新的艺术 [M]. 李煜萍，谢荣华，译. 北京：中信出版社，2013.

[6] 吴军. 见识：商业的本质和人生的智慧 [M]. 北京：中信出版社，2017.

[7] 吴军. 智能时代：大数据与智能革命重新定义未来 [M]. 北京：中信出版社，2016.

[8] 吴军. 全球科技通史 [M]. 北京：中信出版社，2019.

[9] 吴军. 浪潮之巅 [M]. 北京：电子工业出版社，2011.

[10] 王坚. 在线 [M]. 北京：中信出版社，2016.

[11] 雷·库兹韦尔. 奇点临近 [M]. 李庆诚，董振华，译. 北京：机械工业出版社，2011.

[12] 贾森·弗里德，戴维·海涅迈尔·汉森. 重来：更为简单有效的商业思维 [M]. 李瑜偲，译. 北京：中信出版社，2010.

[13] 乔克·布苏蒂尔. 产品经理方法论 [M]. 张新，译. 北京：中信出版社，2016.

[14] 约翰·杜尔. 这就是 OKR：让谷歌、亚马逊实现爆炸性增长的工作法 [M]. 曹仰锋，王永贵，译. 北京：中信出版社，2018.

[15] 克里斯·安德森. 免费 [M]. 蒋旭峰，冯斌，璩静，译. 北京：中信出版社，2009.

[16] 罗伯特·T. 清崎，莎伦·L. 莱希特. 富爸爸，穷爸爸 [M]. 杨军，杨明，译. 北

京：世界图书出版公司，2000.

[17] 威廉·麦独孤. 性格的力量 [M]. 肖剑，译. 北京：中国友谊出版公司，2019.

[18] 比尔·盖茨. 未来之路 [M]. 辜正坤，译. 北京：北京大学出版社，1996.

[19] 根里奇·斯拉维奇·阿奇舒勒. 创新算法：TRIZ、系统创新和技术创造力 [M]. 谭培波，茹海燕，译. 武汉：华中科技大学出版社，2008.

[20] 赵敏. 创新的方法 [M]. 北京：当代中国出版社，2008.

[21] 杨清亮. 发明是这样诞生的：TRIZ 理论全接触 [M]. 北京：机械工业出版社，2006.

[22] 檀润华. 创新设计：TRIZ 发明问题解决理论 [M]. 北京：机械工业出版社，2002.

[23] 克里斯·安德森. 创客：新工业革命 [M]. 萧潇，译. 北京：中信出版社，2012.

[24] 埃里克·莱斯. 精益创业：新创企业的成长思维 [M]. 吴彤，译. 北京：中信出版社，2012.

[25] 阿什·莫瑞亚. 精益创业实战（第 2 版）[M]. 张玳，译. 北京：人民邮电出版社，2013.

[26] 阿什·莫瑞亚. 精益扩张：从创业到爆发式增长的关键指标 [M]. 张力文，王静源，译. 北京：人民邮电出版社，2017.

[27] 王利杰. 投资异类 [M]. 北京：北京联合出版公司，2017.

[28] 菲利普·泰洛克，丹·加德纳. 超预测 [M]. 熊祥，译. 北京：中信出版社，2016.

[29] 杰弗里·摩尔. 公司进化论：伟大的公司如何持续创新 [M]. 陈劲，译. 北京：机械工业出版社，2007.

[30] 帕特里克·赖利. 一页纸的商业计划 [M]. 魏青江，译. 北京：中信出版社，2005.

[31] 威廉·D. 拜格雷夫，安德鲁·查克阿拉基斯. 创业学（第 3 版）[M]. 唐炎钊，刘雪锋，白云涛，等译. 北京：北京大学出版社，2017.

[32] PAUL BURNS. New Venture Creation[M]. New York: Palgrave Macmillan，2014.

[33] 杰·饶，弗兰·川. 创新的科学与文化 [M]. 林涛，孙建国，译. 北京：北京大学出版社，2017.

[34] 姜彦福. 创业管理学 [M]. 北京：清华大学出版社，2005.

[35] 艾·里斯，杰克·特劳特. 定位 [M]. 王恩冕，译. 北京：中国财政经济出版社，2002.

[36] 阿伦·拉奥，皮埃罗·斯加鲁菲. 硅谷百年史 [M]. 闫景立，侯爱华，译. 北京：人民邮电出版社，2014.

[37] 书享界. 特斯拉创始人马斯克自述创业历程 [EB/OL].（2020-07-28）[2022-12-01]. http://www.sohu.com/a/410239340_661663.

[38] 哈佛商业评论. 四招跨越创新"死亡谷" [EB/OL].（2015-09-22）[2022-12-01]. http://www.hbrchina.org/2015-09-22/3378.html.

[39] 王安岩. 高校勤工助学对大学生发展影响研究 [D]. 北京：北京科技大学，2020.

[40] 杨超，刘志阳. 美国创业教育课程内容的设计逻辑及特点分析 [J]. 思想理论教育，2018（4）：97-101.

[41] 任泽中. 资源协同视域下大学生创业能力影响因素与发展机制研究 [D]. 镇江：江苏大学，2016.

[42] 杨爱民. 高校创新创业教育组织模式的新探索 [J]. 北京教育（高教），2018（Suppl 1）：81-82.

[43] 杨爱民，任嘉庆. 中西比较视角下我国高校学生资助体系的完善 [J]. 高校辅导员学刊，2018，10（2）：76-79.

[44] 杨爱民. 关于家庭经济困难学生个性化成才支持的研究：以北京大学为例 [J]. 高校辅导员学刊，2013，5（2）：57-60.

[45] 杨爱民. 创先争优为抓手 推动学生资助机构组织文化建设 [J]. 中国高等教育，2011（22）：54-56.

[46] 杨爱民. 高校学生资助工作机构合理运行模式研究 [J]. 中国高等教育，2010（11）：52-53.

[47] 杨爱民. "资助"与"育人"结合构建新型助学体系 [J]. 中国高等教育，2005（17）：39-40.

[48] 杨爱民. 构建以助学贷款为核心的高校助学体系 [J]. 中国高等教育，2004（21）：30-31.

[49] 杨爱民. 对国家助学贷款的初步思考 [J]. 北京大学教育评论，2004（1）：

16–17.

[50] 杨爱民. 建立大学生资信体系，保障国家助学贷款工作良性发展 [J]. 教育财会研究，2002（6）：37–39+48.

[51] 杨爱民，权忠鄂. 开展信用教育，完善德育体系 [J]. 教育财会研究，2002（5）：36–37+40.

[52] 杨爱民. 建立大学生信用档案，推进国家助学贷款 [J]. 中国高等教育，2002（18）：31–32.

教师服务

感谢您选用清华大学出版社的教材！为了更好地服务教学，我们为授课教师提供本书的教学辅助资源，以及本学科重点教材信息。请您扫码获取。

≫ 教辅获取

本书教辅资源，授课教师扫码获取

≫ 样书赠送

创业与创新类重点教材，教师扫码获取样书

 清华大学出版社

E-mail: tupfuwu@163.com
电话：010-83470332 / 83470142
地址：北京市海淀区双清路学研大厦 B 座 509
网址：https://www.tup.com.cn/
传真：8610-83470107
邮编：100084